应用创新型大学风景园林专业课程思政教学设计与案例

主　编：曹　扬　贺　坤
副主编：裘　江　刘静怡　赵　杨
　　　　王　铖　李　杰

上海大学出版社
·上海·

图书在版编目(CIP)数据

应用创新型大学风景园林专业课程思政教学设计与案例 / 曹扬，贺坤主编. -- 上海：上海大学出版社，2024.7. -- ISBN 978-7-5671-5043-0

Ⅰ.G641

中国国家版本馆 CIP 数据核字第 2024A9L228 号

责任编辑　王悦生
封面设计　柯国富
技术编辑　金　鑫　钱宇坤

应用创新型大学风景园林专业课程思政教学设计与案例
主编　曹　扬　贺　坤
上海大学出版社出版发行
(上海市上大路 99 号　邮政编码 200444)
(https：//www.shupress.cn　发行热线 021-66135112)
出版人　戴骏豪

*

南京展望文化发展有限公司排版
江苏凤凰数码印务有限公司印刷　各地新华书店经销
开本 787mm×1092mm　1/16　印张 12.5　字数 320 千
2024 年 7 月第 1 版　2024 年 7 月第 1 次印刷
ISBN 978-7-5671-5043-0/G・3629　定价　68.00 元

版权所有　侵权必究
如发现本书有印装质量问题请与印刷厂质量科联系
联系电话：025-57718474

前言
PREFACE

2022年4月25日,习近平总书记在中国人民大学考察时强调,"为谁培养人、培养什么人、怎样培养人"始终是教育的根本问题。高等教育要担负起为党育人、为国育才的职责使命,为全面建成社会主义现代化强国、实现中华民族伟大复兴中国梦提供源源不断的高质量人才支撑。上海应用技术大学办学肇始于20世纪50年代,始终坚持"应用导向、技术创新"的特色定位,已发展成为具有本、硕、博培养层次、特色鲜明的上海市重点建设高水平应用创新型大学。2018年以来在上海高校分类评价中连续六年跻身应用技术型高校第一梯队。学校始终秉承"课程思政赋能金课建设"的理念,让"五育"并举、德技并重成为上海应用技术大学鲜明的底色。2017年成为上海市课程思政教育教学改革试点高校,2019年成为10所"上海高校课程思政整体改革领航高校"之一,2022年获批上海市课程思政教学研究示范中心。

风景园林专业作为学校三大学科群之一的"设计文创与创新管理"学科群的核心组成部分,人才培养始终聚焦国家和地方战略,基于上海大都市圈城乡生态环境建设和可持续发展的需求,培养能够支撑未来人居环境建设和发展的应用创新型人才。面向新时代生态文明建设,如何切实推动人才培养改革,把高校的知识优势转化成建设优势,为建设美丽中国的强国目标做好人才储备?如何通过产教深度融合和校企协同育人,培养新时代风景园林应用创新型人才?如何通过巧妙设计教学内容和方法克服课程思政中存在的"硬融入""表面化"现象,将思政小课堂与社会大课堂相结合,构建"上应"特色的"大思政课"协同育人体系?……这些都是我们一直思考的重要命题。

上海应用技术大学风景园林专业自2013年开设以来,先后获批上海市属高校应用型本科试点专业建设、"上海高校课程思政整体改革领航高校"特色改革领航团队建设、上海市中本贯通高水平专业建设项目、教育部新农科研究与改革实践项目以及上海市一流本科专业建设点等项目,构建了以"园林规划设计"为引领、"园林工程技术"和"园林植物应用"双核心能力培养的教学体系,探索出了一条"适应产业升级需求、聚焦实践能力提升"的风景园林实践育人新路径,确保人才培养类型、层次与行业和区域发展需求紧密结合。从2014年开始,上海应用技术大学与获得风景园林LAAB专业认证的美国爱达荷大学、密歇根州立大学、普渡大学等大学开展多方位的国际合作和交流,积极跟踪国际风景园林人才培养前沿,学习和借鉴LAAB专业认证理念和经验。在交流学习中,我们发现LAAB体系对解决上海应用技术大学课程思政建设过程中的一些难点问题具有积极借鉴价值。因此,借鉴了LAAB标准中"专业课程"和"学生和教育成果"内容融入我校课程思政建设。强化专业教学中的"科学与生态价值""工程与职业伦理"教育,从国际视角为课程思政的"盐"融入风景园林专业教育的"汤"提供了一种路径。

本书编撰历经四个春秋,各位老师、各门课程、各个环节均协同发力、同频共振,在专业教学中始终紧跟课程思政教育教学改革的步伐不断探索实践。2018年以来,风景园林专业获校级及以上课程思政建设项目支持建设的课程18门,其中包括上海市课程思政示范课程4门、上海市课程思政示范团队4个、上海高校党史学习教育与课程相融合示范课程1门。本书策划始于上海市课程思政改革2.0推进过程,2021年通过与上海市城市建设工程学校(上海市园林学校)合作的风景园林中本贯通高水平专业建设项目,共同推出七年中本一体化、应用型风景园林专业课程思政教学案例。在近四年的编写过程中,我国高校课程思政发展迅速,一些当初的想法稍后看来就已显得不太完善,专业教学案例是否合适、思政内容与专业教学的融合是否生硬……许多类似问题始终困扰着我们,我们一直觉得不完善而不愿交稿(在此也感谢上海大学出版社对我们的理解与宽容)。期间,整个编写团队几乎每逢寒暑假必定组织讨论,案例内容和书稿的格式几次调整、多次取舍,以期尽量体现出风景园林专业最新的建设思路。

本书由曹扬和贺坤负责整体框架设计和书稿撰写的组织协调。姜超、贺坤、袭江、刘静怡等共同承担了总论的撰写工作;各论部分由课程的教学团队负责撰写,除以上老师以外,冯宜冰、黄清俊、孙海燕、赵杨、周玉梅、高文杰、杜爽、颜丽杰、邹维娜、吴威、王玮、王铖、苟爱萍、于威宇、唐思嘉等专业老师参与了课程思政教学案例的撰写;赵杨、邹维娜、吴威、贺坤、苟爱萍、袭江老师还提供了典型学生作业示例;李杰、李小双、李晓桐、张嫣、刘杉等老师参与了汇总、校对等工作。同时,我们特别向上海应用技术大学教务处姜超老师表示诚挚的感谢,他为本书提供了学校层面丰富的资料;还要感谢马克思主义学院邱杰老师、杨燕华老师在思政理论方面给予的宝贵建议与指导。

2024年4月,在全国高教处长会会上,教育部高等教育司把"完善专业类课程思政教学指南"作为今年着力构建高质量高等教育体系首要任务——"深入推进课程思政,把习近平新时代中国特色社会主义思想贯穿教育教学全过程"的一项具体任务[①]。同月,本书交稿。这一巧合给了我们整个编写团队鼓舞和压力,在风景园林专业的教学道路上,我们有幸见证了无数学子的成长与变化,也深感肩上的责任与使命。本书的编写是我们团队多年教学实践与思考的阶段性成果,书中肯定存在着不少不足与遗憾,希望各位同行和读者多多批评、帮助。希望通过不断的交流与反馈,能够更好地服务于教学实践和人才培养。本书编撰过程中,我们也参考了国内高校的大量优秀案例,在此一并表示感谢。希望将来我国风景园林教育行业能为专业教学设计和课程思政提供更多的新观点、新视角,提出更深入、更有益的见解。

本书也是一本针对风景园林专业本科一年级新生的专业认识读物。我们努力在专业的海洋中汲取一朵朵浪花,展示各门专业课程的风采和其中一节课的教学,试图通过精心挑选的案例、深入浅出的分析以及互动性的教学设计为学生提供一个全面、立体、生动的学习体验。由于书籍篇幅有限,本书配套建有课程网站:https://mooc1.chaoxing.com/course/244368663.html。

最后,我们对所有给予我们支持和帮助的同仁、学生以及社会各界人士表示最诚挚的感谢。我们期待着与各位同行一起,为培养更多具有创新精神和社会责任感的风景园林专业人才而不懈努力。

---

① 张滢.着力构建高质量高等教育体系的"一二三四+N"主要任务[N].中国教育报,2024-04-29(5).

目录 CONTENTS

第一部分 总论 ... 1

第一章 学校教学改革及课程思政建设总体思路 ... 3
一、应用创新型大学的教学改革实践探索 ... 3
二、应用创新型大学的课程思政总体设计 ... 6
三、全链条的课程思政建设体系构建 ... 7

第二章 风景园林专业人才培养及课程思政建设 ... 9
一、风景园林人才培养方案的制定 ... 9
二、风景园林专业综合改革的主要举措 ... 15
三、风景园林课程思政建设思路与实践 ... 16

第三章 课程思政与美国风景园林专业认证 ... 26
一、风景园林专业LAAB专业认证 ... 26
二、风景园林专业课程思政与LAAB标准的融合 ... 28
三、课程教学案例中的LAAB ... 32

第四章 风景园林专业开放实践育人体系创新与探索 ... 39
一、风景园林实践教学体系的问题所在 ... 39
二、风景园林开放实践育人体系创新构建 ... 39
三、实践育人体系构建的成效 ... 41

第二部分 各论 ... 43
"风景园林学导论"课程教学案例 ... 45
"设计初步"课程教学案例 ... 51
"生产实训"课程教学案例 ... 56
"植物学"课程教学案例 ... 62
"建筑初步"课程教学案例 ... 68
"中外园林史"课程教学案例 ... 74
"测量与3S技术"课程教学案例 ... 79
"风景园林规划与设计"课程教学案例 ... 85

"园林树木学"课程教学案例 …… 93
"花卉学"课程教学案例 …… 98
"计算机辅助设计"课程教学案例 …… 103
"城乡规划原理与实务"课程教学案例 …… 108
"风景园林建筑设计"课程教学案例 …… 114
"园林工程"课程教学案例 …… 120
"城乡绿地系统规划"课程教学案例 …… 125
"城市公园设计"课程教学案例 …… 131
"植物景观规划与设计"课程教学案例 …… 137
"生态工程学"课程教学案例 …… 142
"植物应用能力考试"课程教学案例 …… 146
"风景园林管理与法规"课程教学案例 …… 150
"遗产保护与风景区规划"课程教学案例 …… 155
"生态设计与雨洪管理"课程教学案例 …… 160
"综合 Studio 1-简单场地测绘与规划设计"课程教学案例 …… 166
"综合 Studio 2-园林建筑与硬质景观设计与营建"课程教学案例 …… 169
"综合 Studio 3-城乡绿地规划调研"课程教学案例 …… 173
"综合 Studio 4-园林工程设计与营建"课程教学案例 …… 177
"毕业设计"课程教学案例 …… 180

第三部分 典型作业 …… 185

"风景园林规划与设计"课程作业 …… 187
"风景园林建筑设计"课程作业 …… 188
"园林工程"课程作业 …… 189
"综合 Studio 4-园林工程设计与营建"课程作业 …… 191
"遗产保护与风景区规划"课程作业 …… 192
"毕业设计"课程作业 …… 193

第一部分 总论

第一章
学校教学改革及课程思政建设总体思路

一、应用创新型大学的教学改革实践探索

作为全国第一所以"应用技术"命名的市属重点建设的应用创新型本科高校,上海应用技术大学始终坚持以立德树人为根本使命,切实把"厚德精技、守正创新"贯穿改革建设全过程,着力培养具有理想信念、家国情怀、过硬本领、责任担当的高素质应用创新型人才。

(一)培养高素质应用创新型人才:应用创新型大学的使命追求

高素质应用创新型人才作为一类着眼未来的人才形象,是对传统应用型人才概念的超越。应用创新型大学必须将"培养什么样的人"作为推进新时代教育改革的首要命题,破除人才培养的单科性、封闭性思维,构建具有跨学科、多主体、开放性特点的人才培养模式。特别是在我国当前加快升级改造传统产业、加强优势产业、实施智能化生产的时代背景下,培养高素质应用创新型人才尤其具有重要的现实意义。

高校培养高素质应用创新型人才,应围绕"应用创新"这一基本内核,将其与学生未来职业的成功和人生发展密切联系。这类人才以能够在真实情境下创造性解决复杂问题为典型特征,其内涵包括价值观念、能力体系和知识结构等多个方面的融会贯通。

从价值观念来看,应用创新型人才能够将社会主义核心价值观内化于心、外化于行、固化于志,具备深入了解国情、自觉投身产业、坚定扎根基层、倾情服务一线的理想信念、家国情怀和责任担当。在国家意识和政治认同方面,对我国的政治制度、发展道路有深刻的理解,对世情、国情、党情、民情等有深入的把握,能够基于国际视野和国家利益对未来产业发展做出准确判断。在科学精神和技术思想方面,具备严谨理性、精益求精、批判质疑、实证求真的品质,能够遵从工程技术伦理进行技术的创新和运用。在人文精神和职业素养方面,具有一定的人文积淀、审美情趣和健全人格,对企业责任、企业价值和企业家精神有深刻见解,能够表现出爱岗敬业、忠诚担当、团队合作等职业素养。

从能力体系来看,应用创新型人才的发展目标不仅限于掌握基本知识和技能,而且能够将知识和技能有效运用于真实的情景中,解决复杂的现场问题。其能力体系同时涵盖横向和纵向两个维度的内容。在横向能力维度上,不仅具备所学专业的基本知识和技能,也具备自主学习、合作交流、创新精神和创造性思维等可迁移的通用能力;在纵向维度,既能满足当前岗位的能力要求,更能适应未来产业发展对人力资本需求的迅速变化。概括而言,应用创新型人才不仅要满足当前的职业要求,还应该为尚未产生的未来职业做好准备,具备能够广泛迁移的核心能力。

从知识结构来看,应用创新型人才置身于更"广义"的工程技术创新背景之中,需要具备在

工程学、信息技术、人文经管和法律伦理等多个领域的跨界融合。也就是说,未来的应用创新是在真实的生产生活中发现问题、提炼问题,通过工程设计形成产品并产生经济效益和社会效益的过程。这一过程超越或者说包含了传统的技术创造、发明和创业,融合了对技术、经济、社会和生态等多方面的考虑。应用创新型人才在知识结构上既包括本专业的工程技术知识,也包括对人文、社会和生态背景的认识,还包括对商业背景、信息技术和企业管理的知识。

(二) 聚焦关键能力：应用创新型大学教学改革的主要着力点

在席卷全球的21世纪技能运动中,不同国家和国际组织都不约而同地出台了指向未来的关键能力框架。关键能力(又称核心素养)关注学生在真实情境下创造性解决问题的能力,与高等教育一流专业、一流课程的建设要求具有内在一致性。随着关键能力受到高度关注,如何做到"为关键能力而教",对高校的教育教学改革提出了更高的要求。

高素质应用创新型人才是着眼于产业未来发展所提出的人才形象。对地方应用型本科高校而言,需要从教育产出的角度梳理和聚焦这类人才所应具备的核心素养和关键能力,以此为依据重构人才培养体系。综合国内外研究来看,关于关键能力的界定虽然各不相同,但都以个人和社会的成功为逻辑起点,超越了普通的知识和技能教育,需要高校打破人才培养诸多要素之间的边界,努力实现多方面的融合。

上海应用技术大学以培养学生解决真实复杂问题的能力为核心,确立了应用创新型人才"思想政治核心素养"32个基本要点和"爱科技"(ASciT)九大关键能力模型(图1-1),勾勒出面向未来的高素质应用创新型人才的形象。以此为出发点,指导各专业基于"六个融合"统筹开展"爱科技-成果导向"(ASciT-OBE)人才培养模式改革,将课程思政建设有机融入其中。

表1-1 应用创新型人才思想政治核心素养总体框架

四个方面	八大核心素养	32个基本要点
政治意识	政治认同	党的领导、科学理论、政治制度、发展道路
	国家意识	国家利益、国情观念、民族团结、国际视野
人文素养	人文精神	人文积淀、人文情怀、价值信仰、审美情趣
	明德修养	砥砺知行、厚德精技、感恩大爱、健全人格
技术思想	科学精神	严谨理性、精益求精、批判质疑、实证求真
	实践创新	崇尚实践、价值求技、遵从伦理、技术运用
职业情怀	企业文化	企业责任、企业价值、企业精神、企业环境
	职业素养	爱岗敬业、忠诚担当、规则意识、团队合作

(三) 实施"六融合"：应用创新型大学教学改革的基本路径

上海应用技术大学主动把握高等工程教育由知识与技能传授向关键能力培养的转变,以培养学生的核心素养和关键能力为出发点、着力点,开展"六融合"人才培养模式改革,着力培

图 1-1 爱科技(ASciT)九大关键能力

养具有理想信念、家国情怀、过硬本领、勇担责任的高素质应用创新型人才。

一是思教融合。在发挥思政课主渠道作用的同时,通过课程思政使各门课程都肩负起育人功能,围绕价值引领、知识传授、能力培养"三位一体"的教学目标创新教学设计。以上海市课程思政整体改革领航高校为依托,实施"金课建设、名师培育、质量保障、理论研究、考核激励"五大工程。上海应用技术大学成立了沪上首家课程思政研究中心,组织编写和出版制药类、食品科学与工程类专业课程思政教学指南。学校还强化课程思政赋能"金课"建设,建立"荣誉课程—示范课程—重点课程"三级领航课程体系,立项建设 200 门课程思政领航课程。

二是产教融合。高素质应用创新型人才的培养必须体现鲜明的问题导向和需求导向,切实回应产业升级发展过程中所面临的技术问题和人才需求,能够将企业的生产过程和生产要素转化成高校的教学过程和教育资源。学校通过开展"引企入教"专项建设,成立八个现代产业学院,实施校企"双百工程"(共建 100 门课程和 100 项实验),合作开发特色教材。与政府、头部企业、科研院所共建国际化妆品学院、东方美谷产业研究院等产教融合创新平台,打造产学研用创新联合体。

三是科教融合。科技创新是经济社会发展的首要推动力,也是高校加快新技术产业化规模化应用、培养学生科学精神与工匠精神和创造性解决问题能力的必要途径。研究表明,前沿性的课程内容和高质量的科研参与有助于培养大学生的创新能力。学校围绕香料香精化妆品和绿色化工、功能新材料和智能制造、设计文创和创新管理三大特色学科群构建应用型学科专业体系,建设 31 个协同创新平台,把技术研发成果引入教学,将应用技术能力的培养切实落实到课堂层面。

四是创教融合。深化创教融合的首要任务是树立正确的创新创业价值导向,走出过于强调以创新创业带动就业、偏重少数学生的认识误区,切实将创新创业教育面向全体学生、融入人才培养方案和教育教学全过程。学校将学科竞赛、创新创业教育纳入学分管理,建立了"五位一体、三层链接"的教育体系。以创新创业教育为载体,推广 PBL(基于问题学习)和 CBL(基于案例学习)教学法,培养学生团队合作、交流沟通和创造性解决问题的能力。

五是通专融合。专业成才,精神成人。"通专融合"的理念与新工科建设中关于科学教育、人文教育和工程教育有机融合的要求具有内在一致性。学校围绕"人文精神、技术创新与职业素养"三大模块建设通识教育体系,培养学生的审美情趣、自主学习能力和创新精神与批判性思维。按照"少而精、博而通"原则,通专融合打造 15 门通识核心课程、80 门教授研讨课程、65

个学科型社团。根据新工科要求建设"信息与智能技术"通识课,提升学生信息素养。

六是跨学科交叉融合。新一轮工业革命和产业变革既是信息化、智能化在工业界的融合,也是产业形态、工程技术和商业模式的综合变革。未来的产业升级和工程技术发展将越来越依靠不同学科协同合作、凝聚多学科知识共同来解决现实复杂问题。从这一理念出发,学校引导各专业构建由工程学知识、信息技术与智能制造知识、人文经管和法律知识融合支撑的"基础—专业化—实现"三阶段递进课程体系。建设"专业+"课程模块,建设8个微专业线上学习平台,打通全校跨专业选修课,培养学生运用多学科知识解决复杂问题的能力。

二、应用创新型大学的课程思政总体设计

上海应用技术大学的课程思政建设始终聚焦改革创新和扎实建设,始终将课程思政与学校的办学定位和应用型人才培养目标紧密集合,认真落实"盐溶于汤"的课程思政设计理念,多措并举,全方位促进课程思政向纵深发展。

(一) 课程思政建设的理念原则

落实"思教融合"的基本建设理念,聚焦"厚德精技",实施具有本校特色的课程思政建设。依托"爱科技-成果导向"(ASciT-OBE)培养模式改革整体谋划,抓住"厚德"和"精技"两个关键点,围绕应用创新型人才"思想政治核心素养"32基本要点和"爱科技"(ASciT)九大关键能力开展建设,着力完善课程思政内容体系、方法体系和工作体系,提高科学性和实效性,使课程思政建设始终坚持"三位一体",紧扣"三问致新",做到"三维出彩"。"三位一体",即:价值引领、知识传授、能力培养相统一;"三问致新",即:问课程思政融育人元素、问学科前沿变教学内容、问学生兴趣变教学方法;"三维出彩",即:课堂精彩、学生喝彩、效果出彩。

(二) 基于"应用型"深化课程思政顶层设计

一是确定顶层内容体系,解决"育什么德"的根本问题。学校立足办学定位和特色,以"厚德精技"为统领细化课程思政所应承担的目标追求和功能任务。通过确立应用型人才思想政治核心素养的32个基本要点和未来工程师ASciT(爱科技)九大关键能力,做到将马克思主义立场观点与社会主义核心价值观相结合、与做人做事的使命担当和核心能力相结合,构成课程思政顶层内容体系。

二是总结推广教学方法,解决"怎么教"的核心问题。学校立项200门专业试点课程,由课程负责人与思政课教师、辅导员组成教学团队,共同探索将不同学科专业蕴含的思想政治教育资源有机融入课堂教学当中。总结推广了4S(师、时、史、势)教学法、工程案例启智、人物故事感悟、职业规范引导等一系列有效的经验方法,引导教师"科学放盐""艺术放盐",善于润物细无声地厚植学生爱国家、爱专业的家国情怀和职业梦想,实现思想和价值引领。

三是构建体制机制,解决"怎么建"的关键问题。课程思政不是少数课程的建设任务,而是所有课程都应承担的育人职责。学校在改革伊始就将体制机制建设摆在重要位置,对课程思政的领导体制、运行机制、管理规范和激励评价等都做出了明确的制度性规定。通过出台"硬制度"确保"硬落实",使课程思政建设在各个环节都有目标、有标准、有考核。

四是聚焦成果辐射,解决"怎么用"的重要问题。根据美国学者博耶、舒尔曼等人在20世纪90年代提出的教学学术概念,教学作为与科学研究同等重要的学术活动,其成果也应公开

发表并运用到本领域其他成员的工作当中。这对课程思政教学改革同样适用。学校通过评选精彩教案、示范课堂,举办长三角地区应用型本科高校课程思政教育教学改革论坛等活动,不仅扩大了改革成果的辐射范围,也接受了专家同行和社会公众的检验,做到了持续改进。

(三)实施课程思政"五大工程"

1. 课程思政"金课"建设工程

学校对标"金课"建设的两性一度标准,将课程思政与学生的创新意识、科学思维等高阶能力培养相结合,与开展"以学生为中心"的教学改革相结合。在教学中倡导"教师主导、学生主体"的师生关系,引导学生自主挖掘、内化学科专业育人元素。发挥学校紧密依托行业办学的优势,将产教融合、校企合作作为推进课程思政教学改革的重要载体,在"金课"建设中聘请一批"来自一线的专家",引入"最鲜活的素材",打造"最前沿的课堂"。

2. 课程思政名师培育工程

学校通过开展高阶性研修,培育一批满足高水平应用技术人才培养需求的课程思政教学名师。首先,抓住教师队伍中的关键少数,在一年时间内完成对校内各学院党总支书记、院长、专业责任教授和教研室主任的轮训。其次,发挥专业教师的主体作用,实施针对不同职业发展阶段、不同学科专业背景的教师培训,引导教师加强教学研究,提升育德能力水平。

3. 课程思政质量保障工程

学校进一步筑牢课程思政制度根基,将课程思政教育教学改革与高水平的地方应用型高校建设统筹推进,纳入评价人才培养质量的重要指标。完善教学管理制度,将思想政治教育元素和未来工程师关键能力培养进一步落实到教学大纲和教案之中,加强课程思政在教学设计、教学实施、考核评价和持续改进等全流程的闭环管理。

4. 课程思政理论研究工程

学校成立课程思政研究中心,加强课程思政高阶性内涵研究,丰富对高校推进课程思政教学改革的规律性认识。依托课程思政研究中心,聘请校内外专家担任兼职研究员,发布招标重点研究课题。通过课题研究,为研制将价值观引领"基因式"植入所有课程的制度规范,构建基于价值观教育层层推进的课程链、专业链等工作提供理论支撑。

5. 课程思政考核激励工程

学校充分发挥考核评价机制的导向功能,从课程思政的过程与效果两个维度加强考核激励,将考核结果与二级学院的绩效经费直接挂钩。进一步深化教师人事制度改革,在教师职务(职称)评聘、评优奖励、各类人才项目评选中,把课程思政的教育教学改革效果作为考核的重要方面。

三、全链条的课程思政建设体系构建

在全校课程思政建设中落实"专业为基、课程为本"的理念,围绕"专业—课程群—课程—课堂"这一教育链条一体化推进课程思政建设。其中,专业是实现人才培养目标的基本单元,课程群是塑造专业核心知识能力的主要模块,课程是承载教育教学创新的核心要素,课堂则是实施教学活动的主要场所。在构建全链条课程思政建设体系的过程中,学校以落实产出导向的教育理念为主线,强化课程体系对专业育人目标的支撑,深化课程之间的相互协同,优化课程内部各主题章节之间的衔接,细化课堂教学设计,形成了完整的课程思政示范专业、示范课程群、示范课程和示范课堂建设体系。

(一) 专业层面的课程思政建设

要求落实学校的"爱科技""六融合"人才培养模式改革,系统梳理培养目标、毕业要求、课程体系、教学大纲、考核评价和师资培训,围绕人才培养方案、师资队伍和专业质量管理三个方面开展系统建设。特别是在专业培养目标方面,突出本学科专业特色,对照应用型人才思想政治核心素养中的"政治意识、人文素养、技术思想、职业情怀"四大模块,形成本专业思政育人目标的二级指标内涵表述。在此基础上,确定课程体系与育人目标之间的支撑关系,围绕两个或三个核心思政目标梳理出基本的课程群建设任务。

(二) 课程群层面的课程思政建设

要求关注课程之间的内在联系,明晰各门课程之间育德元素的关联性。系统挖掘和梳理各门课程蕴含的思政教育资源,优化课程思政内容供给。在目标层面,每个课程群要有相对独立、自成一体的思政教育目标,能够有效支撑专业思政目标的实现。同时理清课程群内部各门课程的育人重点及其之间的内在联系。在内容层面,课程群内部的各门课程能够基于各自育人重点,对思政元素、教学案例进行挖掘与融入。在实施层面,倡导各门课程能够以项目为载体,实现教学方法、手段和评价的衔接。

(三) 课程层面的课程思政建设

作为课程思政建设的核心任务,要求能够结合一流课程建设,深入挖掘育德元素,有机融入课程教学,达到润物无声的育人效果。在目标层面,每一门课程应明确其在课程体系(或课程群)中所承载的功能作用,体现与其他课程的联动与协同,教学目标的描述应该具体、精准,符合教学目标分类的要求。在教学内容层面,倡导按照章节(主题)—思政目标—思政元素(专业案例)的路线进行梳理。在教学实施层面,要求明确课程思政融入课堂教学全过程的模式和方法,将其与一流课程建设、教学设计创新大赛等相结合。在考核评价层面,要明确课程思政建设成效的评价方法,注重收集学生成长的成果和证据,探索表现性评价和过程化考核量表的制作。

(四) 课堂层面的课程思政建设

这是落实立德树人根本任务的"最后一公里",也是切实推动习近平新时代中国特色社会主义思想进教材、进课堂、进头脑的"主阵地"。教师作为课堂教学的第一责任人,应在课堂中坚持马克思主义立场观点方法,结合专业要求和课程特点,确立可观察、可评价的三维目标,明确教学的重点和难点,设计科学可行的教学流程。符合课程思政要求的高质量课堂教学应做到逻辑严谨清晰,内容丰富翔实,语言生动准确,形式方法多样,注重师生互动、案例教学和现代信息技术应用。

第二章
风景园林专业人才培养及课程思政建设

一、风景园林人才培养方案的制定

风景园林专业人才培养方案的制定始终坚持回归学校育人本位、回归教书育人本位和回归学生本位，聚焦产业需求、聚焦技术发展、聚焦学生志趣、聚焦产教融合和聚焦国际前沿。

（一）人才培养方案的制定思路

1. 注重理念引领

树立创新型风景园林工程教育理念，提升学生创新、创造能力；树立综合化风景园林工科教育理念，推进学科交叉培养；树立风景园林产业全周期教育理念，优化人才培养全过程、各环节，培养学生终身学习发展、适应时代要求的关键能力，探索"学生中心、成果导向、持续改进"的对接国际风景园林教育专业认证的理念突破。

2. 落实结构优化

通过风景园林人才的需求调研，掌握产业发展最新的人才需求和未来发展方向，优化学科专业结构。以行业需求为导向，建构模块化课程体系，形成"园林工程技术、园林植物应用"双核心模块和"规划设计、工程管理、植物应用"三大课程群的特色课程体系。其中"园林工程技术"模块着力于园林设计、工程能力培养，包括园林工程和风景园林管理等课程；"园林植物应用"模块以新农科课程改革为特色，包括园林植物认知、植物景观设计等课程。提前布局培养引领未来风景园林工程技术和产业发展的人才，争取早日实现由风景园林应用技术领域的"跟跑者"向风景园林应用技术领域的"领跑者"的转变。

3. 探索模式创新

首先，完善多主体协同育人机制，突破社会参与人才培养的体制机制障碍，深入推进科教结合、产学融合、校企合作，多方参与课程建设，以更加贴合产业实践需求。探索多学科交叉融合的风景园林人才培养模式，建立风景园林、生态学等跨学科交融的新型培养机制，开设跨学科课程，探索面向复杂工程问题的课程模式，在学院内部组建跨学科教学团队、跨学科项目平台。其次，强化风景园林人才的创新创业能力培养，完善人才"创意-创新-创业"教育体系，以创新引领创业、创业带动就业，设置若干创新创业类课程，提升本专业学生的创新精神、创业意识和能力。探索个性化人才培养模式，鼓励学生在教师指导下，根据专业兴趣和职业规划，选择专业课题，尤其是毕业设计题目和方向需要多元化。最后，积极探索风景园林教育信息化教学改革，推进信息技术与工程教育深度融合，创新"互联网+"环境下工程教育教学方法，提升数字化教学效果。

4. 加强质量保障

按照"四新"建设要求，主动探索风景园林专业质量标准，并依据标准制定和优化人才培养方案,强化生态文明观和劳动意识,将质量价值观落实到教育教学各环节,用国际实质等效的标准引导专业教学,不断改进和提高风景园林专业人才培养质量。

(二) 培养目标及毕业能力达成要求

立足应用创新型大学人才培养的整体思路,风景园林专业培养立足具有"工程＋科学＋艺术"综合素养、创新思维与社会实践能力,能应用最新的理论、技术及工程手段解决风景园林规划设计、园林植物应用和工程技术与管理中的各类复杂问题,德智体美劳全面发展,具备良好的团队协作精神、国际视野和实践能力的高素质应用创新型人才。学生毕业后可在城乡建设、园林绿化、环境保护、农林业等相关部门从事风景园林领域的规划、设计、施工、管理等工作。要求其毕业五年后预期可达到技术骨干水平的工程技术与管理人才所应有的各项能力与目标,具体内容如表2-1所示。

表2-1 风景园林专业人才培养目标分解

序号	具 体 内 容
培养目标A	具备高度的职业素养、社会责任感与敬业精神,具备广泛的学术兴趣,在解决风景园林各领域复杂问题时能够自觉有效考虑环境、文化、生态、社会、经济、法律法规等非技术因素。
培养目标B	能够紧跟不断发展的技术、方法、理论,可在本专业及交叉学科领域运用所学专业知识及理论技术,解决规划设计、植物应用、工程技术、建设管理等多层次、多角度的复杂工程问题。
培养目标C	具有积极有效的沟通协作能力,勤学善思,敢于思考与表达,能在跨学科团队中担任组织管理角色,兼备一定的外语表达能力。
培养目标D	具有国际视野和生态文明观,拥有良好的职业道德素养与创新思维能力,能够通过爱岗敬业和终身学习实现能力和技术水平的持续提升,以适应风景园林产业转型发展的新业态、新模式。

(三) 毕业要求及目标实现矩阵

1. 多学科知识

能够将历史、哲学、艺术、生态学、植物学等基础学科知识与工程技术专业知识用于解决风景园林各领域的复杂工程问题;掌握风景园林规划与设计、风景园林工程技术与管理、园林植物应用、生态资源与遗产保护等专业知识;了解国内外风景园林学科的理论前沿、应用前景及发展动态。

2. 问题分析

在多学科交融的专业知识背景下,能够应用信息技术、园林植物、建筑学、城乡规划、生态学等方面的相关原理及方法,识别、表达人居环境建设方面的复杂工程问题,并通过文献对其进行分析研究,以获得有效对策并完成预定目标。

3. 规划设计

致力于风景园林师应解决的现代环境、公共政策、社会公正等设计问题,能够面对复杂环境场地进行有针对性的风景园林规划设计和园林建筑设计,并能够在规划设计中体现创新意识,考虑社会、健康、安全、文化及环境等因素。

4. 植物应用研究

能够识别常见的园林植物,熟练掌握常见园林植物的观赏和生态习性,并能够运用园林植物营造美好人居环境。

5. 软件及设备运用

能够熟练应用风景园林规划设计软件,能够运用园林工程营建和管理中的各类材料、设备、仪器和信息技术工具,并理解其局限性。

6. 工程与社会

能够基于风景园林和生态学等相关背景知识进行园林工程及建设管理的全过程实践,可评估其方案对社会、安全、健康、文化、生态的影响,并理解应承担的责任。

7. 环境与可持续发展

能够关注学科前沿研究,能够基于环境保护和可持续发展的角度思考风景园林规划与生态修复。

8. 职业规范

具有人文社会科学素养、社会责任感,培养自身专业学习兴趣,能够在风景园林实践中理解职业道德规范与社会责任,并遵守职业道德规范,承担社会责任。

9. 个人及团队合作

具备批判性思考和创造性工作的能力,具备组织管理和应对突发事件的能力;能够在多学科背景下的团队中灵活承担个体、团队成员以及负责人的角色。

10. 沟通交流

能够就风景园林规划设计与业界同行及社会公众进行有效沟通和交流,包括设计图纸、撰写报告和设计文稿、汇报发言、清晰表达或回应指令,并具备一定的国际视野,能够在跨文化背景下进行沟通和交流。

11. 项目管理运营

理解并掌握风景园林设计和园林工程营建的方法与法规,掌握风景园林产业链管理和运营的知识,并能在多学科环境中应用。

12. 终身学习

具备自主学习和终身学习的意识,能够紧跟本学科不断发展的技术、方法、理论和专业价值,有不断学习和适应风景园林产业转型升级发展的能力。

风景园林专业知识、能力和素质结构目标实现矩阵如表 2-2 所示。

表 2-2 风景园林专业知识、能力和素质结构目标实现矩阵

毕 业 要 求		实现的课程及实践环节
1. 知识要求	1.1 文学、历史、哲学、艺术等的基本知识	
	1.1.1 科学发展史知识	中国近现代史纲要
	1.1.2 政治经济学知识	政治经济学经典导读
	1.1.3 哲学知识	马克思主义基本原理
	1.1.4 法律知识	思想道德修养与法律基础

续 表

毕 业 要 求		实现的课程及实践环节
1. 知识要求	1.1.5 马列主义知识	马克思主义基本原理
	1.1.6 毛泽东思想知识	毛泽东思想和中国特色社会主义理论体系概论
	1.2 社会科学学科的研究方法入门知识	
	1.2.1 法律基础知识	法律与公共政策
	1.2.2 经济学基础知识	工程经济学
	1.2.3 管理科学的基础知识	管理学基础
	1.3 自然科学与工程技术的基础知识	
	1.3.1 数学与逻辑思维知识	高等数学、线性代数、概率论与数理统计
	1.3.2 相关自然科学基础	
	1.3.3 所需计算机基本知识和基本技能	程序设计基础（C）、现代信息技术基础、信息系统与数据库技术
	1.3.4 生命科学前沿知识	生命科学导论
	1.3.5 工程技术	
	1.4 专业知识	
	1.4.1 园林植物应用能力	植物学、园林树木学、花卉学、园林植物景观设计、园林植物应用能力考试
	1.4.2 风景园林规划与生态修复能力	基础生态学、生态景观规划、城乡绿地系统规划、生态学实验
	1.4.3 美学基础与设计表达能力	素描、设计初步、园林设计表现
	1.4.4 风景园林与景观设计能力	风景园林规划设计、城市公园设计、城市公共空间设计、园林色彩设计
	1.4.5 园林历史与理论掌握能力	风景园林学导论、中外园林史、城市规划原理、遗产保护与风景区规划
	1.4.6 风景园林建筑设计能力	建筑初步、建筑史、园林建筑小品及构造
	1.4.7 园林工程实践能力	园林工程、测量与3S技术实践、计算机辅助设计及表现
	1.4.8 园林工程成本控制管理能力	园林工程预决算、风景园林管理与法规
	1.4.9 综合实践能力	生产实训、毕业实习、毕业设计

续 表

毕 业 要 求		实现的课程及实践环节
1. 知识要求	1.5 基本技能	
	1.5.1 基本实验方法与技能	植物组培实验、基础生态学实习、写生(实践)
	1.5.2 具有设计实验和创造实验条件的能力	生产实训、建筑初步认识实习
	1.5.3 风景园林初步的设计与工程实践能力	综合 Studio 1-简单场地测绘与规划设计、综合 Studio 2-园林建筑与硬质景观设计与营建、测量与 3S 技术实习
	1.5.4 归纳、整理、分析项目基础资料、编制设计文本和参与交流的能力	综合 Studio 3-城乡绿地规划调研、园林工程预决算课程设计
	1.5.5 初步掌握 300 种以上常用园林植物认知和应用的能力	园林植物认识实习、综合 Studio 4-园林工程设计与营建、植物应用能力考试
2. 能力要求	2.1 清晰思考和用语言文字准确表达的能力	
	2.1.1 能够使用技术语言,在跨文化环境下进行沟通与表达	专业外语(英语)
	2.1.2 能够进行设计文本与工程文件的编撰整理	毕业设计
	2.2 发现、分析和解决问题的能力	
	2.2.1 具备收集、分析、判断、选择国内外相关技术信息的能力	工程实践与科技创新、毕业设计
	2.2.2 具有整合资源、主持综合性工程任务、提出解决方案的能力	毕业设计
	2.2.3 具备潜力主导实施解决方案,完成工程任务,制定评估解决方案的标准并参与相关评价	毕业实习
	2.2.4 提出改善规划、工程设计、系统、服务效能的方案	毕业实习、生产实训
	2.3 批判性思考和创造性工作的能力	
	2.3.1 掌握在复杂工程系统中发现并筛选出不确定性因素的分析方法	毕业设计
	2.3.2 主动汲取从结果反馈的信息,进而改进未来的设计方案	毕业设计
	2.3.3 创造性地发现、评估和选择完成工程任务所需的方法和技术,确定解决方案	生产实训、毕业设计

续 表

毕 业 要 求		实现的课程及实践环节
2. 能力要求	2.3.4 较强的创新意识和进行园林规划设计、技术改造与创新的初步能力	工程实践与科技创新、毕业实习
	2.4 具备较强的人际交往能力,能够与各类型的人合作共事的能力	
	2.4.1 具备与不同类型专业工程师与技术人员的工作与整合能力	毕业实习
	2.4.2 具备与不同国家、不同地域和不同文化背景的人合作共事的能力	毕业实习、海外高校游学
	2.4.3 具备团队合作(领导与被领导)能力	生产实训、毕业实习
	2.4.4 能够控制自我并了解、理解他人需求和意愿	思想道德修养与法律基础
	2.5 组织管理能力	
	2.5.1 建立和使用合适的管理体系,组织并管理计划和预算	生产实训、毕业设计
	2.5.2 在团队中的领导能力	工程实践与科技创新、通识教育实践活动
	2.5.3 较强的协调、管理、竞争与合作的能力	生产实训、毕业设计
	2.5.4 协调组织任务、人力和资源,提升项目组工作质量	毕业设计
	2.6 具备应对危机与突发事件的能力	军事技能、马克思主义基本原理
	2.7 至少一种外语的应用能力	大学基础英语
	2.8 终身学习的能力	园林专业讲座、毕业设计
3. 素质要求	3.1 志存高远、意志坚强	
	3.1.1 有志于学习与掌握知识,造福于社会与全人类	中国近现代史纲要
	3.1.2 具有远大的抱负,制定并实施继续职业发展计划	园林专业讲座、毕业实习、毕业设计
	3.1.3 强烈的责任感	中国近现代史纲要
	3.1.4 能够经受挫折与失败	思想道德修养与法律基础、军事技能
	3.2 强烈的工作热情,脚踏实地的工作精神	
	3.2.1 熟悉本行业适用的主要职业安全规范、标准知识	安全生产与管理、毕业实习

续 表

毕 业 要 求		实现的课程及实践环节
3. 素质要求	3.2.2 熟悉企业员工应遵守的职业道德规范和相关法律知识	思想道德修养与法律基础、生产实训
	3.2.3 遵守所属职业体系的职业行为准则,并在法律和制度的框架下工作	毕业实习
	3.2.4 具有良好的质量、安全、服务意识	毕业实习、生产实训
	3.2.5 承担有关健康、安全、福利等事务的责任	毕业实习、生产实训
	3.2.6 根据自身的发展需求,不断保持和增强其职业能力	毕业实习
	3.3 具有对变化环境的适应性	
	3.3.1 具备较强的适应能力	毕业实习
	3.3.2 自信、灵活地处理新的和不断变化的人际环境和工作环境	毕业实习、毕业设计
	3.3.3 能够在不同文化、不同区域背景下适应地工作	毕业实习、毕业设计
	3.4 思维敏捷、乐于创新	
	3.4.1 不墨守成规,勤于思考	工程实践与科技创新
	3.4.2 对新事物的敏感性	工程实践与科技创新

二、风景园林专业综合改革的主要举措

(一)凸显"美育"和"劳育"协同发展的教育特色

聚焦城乡人居环境建设需求,围绕"三全育人"人才培养目标,凸显"美育"和"劳育"协同发展的专业素质教育特色。坚持立德树人、"五育"并举的育人理念,使学生在熟练掌握专业基本知识的基础上,"美育""劳育"协同发展,以美促劳,以劳育美。融审美素质和人文素养于课内课外教学,结合教学实践积极参与校内外具体的风景园林建设项目,寓劳动价值观塑造于校内校外学习,"工匠精神"培养贯穿教学全过程,并邀请上海工匠、技能大师走入课堂,培养学生正确的劳动价值观和职业观。

(二)围绕学科融合建构模块化课程体系

应对风景园林产业变革,围绕"工、农融合"建构专业课程体系,培养学生解决复杂风景园林工程问题的能力,以行业需求为导向,建构模块化课程体系。其中"园林工程技术"模块着力

于园林设计、工程能力培养,具体包括园林设计、园林工程和风景园林管理等课程。"园林植物应用"模块以新农科课程改革为特色,具体包括园林植物认知、植物景观设计等课程。积极推进线上线下混合式、虚拟仿真和社会实践金课建设,培养行业亟须的"懂施工、会设计"的复合型工程人才。

(三) 构建风景园林开放实践育人体系

强调全过程专业能力培养,构建风景园林开放实践育人体系,探索风景园林应用型人才培养新路径。实践教学以"EPC+O"(设计-采购-施工-运营于一体的总承包模式)全过程能力培养为核心理念,以"造园"为手段:一是依托校内实践基地,坚持真题情境式任务驱动模式,连续多年开展"校内花园营建节"和项目化实践教学,以实际工程案例培养学生设计、施工动手能力,学生课程作业多次获得"扬州世园会微景观创作竞赛"大奖、"上海国际花展铂金奖"等奖项;二是依托校外实践基地开展"行走的课堂"教学,实践教学走进周边社区和美丽乡村,结合课程作业改善社区/乡村环境。

(四) 深化校企合作育人长效机制

依托60亩(4 hm^2)的校内植物园综合实践基地,打造全物候、全方位的"浸润式"实践教学中心,推进园林工程实训平台、植物种质资源库和数字模型实验室建设;与企业共建"大师工作室",引入并整合校外优质教学资源,建设校外实践教学基地,形成"校内综合实践基地+校外实践基地+大师工作室"相互支撑的开放实践平台,以此构建开放共享的实践教学平台,助力师生创新创业创意能力提升。

三、风景园林课程思政建设思路与实践

(一) 课程思政建设的总体思路

风景园林专业课程思政建设的目标是全面推进习近平新时代中国特色社会主义思想进教材、进课堂、进头脑,落实立德树人根本任务,充分发挥课堂教学主渠道作用。同时以专业建设和学科发展为依托,将美育教育和劳育教育等融入专业课堂内外,打通第一课堂和第二课堂的德智体美劳教育思路。聚焦国情观念基本素养的培养,通过课程思政改革,优化应用型风景园林人才培养途径和方法,培养具有家国情怀、科学求真、审美情趣、爱岗敬业、厚德精技等基本素养的高水平应用型风景园林人才。具体建设思路如下。

1. 明确职责体系和运行机制

按照校院两级关于课程思政建设的职责规定,立足"专业为人才培养的基本单元,课程为人才培养的核心要素"这一基本认识,优化当前风景园林专业的课程思政运行机制,明确课程思政教学改革的基本思路。将课程思政"金课"建设作为风景园林一流本科专业建设中"课程质量提升工程"的重要内容。对标"金课"建设的"高阶性、创新性和挑战度"标准,将课程思政教学改革与学生的高阶思维能力培养相结合,与创新教学方法、教学手段相结合,与打造"高精尖"优质课程相结合。

2. 持续推进专业文化育人

以"文化厚德,精技强国"为主题,以萱草文化育人和校园营建节为抓手,持续开展风景园

林专业文化育人计划,深入挖掘学科专业文化中蕴含的育人资源,实现专业文化育人和课程思政教育的"精准滴灌"。通过营建类学科竞赛、创新创意活动、科普活动等第二课堂活动,拓展学生德育、美育、劳育的教学内容和形式,在第一课堂之外锻炼提升专业知识。例如在"上海校园萱草文化节"等活动中,开展萱草产学研专业实践教育,让学生在萱草栽培、田间养护、文创产品开发等过程中,教学相长,养花育人,培育学生勤劳踏实、精益求精的职业素养和孝亲感恩、家国情怀。

3. 强化产教融合人才培养计划

依托学校"依托行业、服务企业"的办学传统,将产教融合、校企合作作为深入推进风景园林专业课程思政教学改革的重要载体,让企业和企业家成为课程思政教学改革的承担者、思政育人资源的建设者和培育效果的评价者;搭建"教室+校企人才培养工作室+实践教学基地"的教学载体,确保"最鲜活的素材"。通过将企业的核心技术、前沿技术引入课程,将职业规范和行业技能认证标准融入本科教学体系,为深入挖掘学科专业的思政元素提供丰富素材;进一步拓展"授课+讲座"的行业企业高端人才育人渠道,打造"最前沿的课堂"。在直接引入企业专家共建课程和实验项目的同时,邀请行业企业高端人才结合本专业的项目规划设计、工程营建、园林文化素养等前沿热点问题,传递爱国、创新、求实、奉献、协同、育人的园林人家精神和敬业、精技、专注、创新的工匠精神,为一线风景园林工程师培养塑形铸魂。开展"致远大讲堂"计划,邀请来自高校、企业和国外的专家开展系列讲座,从风景园林科研突破、园林人自我定位、世园会展园设计以及计算机技术在园林建设中的应用等各方面进行讲解,让广大同学在接触最新、最热点问题的同时,通过各位专家"润物无声"的讲解使得专业课程能够与思政课程"同向同行""同频共振",取得良好效果。

4. 专业主干课程全覆盖

课程思政建设覆盖风景园林专业的专业基础课、专业选修课、专业必修课、实习课等所有的课程类型,基本实现了风景园林专业设计类课程的全覆盖。其中以"风景园林学导论""风景园林规划设计""园林工程"三门课程为课程思政的核心骨干课程,也是风景园林专业本科人才培养方案中的核心课程,三门课及相关的课程实习等搭建出风景园林专业核心课程群的基本骨架,从一年级专业入门的导学课程——"风景园林学导论",到二年级的设计类课程群的基础课——"风景园林规划设计",再到三年级的工程类课程群的重头戏——"园林工程",三门课串起的课程思政建设从"立意"到"创新"再到"实践"的过程。课程内涵共同具有的国情观念、人文情怀、审美情趣、爱岗敬业、厚德精技等核心素养对于树立学生的正确人生观、价值观、良好职业道德和事业心,培养家国情怀和责任意识与担当等方面具有重要意义和作用。

(二)课程思政建设与教学指标体系

面向上海生态之城和长三角生态绿色一体化发展,对接风景园林中国特色现代化产业链需求,我校的风景园林专业建设深度体现学校高水平应用型人才培养特色。2016年至今,风景园林应用型本科试点专业经过数年建设培育,在学生实践能力、创新潜质和家国情怀培养等方面成果突出,分别于2021年获得上海市一流本科专业建设及2019年上海市课程思政领航团队称号。专业建设时刻不忘课程思政教学,围绕风景规划设计、风景工程实践、植物识别与群落设计三大核心能力专业培养特色,已初步建设"新课程、多链条"长线协同课程思政育人体系。

1. 明确课程思政教育总体目标

本专业旨在培养具有坚定的理想信念、具备爱国主义情感和社会责任感,较好地掌握风景园林专业基础知识,具有"工程+科学+艺术"综合素养、创新思维与社会实践能力,能够应用最新的理论、技术及工程手段解决风景园林规划设计、园林植物应用和工程技术与管理中的各类复杂问题,德智体美劳全面发展,具备良好的团队协作精神、国际视野和实践能力的高素质应用创新型人才。

培养学生具备高尚的思想品德、良好的职业道德和强烈的社会责任感。通过风景园林专业核心课程的学习,深入了解风景园林行业的发展现状,引导学生关注风景园林行业与社会发展的重要问题、风景园林设计与规划中实践可持续发展的理念与方法、生态环境的保护与修复、城市规划与设计、景观营造与维护等方面的挑战与责任,使学生成为具备职业素养与社会担当的高素质风景园林人才。

2. 制定课程思政培养目标的具体要求

风景园林专业课程思政的培养目标是通过政治意识、人文素养、技术思想和职业情怀四个大方面(简称"四梁八柱"),培养学生成为具备高尚的思想品德、职业道德和强烈的社会责任感的高素质应用创新型人才。具体要求如下:

(1) 政治意识

① 政治认同:培养学生对中国特色社会主义道路、理论体系和制度的认同,坚定中国特色社会主义核心价值观的信仰,树立为人民服务的宗旨。同时,通过开展社会实践活动和校园文化建设,增强学生对社会发展问题的关注与反思,培养学生有担当、有贡献、有创造力的意识和能力。

② 国家意识:重点培养学生的爱国主义精神和社会责任感。引导学生树立正确的爱国观念,引导学生关注国家的发展与建设,对国情有充分的认知和了解。增强国家意识和使命感,理解个人与社会关系,热爱风景园林专业,并具备利用专业建设美丽中国的意识。

通过课程教育,希望学生能够从政治意识的角度,深入理解和把握中国特色社会主义事业的伟大意义,坚定中国特色社会主义的信仰,自觉抵制各种错误思潮的侵蚀,并以积极的态度发挥风景园林专业所长,积极参与到国家的建设和发展中,为国家的繁荣和人民的幸福贡献自己的力量。

(2) 人文素养

① 人文精神:弘扬人文关怀与关爱,培养学生具有包容、理解他人的真诚情感和良好人际交往能力。培养学生热爱生命、尊重人文、关怀社会的品质,注重人与自然、人与城市、人与文化的和谐发展。引导学生具备人文关怀的能力,深入理解和把握风景园林的人文内涵,能够从文化、历史、艺术等多个角度去感知、理解和创造风景园林作品,从而体现出人与自然的和谐统一。

② 明德修养:培养学生具备良好的道德品质和行为规范,树立正确的人生观、价值观和道德观。要求学生具备依法遵纪、诚实守信、自觉遵循职业道德准则的能力。熟悉风景园林行业职业道德与规范,对风景园林项目精心钻研,谦虚谨慎。关注城市发展和居民需求,从人类社会发展的角度去设计和规划风景园林,使其能够满足人们的物质和精神需求。

通过人文素养的培养,希望学生在风景园林专业的学习和实践中,能够充分发挥人文精神的引领作用,通过设计和规划作品,传递人文关怀,使人与自然、人与城市和谐共生。同时,要求学生具备明德修养的能力,以高尚的道德情操和职业精神投身专业实践,真正做到以优秀的品质服务于公众和社会。

(3) 技术思想

① 科学精神:培养学生具备科学探索和思辨能力,注重理论与实践相结合,注重运用科

学的方法和手段分析和解决问题。要求学生具备扎实的学科基础知识和科学研究的能力,能够运用科学知识解决具体的风景园林问题,为学术领域的发展作出贡献。通过计算机辅助设计、风景园林数字化设计、程序设计基础(C)、测量与3S技术等课程能够使学生将计算机技术方法运用于风景园林专业制图与设计的学习及实践。

② 实践创新:培养学生具备实践动手能力和创新思维,注重自主学习和实践体验的能力,注重理论知识与实践技能的结合。鼓励学生参与实际项目,培养实践能力与创新意识,提升解决问题的能力。通过生产实训、写生(实践)、综合 Studio 1~4、毕业设计等课程,引导学生面对各类场地进行针对性的场地分析和规划设计,使学生能够在实践中灵活运用知识技术,提出创新理念和方案,在实践中不断尝试并改进,以推动风景园林行业的创新发展。

通过课程教育,希望学生能够从技术思想的角度,深入掌握风景园林专业的科学精神,注重理论与实践相结合,运用科学的方法、手段进行创新和实践。同时,希望学生能够具备自主学习和实践的能力,通过实践经验的积累和创新思维的培养,提高自身的实践能力和解决问题的能力。

(4) 职业情怀

① 企业文化:培养学生具备积极的企业文化意识和价值观念,注重团队合作与共享发展,具有团队合作精神,能与风景园林行业相关的多学科背景的成员进行有效沟通。引导学生理解和尊重企业文化,遵守团队规章制度,发扬专业精神,既注重个人发展,同时能够为整个团队和行业的发展做出贡献。

② 职业素养:培养学生具备严谨的学术态度和专业素养,具备独立思考、判断、决策的能力,注重实际操作和专业技能的提升,注重个人发展与社会效益的统一。要求学生具备良好的学习和工作态度,能在生态文明和人居环境建设、知识技术更新周期提速的大背景下,注重自我成长和持续学习,独立思考和解决问题。同时,努力培养学生的组织规划和项目管理能力,使其能够在实践中充分发挥自己的优势,并为行业的发展做出贡献。

通过职业情怀的培养,希望学生在风景园林专业的学习和实践中,通过理解和尊重企业文化,能够发扬专业精神与团队合作精神,在注重个人发展的同时为整个团队和行业的发展做出贡献。同时,通过培养严谨的学术态度和专业素养,使学生在风景园林行业中持续发光发热。

(三) 课程思政专业课程教学标准

目前,共选取 25 门专业核心课程进行课程思政建设,形成思政课程链,保持可持续的竞争机制,与课程思政培养目标共同形成"四梁八柱环绕三链"的课程思政教学图谱(表 2-3)。思政课程链主要分为热爱思政链、求真思政链、知行思政链。通过风景园林专业基础教育与综合类课程构建热爱思政链,其中包含植物学、花卉学、设计初步、中外园林史、风景园林学导论、城乡绿地系统规划、遗产保护与风景区规划和生态工程学 8 门专业核心课程(表 2-4);通过风景园林全产业链与数字化教学课程构建求真思政链,其中包含园林树木学、计算机辅助设计、城乡规划原理与实务、建筑初步、园林工程、风景园林管理与法规、生态设计与雨洪管理和植物景观规划与设计 8 门专业核心课程(表 2-5);通过风景园林专业 Studio 与行走实践课程构建知行思政链,其中包含测量与 3S 技术、风景园林规划与设计、城市公园设计、风景园林建筑设计、生产实训、植物应用能力考试、综合 Studio 1-简单场地测绘与设计、综合 Studio 4-园林工程设计与营建和毕业设计(论文)9 门专业核心课程(表 2-6)。

表 2-3 风景园林课程体系与思政目标矩阵

课程名称	(一)-1	(一)-2	(一)-3	(一)-4	(一)-5	(二)-1	(二)-2	(二)-3	(二)-4	(三)-1	(三)-2	(三)-3	(四)-1	(四)-2	(四)-3	(五)-1	(五)-2	(六)-1	(六)-2
风景园林学导论		√																	√
设计初步	√		√																√
生产实训		√						√	√	√			√						
植物学							√	√											
建筑初步	√				√														
中外园林史		√	√										√						
测量与3S技术				√		√												√	
风景园林规划与设计		√							√	√			√		√		√	√	
园林工程	√		√				√						√				√	√	
花卉学		√					√						√						
计算机辅助设计						√			√					√			√		√

续表

课程名称	(一)-1	(一)-2	(一)-3	(一)-4	(一)-5	(二)-1	(二)-2	(二)-3	(二)-4	(三)-1	(三)-2	(三)-3	(四)-1	(四)-2	(四)-3	(五)-1	(五)-2	(六)-1	(六)-2
城乡规划原理与实务	√	√																	
风景园林建筑设计		√	√				√												
园林工程				√					√							√			
城乡绿地系统规划	√			√				√			√							√	
城市公园设计	√							√				√		√					√
植物景观规划设计	√						√								√		√		
生态工程学	√														√				√
植物应用能力考试			√					√						√			√		
风景园林管理与法规					√							√			√				√

续表

课程名称	(一)-1 国家认同。坚定对国家的政治认同、思想认同、理论认同、情感认同，能自觉从课堂思政教育中感悟家国情怀；	(一)-2 国情认知。对国情有充分的认知，理解个人与社会体系中爱国自觉意识；	(一)-3 文化传承。兼备文化素养与道德修养，通过课堂关于中国古典园林教育的浸润，自觉做到对优秀传统文化中汲取养分，感到中华民族文化传承的习惯；	(一)-4 理想信念。具备坚定的理想信念，胸怀远大目标，抱负远大，成为风景园林产业人才，对专业的学习具备自觉性；	(一)-5 法治意识。了解风景园林专业相关领域的技术标准、知识产权和政策法规，懂法用法，拥有职业敏感度；	(二)-1 科学求真。科学精神，批判精神，掌握基本的数学与逻辑分析能力，能够将计算机技术方法运用于风景园林专业设计与实践学习实践；	(二)-2 勇于探索。主动研究，掌握园林植物与园林工程基础知识，并能够运用所学知识解决风景园林科技术问题，具有批判思维；	(二)-3 学科思辨。具备收集、分析、筛选信息的能力，能够归纳整理园林工程项目基础资料并精取其精华与方法，具备一定的批判性思维；	(二)-4 实践精神。传承工匠精神，掌握工程实践、掌握美学基础，面对各类场地的相对性进行分析和设计，创造风景园林规范的同时具备较强的创新意识，并在风景园林规划设计中综合考虑社会、安全、健康、文化及环境等因素；	(三)-1 团结协作。具有团队合作精神与精湛能力，与风景园林相关的多学科背景下的成员进行有效沟通；	(三)-2 奉献精神。具备一定的抗压能力，甘于奉献，对于园林工作勤恳，面对困难挺身而出；	(三)-3 领导能力。能够在城市规划、建筑设计、园林工程中独立开展合作或领导承担或成员等相应角色；	(四)-1 敬业精神。具备良好的身心素质和强烈的敬业精神，热爱风景园林专业，并认真谨慎完成布置任务；	(四)-2 职业诚信。诚实公正、学术诚信，熟悉风景园林行业道德规范与职业规范，并在法律法规框架下工作；	(四)-3 终身学习。能在生态文明和人居环境建设、知识更新期变更大的背景下，意识到自主学习和终身学习的必要性，具备自主学习的能力，包括获取最新知识与技能途径；	(五)-1 勇于纠错。勤于反思，面对问题可以沉着冷静应对，处理事情等尊重总结，避免重蹈覆辙；	(五)-2 精益求精。精心、对待园林工程项目精益求精、追求效率以及工作成效，并关注细节等，课堂虚谨谨慎，拥有行业的标准；	(六)-1 创新吸收。能够多学科知识前沿行业及活动态理论有机融合，释放灵活园林工程实践探究，设计表现之中壁具创新思维；	(六)-2 思维比较。了解风景园林设计、景观规划、生态领域国际发展趋势，尊重世界不同文化的差异性和多样性。
遗产保护与风景区规划		✓	✓																✓
生态设计与雨洪管理				✓					✓										
综合Studio 1-简单场地测绘与设计				✓	✓	✓		✓											
综合Studio 2-园林建筑设计与景观设计与营建				✓		✓			✓	✓			✓					✓	
综合Studio 3-城乡绿地规划调研				✓		✓			✓	✓				✓	✓			✓	
综合Studio 4-园林工程设计与营建						✓			✓	✓		✓			✓		✓	✓	
毕业设计(论文)									✓	✓					✓		✓	✓	✓

表 2-4　热爱思政链

课程名称	政治意识		人文素养		技术思想		职业情怀	
	政治认同	国家意识	人文精神	明德修养	科学精神	实践创新	企业文化	职业素养
植物学					√			√
花卉学					√			√
设计初步	√					√		
中外园林史	√	√						
风景园林学导论	√	√	√	√				
城乡绿地系统规划					√	√		
遗产保护与风景区规划	√	√	√	√				
生态工程学	√	√						

表 2-5　求真思政链

课程名称	政治意识		人文素养		技术思想		职业情怀	
	政治认同	国家意识	人文精神	明德修养	科学精神	实践创新	企业文化	职业素养
园林树木学	√	√	√	√				
计算机辅助设计					√	√	√	√
城乡规划原理与实务			√					
建筑初步						√		√
园林工程						√		√
风景园林管理与法规	√	√						
生态设计与雨洪管理				√	√			
植物景观规划与设计			√	√		√		

表 2-6　知行思政链

课程名称	政治意识		人文素养		技术思想		职业情怀	
	政治认同	国家意识	人文精神	明德修养	科学精神	实践创新	企业文化	职业素养
测量与 3S 技术					√			√
风景园林规划与设计	√	√	√	√	√			

续 表

课程名称	政治意识		人文素养		技术思想		职业情怀	
	政治认同	国家意识	人文精神	明德修养	科学精神	实践创新	企业文化	职业素养
城市公园设计	√	√	√	√				
风景园林建筑设计					√	√	√	√
生产实训						√	√	√
植物应用能力考试					√	√		
综合 Studio 1 - 简单场地测绘与设计					√	√		√
综合 Studio 4 - 园林工程设计与营建					√	√	√	√
毕业设计（论文）			√	√	√	√		

在热爱思政链中，积极组织多样化的教学活动和课堂互动，鼓励学生主动参与和思考，注重培养本专业学生的创新精神和批判思维能力，将植物学、花卉学、设计初步、中外园林史等课程与企业文化和职业素养相融合，通过案例分析、文化研究等方式，引导学生关注风景园林行业的发展历程，培养对行业文化的热爱与认同。

在求真思政链中，园林树木学、计算机辅助设计、城乡规划原理与实务等课程与思政要素相结合，在教学中注重引导学生求真精神的培养，在课程设计中增加案例分析、团队合作等教学手段，帮助学生更好地理解和应用课程思政内容。通过理论学习和实践设计的结合，使学生能够将专业知识积极运用到实际工作中，注重真实的学术探究与深化。

在知行思政链中，通过实践环节和综合设计，培养学生的应用能力和综合素质。同时，鼓励学生参与生产实训，使他们能够更好地融入行业实践，注重思政素养与职业发展的结合。

在课程思政专业课程教学中，注重培养学生对风景园林行业的热爱与认同，提高学生的真实学术探究能力与实践设计能力，培养学生的应用能力和综合素质，使其具备良好的企业文化和职业素养，为行业的可持续发展做出贡献。同时，我们将通过多样化的教学方法和科学有效的评估体系，确保学生在课程思政教育中取得可持续竞争的进步，形成"四梁八柱环绕三链"的全面发展课程标准体系。

（四）专业教学评估改进模式及尝试

新工科建设注重理念的创新引领，应通过专业结构优化，以行业需求为导向，建构"模块化＋思政链条"的风景园林专业课程体系，思教结合，产学融合，校企合作，树立风景园林产业全周期教育理念，提前布局以迎合未来风景园林工程技术和产业发展的人才培养。因此，需要进行人才培养评估机制的更新，明确"师德育人、学生能力达成"的初心目标，把质量标准保障切实贯彻到课程教学与人才发展的全过程各环节。

同时，结合《风景园林人才评价标准》要点，对接人才培养三大能力体系（专业知识能力、职业道德和职业伦理、统筹协调能力），参考 LAAB 要点，聚焦于风景园林专业毕业生能力达成的要求,适当调整教学策略和评价标准;强调学生学到了什么而不是教了什么;强调研究实践型教学模式而不是灌输式教学;精准把握每名学生的学习情况,并提供不同的学习机会。

本校风景园林教学评估改进主要体现在以下三点:

(1) 绩效责任。教师负责,逐项评估是否达成人才能力培养的毕业要求。

(2) 学习成果。以 OBE 教学评价为导向,聚焦在学习成果上,而不只是时间和方式;要求成果可清楚表述,可直接或间接测评;采用多元和递次评价标准,强调个人的学习进步;优秀成果一定要及时总结。

(3) 改进依据。可通过学生反馈、企业反馈和毕业要求达成等方面,定期对评估标准进行优化改进。

经过不断摸索,本校风景园林专业教学尝试采用以"学生个体参照"为导向的过程化考核和多元评价标准,并按课程模块分阶段设置考核任务,已取得一定成效。主要体现在:

考查各类专业课程的知识点和难点(列举 2 点或 3 点),此项成绩评定除常规考试考查以外,应综合考虑专业教师的亲身示范教学情况;

学生运用理论知识对各项基本技能的掌握程度(难、中、易),此项成绩评定重点在于学生的思考与参与;

学生运用理论技法感知家国情怀、探索学科精神的学习应用能力(掌握/精通、熟练、了解),此项成绩评定应强调精熟,以个人能力提升的高标准真正体现风景园林专业思政教学特色。

总之,新时代风景园林专业课程思政教学主要通过强化生态文明观和劳动意识,将质量价值观落实到教育教学各环节,用国际实质等效的标准引导专业教学。优化风景园林人才培养全过程、各环节,培养学生终身学习发展、适应时代要求的关键能力,探索"学生中心、成果导向、持续改进"的对接国际风景园林教育专业认证的理念突破,争取实现由风景园林应用技术教学领域的"跟跑者"向风景园林应用技术教学领域的"领跑者"转变。

第三章
课程思政与美国风景园林专业认证

2012年,风景园林专业正式进入《普通高等学校本科专业目录》。作为一个工科特色鲜明、学科发展和专业教育还比较年轻的专业,作为与新时代"两山理论"紧密相关的专业,风景园林承担着美丽中国生态文明建设的重要使命,在协调人与自然关系,建设可持续人居环境中发挥着重要作用。风景园林专业拥有丰富的人文底蕴、鲜明的生态价值观和工程伦理,蕴含着丰富的思政教育潜能。课程思政如何体现风景园林专业特色,将思政建设与专业建设同向同行,是风景园林教师面临的巨大挑战。

美国的风景园林教育在专业教育、专业认证、职业认证方面发展得较为规范和完备。美国风景园林学科专业认证(以下简称"LAAB专业认证")是国际权威的风景园林专业教育评估体系,由美国高等教育认证委员会(Council for Higher Education Accreditation, CHEA)授权,是美国风景园林专业学科规范全面发展的重要制度之一。

2020年教育部颁布了《高等学校课程思政建设指导纲要》,全面推进课程思政建设,结合学科专业特点深化教育教学改革成为当前工作的重点。"他山之石,可以攻玉。"基于2014年以来本专业对标LAAB专业认证的研究工作,我们不禁思考:美国风景园林专业教育中是否存在思政教育?依托什么途径开展?如何保证满足社会和岗位的需求?为了进一步提升课程思政质量,上海应用技术大学风景园林专业分析LAAB专业认证文件,提炼借鉴其好理念和好做法,将其融入本专业的课程思政建设,从国际视角为课程思政的"盐"融入风景园林专业教育的"汤"做出积极探索,为推动风景园林专业的高质量跨越式发展提供依据和参考。

一、风景园林专业 LAAB 专业认证

(一) LAAB 专业认证概述

ASLA(American Society of Landscape Architects)的专业资格评定委员会 LAAB(The Landscape Architectural Accreditation Board)成立于 1920 年,是由风景园林教育家委员会(Council of Educators in Landscape Architecture, CELA)认证的美国风景园林第一专业课程的官方认证主体,它制定和负责实施风景园林学科专业评估体系,是风景园林专业入门教育(学士与硕士教育)的专门资格评估机构,对高校是否具备设置风景园林学科专业的资格具有绝对的决定权力。LAAB 的认证获得了美国高等教育认证委员会的授权。

LAAB专业认证的使命是对风景园林学科的教育质量进行倡导、提升和评估,它强调以"制定标准,客观评价风景园林专业教学计划,并评定设立该专业院校的教学体系是否合格为

己任"。在其价值陈述中强调要"立志达到以优异的教育确保优异的专业人才;鼓励能使学生在不断变化的环境中取得成功的教育方式"。

LAAB由来自风景园林各方面的12名成员组成,不仅包括ASLA、CELA、CLARB(Council of Landscape Architectural Registration Boards)的代表和3名专业教育人士,还包括3名从业人士和3名非专业人士,以确保对专业设置、学术发展、人才培养和学科建设以及职业实践发展评估的全面性、公正性。

教育和学术的质量是LAAB专业认证的核心标准。其工作任务要求专业提升学术质量,传达职业责任,鼓励有目的的变革和必要的改善,保证学科的长期生存能力。LAAB专业认证工作不断发展,其评估标准不断扩充和完善,目前已经更新到2021版。

LAAB专业认证(2021版)的评估内容全面涉及风景园林教育的各方面内容,内容涵盖如下七个部分:

标准1 专业的任务和目标(Program Mission and Objectives);
标准2 专业自治、管理和经营(Program Autonomy, Governance, and Administration);
标准3 专业课程(Professional Curriculum);
标准4 学生和教育成果(Student and Program Outcomes);
标准5 师资配置(Faculty);
标准6 课堂的外部拓展计划(Outreach to the Institution, Communities, Alumni, and Practitioners);
标准7 设施、设备和技术(Facilities, Equipment, and Technology)

从专业建设角度看,LAAB专业认证的标准中最为重要的是"标准3""标准4"。在"标准3"中,LAAB要求"风景园林专业的教学计划具有清楚的教学任务和目标。教学任务应反映专业教育的广泛视角,教学目标应是教学任务细致和清晰的拓展"。"要求教学计划应该描述在一个长期的过程中如何实现和完成教学目标及任务,并记录更新和自我评估过程",并"通过这种长期的自我检查和不断修改,加入新的方法,从而使教学任务更具前瞻性"。在专业课程方面,LAAB专业认证要求教学计划在知识、技艺和能力方面提供全面的教育机会。例如,明确要求教授学生毕业后实践所必须掌握的风景园林的核心知识、技能及其应用,还具体给出了专业课程应涵盖的范围和内容。本科专业课程应至少包含七个方面31项内容。七个方面的课程如下:

(1) 历史、理论、哲学、原则和价值观(History, theory, philosophy, principles, and values);
(2) 设计过程和方法论(Design processes and methodology);
(3) 系统和过程——自然的和文化的(与设计、规划和管理相关)[Systems and processes—natural and cultural (related to design, planning, and management)];
(4) 沟通和文档(Communication and documentation);
(5) 实施(Implementation);
(6) 评估与评价(Assessment and evaluation);
(7) 专业实践(Professional practice)。

在"标准4"中,对学生职业能力培养是一个重要环节,该标准考察学校是否使学生在毕业的时候能够继续从事风景园林相关职业,学生是否被证明已经掌握解决创造性问题、批判性思考以及交流、设计和组织能力来让他们进入风景园林领域。同时,要求教学计划应提供多种机会来鼓励学生参加专业活动,如实习、大学/学院及学术组织的相关活动等。

(二) 风景园林专业课程思政对标 LAAB 专业认证的历程

2014年10月，上海应用技术大学风景园林专业首次与获得LAAB专业认证的美国大学开展国际交流工作。基于"走出去，请进来"的思路，我们结合自身人才培养目标，与美国爱达荷大学、密歇根州立大学、普渡大学等大学开展多方位的国际合作和交流。近十年来，我们的合作不断拓展和深入，从最初的战略合作，发展到对标LAAB专业认证标准的应用型风景园林专业建设与教学管理合作，进而升级为借鉴LAAB专业认证理念开展课程思政建设。

我们跟踪国际人才培养前沿，学习和借鉴世界LAAB专业认证理念和经验，探索适合具有中国特色，面向上海生态之城和长三角生态绿色一体化发展，对接风景园林中国特色现代化产业链需求，符合本校风景园林的高水平应用型人才培养模式，取得显著成效。总体来看，对标工作主要分为三个阶段(图3-1)。

1. 第一阶段(2014—2015年)：积极开启国际合作，构建战略合作框架

2014年10月，本专业与美国爱达荷大学建筑与艺术学院风景园林专业(LAAB认证专业)首次开展国际交流，建立国际合作关系。2015年签署了3+1合作办学项目的合作备忘录，成立了联合工作组，并实现了双方学分互认。

2. 第二阶段(2016—2020年)：走出去请进来，不断提升专业内涵建设

2017年1月，上海应用技术大学风景园林专业获批"上海市属高校应用型本科试点专业建设"立项，对接美国风景园林专业认证的工作正式启动。一方面，专业认真研习LAAB专业评估标准，组织专业骨干赴美访问爱达荷大学、密歇根州立大学、普渡大学等获得LAAB专业认证的大学，实地考察美国风景园林专业教育模式，与美国的风景园林专业主任、骨干教师、行政管理人员深入交流，学习认证标准和程序，考察职业岗位标准和应用型人才培养经验。另一方面，邀请LAAB资深评审专家到校实地指导，与专业教师面对面答疑解惑。在专家指导下，陆续完成了2019级风景园林专业人才培养计划修订工作，初步完成LAAB国际对标核心内容的撰写，2020年8月上海应用技术大学风景园林专业LAAB专业认证对标工作网站正式上线学院官网。

3. 第三阶段(2021—2023年)：课程思政建设新使命新发展

在课程思政大背景下，LAAB专业认证对标迎来新使命新发展。将LAAB专业认证与风景园林课程思政相融合，基于教育链、思政链"双链条"融合的课程思政建设要求，在风景园林人才培养方案、课程大纲修订以及课程思政案例的打磨等环节融入LAAB专业认证理念和内涵，将国际专业认证标准融入与课程思政人才培养要求中。目前已完成了2023年风景园林专业人才培养计划修订以及24门课程的课程思政案例撰写工作。

二、风景园林专业课程思政与 LAAB 标准的融合

(一) LAAB 的价值观教育

分析LAAB专业认证标准可以看出，美国风景园林专业教育强调专业价值观教育，不但教育内容丰富，而且深入渗透到专业学习的各门课程和整个过程中，潜移默化地影响着学生的认知结构与价值判断。我们认为，LAAB专业认证主要包括社会与人文素养、科学与生态价值、工程与职业伦理三方面，教育途径包括课程设置、课程实施、学生作业、课外活动等。

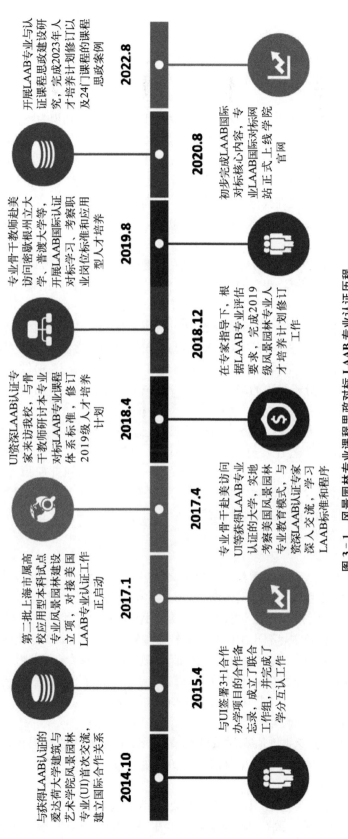

图 3-1 风景园林专业课程思政对标 LAAB 专业认证历程

1. 专业课程中的价值观教育

专业课程作为人才培养的重要组成部分，承担着价值观教育的重要使命。以知识承载价值，以专业课程涵养专业价值观，是LAAB专业认证中价值观教育的重要特点。LAAB专业认证标准主要从三方面引导学生建立对自身、职业、社会与自然的理解，形成价值理念的知识基础。

（1）社会与人文素养

人文精神是风景园林专业的基础。LAAB专业认证标准以人文知识为载体开展人文价值观教育，依托风景园林历史与理论、艺术等课程，引导学生在审美、哲学、多元文化教育中涵养风景园林师的人文精神境界和道德观念。LAAB专业认证"标准3"的"B专业课程"中将"历史、理论、哲学、原则和价值观"类课程放在首位，其中的"设计历史""设计理论""设计批评（criticism）"等课程，通过风景园林历史教育、伦理教育，引导学生研习、鉴赏、评价作品，培养陶冶专业审美精神，提升人文境界，认同掌握专业价值规范。"可持续性、弹性和管理（sustainability, resiliency, and stewardship）""健康、安全和福利""多样性、公平性和包容性（diversity, equity, and inclusion）"等课程，引导学生以人与自然的和谐关系建立为着力点，思考风景园林中的公共问题和社会问题，培养民主、平等、宽容的价值精神，树立风景园林设计师的使命和担当。

（2）科学与生态价值

LAAB专业认证标准中的科学价值观教育包括科学精神和生态价值观两方面。在科学精神的培养中，通过"设计流程和方法"类、"评估与评价"类课程，培养学生批判性、创造性和战略性思维、迭代设计开发、跨学科合作以及定量推理、批判反思的能力，提供科学探索、分析和解决问题的机会，以科学分析能力的培养传递科学精神，从而培养学生的实证精神，提升理性价值判断能力。

当下，风景园林人一方面要参与解决气候变暖、生态失衡等全球性问题，另一方面要帮助保护自然、文化资源并营造适宜人类栖居的生存环境，正确理解人与环境的关系。LAAB专业认证标准通过"系统和流程——自然的和文化的（与设计、规划和管理相关）"类课程，包括"植物、生态系统和气候科学""建筑环境和基础设施""人的因素以及社会和社区系统""人类健康和福祉"等专业课程，引导学生从风景园林的科学、工程、技术视角走出人类中心主义，倡导可持续发展的生态价值观。

（3）工程与职业伦理

风景园林是科学技术、人文艺术与工程技术高度融合的学科。LAAB专业认证标准中设置了大量方法与技术、工程与实践性质的课程，引导学生理解工程伦理，培养工程价值认知和判断能力。例如，"设计流程和方法"类、"实施"类、"评估与评价"类课程，通过风景园林"设计—施工—评估"全流程教学，培样学生职业素养与工程思维。LAAB专业认证标准还设有"专业实践"类课程，明确要求涵盖"价值观""伦理"等教学内容，从专业实践中实现工程价值观教育目标。LAAB重视沟通表达能力的培养，通过"沟通与文件"类课程，培养学生学术论文交流、口头交流、社区和客户参与能力，提升其价值观输出能力。

2. 教学过程中的价值观教育

教学过程是塑造学生专业价值观的重要环节。LAAB专业认证在课程目标、课程内容、作业考试、实习实践环节的评价标准中都隐含了价值观教育。

（1）课程教学

"标准3"中的"B专业课程"的"评估点1"就要求"课程应明确其知识、技能、能力要求以及价值观要求，并与专业目标一致"。它明确了学生在每门课程中应掌握的价值观教育内容。

"评估点2"要求"课程关注社会公平、可持续发展等问题","评估点4"要求"课程使学生为学生进入职业领域做好了准备"。"D课程评估"则要求"课程应紧跟不断发展的技术方法和价值观与时俱进"。这些要求保障了风景园林专业将公平多元、生态价值观以及职业素养、职业精神等渗透在课程教学中,同时帮助学生与时俱进,更好适应新时代多元价值思想的碰撞与博弈。

(2) 作业考试

诚信是保障学术严谨、维护学术道德的基础,更是职业道德的重要内容。LAAB专业认证的"标准3"的"E学术诚信"明确提出"课程在作业和考试等环节要求学生坚守学术诚信",旨在通过专业学习引导学生求实崇真,树立诚信品质,遵守职业道德。

(3) 实习实践

LAAB专业认证标准注重通过各种校内外实习、专业活动评估专业实践能力,要求通过这些活动隐性地开展价值观教育,把无形的、抽象的价值理念和价值精神转化为有形的、具体的行动,从而反思、强化对价值观的认知和理解。例如,"标准3"中的"F增加正规教育经历"的"评估点4"和"评估点5"要求,课程为学生提供参与课外活动、校内外实习、学院组织、社区活动等机会,以及为学生提供参与专业协会活动以及其他专业团体活动的机会。

表 3-1 LAAB 的价值观教育的内容与途径

专业价值观	具体内容	实施途径	具体路径
总体要求	与专业目标一致	课程要求	课程应明确其知识、技能、能力要求以及价值观要求,并与专业目标一致
	与时俱进	课程要求	课程紧跟不断发展的技术方法和价值观,与时俱进
社会与人文素养	专业价值规范	专业课程	"历史、理论、哲学、原则和价值观"类课程的"设计历史""设计理论""设计批评"
	专业审美、人文精神	专业课程	"历史、理论、哲学、原则和价值观"类课程的"设计历史""设计理论""设计批评"
	民主、平等、宽容	专业课程	可持续性、弹性和管理 健康、安全和福利 多样性、公平性和包容性
	诚信	作业考试	
科学与生态价值	科学精神、实证精神	设计流程和方法 评估与评价	
	可持续发展的生态价值观	专业课程	"系统和流程——自然的和文化的(与设计、规划和管理相关)"类课程,包括"植物、生态系统和气候科学""建筑环境和基础设施""人的因素以及社会和社区系统""人类健康和福祉"
工程与职业伦理	职业素养、工程伦理	专业课程	设计流程和方法、实施 评估与评价
		课程要求	使学生为学生进入职业领域做好准备
	实践价值观	专业实践	价值观、伦理
	价值观输出	沟通与文件	学术论文交流、口头交流、社区和客户参与

(二) 借鉴意义

1. 助力课程思政体现专业特色

《高等学校课程思政建设指导纲要》明确指出,专业教育课程要根据不同学科专业的特色和优势,深入研究不同专业的育人目标。近年来,在乡村振兴、城市更新等国家战略影响下,我国风景园林产业发生了深刻变革,对学生综合职业素养、创新能力提出了更高要求,这就要求课程思政更加体现专业特色,课程体系与课程思政更好地相互支撑。

作为美国风景园林专业学科规范全面发展的重要制度之一,LAAB 专业认证不但基于专业教育与行业协会要求,对专业目标和任务、专业核心知识技能和运用等提出了全面要求,而且将价值观教育整合于专业教育中,渗透于学生的思想中,使他们能够自觉接受。这种专业教育与思想教育高度融合的育人方式与我们正在实施的风景园林课程思政建设目标具有内在一致性。分析比较 LAAB 专业认证标准中的价值观教育,能为我们开展凸显风景园林专业特色的课程思政提供有益参考,为探究教育链、思政链"双链条"融合的课程思政建设提供了启发和借鉴。

2. 提供课程思政的落地路径参考

作为专业性的评估标准,LAAB 高度重视将专业价值观、职业能力素质的培养贯穿人才培养全过程,其理念和做法与"三全育人"不谋而合,对于落实课程思政中坚持以学生为中心,不断提升学生课程学习体验,落实立德树人根本任务具有重要参考价值。例如,LAAB 专业认证不仅在专业课程、教学过程中融入价值观教育,更对专业目标(LAAB 标准 1)、学生成果(LAAB 标准 4)、第二课堂(LAAB 标准 3-F-1、LAAB 标准 3-F-4、LAAB 标准 3-F-5;LAAB 标准 4-B-1、LAAB 标准 4-B-2、LAAB 标准 4-B-3)以及校友、行业从业人员参与职业发展指导、课程体系评估(LAAB 标准 6-B-2)等提出了明确要求。

三、课程教学案例中的 LAAB

LAAB 专业认证标准(2021 版)包括七个部分,上海应用技术大学风景园林专业的课程思政建设着重从课程教学目标与人才培养目标的响应、职业伦理和观念的培养、与时俱进的专业技术方法理念、拓展专业学习与课程思政的第二课堂四个方面借鉴其理念和做法,课程思政的融入体现在以下六方面。

(一) 人才培养计划中的课程应涵盖专业能力、专业素养和价值观
——对标"LAAB 标准 3 专业课程-B 专业课程"

详见"表 3-2 上海应用技术大学人才培养计划与 LAAB 专业认证对标"。

(二) 专业课程的教学目标包含风景园林师应具备的职业伦理和价值观念
——对标"LAAB 标准 3 专业课程-B 专业课程-评估点 2":识别并致力于风景园林师应解决的现代环境、公共政策、社会公正等设计问题

各门课程将"两山"理念、人民城市理念、可持续发展、社会公平等风景园林师的职业伦理和观念融入教学目标的价值层面,并在教学实施中贯穿始终。

"园林工程"课程在"社区花园"章节不但要求学生掌握社区花园的基本知识与营建模式,而且要求学生深入社区了解居民需求,理解"人民城市人民建,人民城市为人民"的内涵。

"城乡绿地系统规划"课程将空间均衡、群体平等、使用公平等理念融入课程目标,在城乡绿地系统规划的案例中对各层次"公平性"衡量标准加以审视和比较,引导学生思考当前城市发展特征与绿地规划"公平性"的关系。

"园林树木学"课程是风景园林的专业基础课,课程通过培养学生具备独立识别园林树木的基本能力,掌握园林树木鉴别的基本方法和工具。在价值观念上,培养学生加深对"两山理论"的理解,形成对祖国丰富资源的自豪感、对大自然的热爱和保护意识,提升学生对美丽中国建设的自信心。

(三)专业课程的教学内容和方法应紧跟不断发展的技术、方法、理论和专业价值理念

——对标"LAAB 标准 3 专业课程-D 课程评估-评估点 1c":与时俱进,紧跟不断发展的技术、方法、理论和专业价值背景

"植物景观规划与设计"课程通过案例讲解、专家讲座等形式,引导学生关注国内外前沿植物规划设计理念,将新优园林植物品种的应用和创新动态融入教学内容,使学生了解当代植物规划设计趋势,接轨行业前沿动态。

"测量与3S技术"课程是本专业重要的专业基础课,该课程通过3S技术实例视频讲解,我国攻坚克难、自主创新建设北斗导航系统案例讲解等方式,将国内外前沿技术和案例融入教学内容中,让学术掌握3S前沿方法理念的同时,感受科学技术对现在乃至未来生活的引导。

(四)专业课程应积极为学生提供第二课堂专业活动(专业协会、社区服务、校内外专业实习等)

——对标"LAAB 标准 3 专业课程-F 增加正规教育经历-评估点 4":学生参加机构/大学组织、社区活动或其他课外活动;"LAAB 标准 3 专业课程-F 增加正规教育经历-评估点 5":学生参加诸如 LABash、ASLA 会议等活动

专业依托行业、企业开展各类校内外实践教学,走进社区,走进乡村,通过真实场景教学,构建了以全过程能力培养为目标的风景园林实践教学的新方法和"课程+"实践教学新模式。

"风景园林规划与设计"课程在课堂上围绕风景园林设计师基础能力塑造,培养学生设计实践能力、研究和创新创意素养;在第二课堂层面,为学生提供丰富的课程拓展学习内容,包括校外专家讲座、跨年级课程交流学习、学科竞赛等,拓宽专业视野,提升专业学习的内驱力。

"园林工程"课程教学已经连续 4 年走出校园进入社区,分别在上海市奉贤区海湾镇、浦东新区东明路街道进行一系列社区花园营造,尤其在一些老旧小区,帮助居民打造可以共享的公共空间,改善社区环境。课程教学中学生分享的作品都是在老师指导下,学生自己设计与建造的作品。

(五)学生作业应体现课程的专业入门所需要的知识和能力

——对标"LAAB 标准 4 学生与教育成果-A 学生学习成功-评估点 1":学生作品展示了风景园林专业入门级职位所需的能力

"风景园林管理与法规"课程要求学生将符合具有中国国情的政策法规理论和园林工程实践紧密结合起来,进行风景园林行业招投标的实践操作。作业之一是选取上海某绿道建设园林景观工程施工图,根据该工程中的绿化苗木、竖向、铺装等图纸内容,编制工程项目投标书。该作业要求学生掌握园林工程的实施内容、工程构造,掌握园林工程项目工程量的准确计算、

投标书编制必需的知识、技能和能力,体现了园林工程项目管理入门所需要的知识和能力。

(六) 学生作业的评价应包含其职业素养、批判性和创造性思维

——对标"LAAB 标准 4 学生与教育成果-A 学生学习成功-评估点 2":学生展示他们实现了专业的学习目标,包括批判性和创造性思维,以及通过项目定义、问题识别、信息收集、分析、综合、概念化和沟通专业内容的能力

"生态工程学"课程是风景园林专业中生态类的选修课,其作业之一是要求学生运用所学生态工程规划相关知识,从顶层设计的角度,谈谈对《崇明世界级生态岛发展规划纲要(2021—2035年)》的认识和建议。该作业要求观点正确、科学性强,有自己的见解,密切联系实际,具有现实意义和学术价值,对学生的逻辑性、批判性思维具有较高要求。

"综合 Studio 1-简单测绘与规划设计"课程中上海应用技术大学奉贤新校区某地块测绘与景观提升设计,要求各组学生在校内寻找需要改造更新的地块($0.3 \sim 2 \ hm^2$),完成场地测绘和景观提升设计。作业成果要求包括测绘仪器的操作、设计草图交流、测绘图纸报告、全套方案设计图纸等。该作业内容涵盖了掌握场地调研分析方法、掌握风景园林设计的过程、方法和要素的运用,熟练"图示语言"的表达方式等,体现了对学生综合的运用专业基础知识,解决实际问题,达到能够独立分析和解决简单的园林设计实际问题的培养。

上海应用技术大学风景园林专业人才培养计划与 LAAB 专业认证对标如表 3-2 所示。

表3-2 上海应用技术大学风景园林专业人才培养计划与 LAAB 专业认证对标

专业课程			LAAB 专业认证标准											
课程名称	学分	标准3-A 课程应明确其知识、技能、能力要求以及价值观要求,并与专业目标一致	标准3-B-1 课程有序安排教学内容,支持专业目标、任务和目的	标准3-B-2 课程关注社会公平、可持续发展等问题	标准3-B-3 课程使能够造与学院要求一致的学术兴趣	标准3-B-4 课程使学生为进入职业领域做好准备	标准3-D-1c 课程紧跟发展的技术方法、价值观,与时俱进	标准E 课程在作业和考试等环节要求学生坚守学术诚信	标准3-F-4 课程为学生提供参与课外活动、校内外实习、学院组织、社区活动等机会	标准3-F-5 课程为学生提供参与协会活动以及其他专业团体活动的机会	标准4-A-1 学生作业展示了专业入门所需要的能力	标准4-A-2 学生展示了其学习目标,具有批判性思维、创造性思维、识别分析以及解决问题的能力	标准4-B 在整个教学过程中,为学生提供有效的建议和指导
风景园林导论	2	√	√	√	√	√	√	√	√		√	√	√
设计初步	3	√	√	√	√	√	√	√	√	√	√	√	√
生产实训	3	√	√	√	√	√	√	√	√		√	√	√
植物学	3	√	√	√	√	√	√	√	√		√	√	√
建筑初步	3	√	√	√	√	√	√	√	√	√	√	√	√
中外园林史	3	√	√	√	√	√	√	√	√		√	√	√
测量与3S技术	2	√	√	√	√	√	√	√	√	√	√	√	√
风景园林规划与设计	3	√	√	√	√	√	√	√	√	√	√	√	√
园林树木学	3	√	√	√	√	√	√	√	√		√	√	√
花卉学	3	√	√	√	√	√	√	√	√		√	√	√
计算机辅助设计	2	√	√		√	√	√	√	√		√	√	√

续　表

专业课程		LAAB专业认证标准											
课程名称	学分	标准3-A	标准3-B-1	标准3-B-2	标准3-B-3	标准3-B-4	标准3-D-1c	标准E	标准3-F-4	标准3-F-5	标准4-A-1	标准4-A-2	标准4-B
		课程应明确其知识、技能能力要求以及价值观要求，并与专业目标一致	课程有序安排教学内容，支持专业目标、任务和目的	课程关注社会公平、可持续发展等问题	课程使学生能够达到学院要求与学术兴趣	课程使学生为进入职业领域做好准备	课程紧跟不断发展的技术方法、价值观，与时俱进	课程作业和考试等环节要求学生坚守学术诚信	课程为学生提供参与课外活动、校内外实习、学院组织、社区活动等机会	课程为学生提供参与协会活动以及其他专业团体活动的机会	学生作业展示了专业入门所需要的能力	学生展示了其学习目标，具有批判性思维、创造性思维以及识别分析解决问题的能力	在整个教学过程中，为学生提供有效的建议和指导
城乡规划原理与实务	2	√	√	√	√	√	√	√	√	√	√	√	√
风景园林建筑设计	3	√	√	√	√	√	√	√	√	√	√	√	√
园林工程	3.5	√	√	√	√	√	√	√	√	√	√	√	√
城乡绿地系统规划	2	√	√	√	√	√	√	√	√	√	√	√	√
城市公园设计	3	√	√	√	√	√	√	√	√	√	√	√	√
植物景观规划与设计	2	√	√	√	√	√	√	√	√	√	√	√	√
生态工程学	2	√	√	√	√	√	√	√	√	√	√	√	√
植物应用能力考试	1	√	√	√	√	√	√	√	√	√	√	√	√
风景园林管理与法规	2	√	√	√	√	√	√	√	√	√	√	√	√
遗产保护与风景区规划	3	√	√	√	√	√	√	√	√	√	√	√	√
生态设计与雨洪管理	2	√	√	√	√	√	√	√	√	√	√	√	√

续 表

专业课程	学分	LAAB专业认证标准											
		标准3-A	标准3-B-1	标准3-B-2	标准3-B-3	标准3-B-4	标准3-D-1c	标准E	标准3-F-4	标准3-F-5	标准4-A-1	标准4-A-2	标准4-B
课程名称		课程应明确其知识、技能、能力要求以及价值观要求,并与专业目标一致	课程有序安排教学内容,支持专业目标、任务和目的	课程关注社会公平、可持续发展等问题	课程使学生能够造就与学院要求一致的学术兴趣	课程使学生为进入职业领域做好准备	课程紧跟不断发展的技术方法、价值观,与时俱进	课程在作业和考试等环节要求学生坚守学术诚信	课程为学生提供与课外活动以及校内外实习、学院组织、社区活动等机会	课程为学生提供参与协会话动以及其他专业团体话动的机会	学生作业展示了专业入门所需要的能力	学生展示了其学习目标,具有批判性思维、创造性思维以及识别分析解决问题的能力	在整个教学过程中,为学生提供有效的建议和指导
园林设计表现	1	√	√		√	√	√	√	√		√	√	√
风景园林数字化设计	2	√	√		√	√	√	√	√		√	√	√
基础生态学	2	√	√	√	√	√	√	√	√		√	√	√
专业英语	2	√	√		√	√	√	√	√		√	√	√
中外建筑史	2	√	√	√	√	√	√	√	√		√	√	√
园林色彩设计	2	√	√		√	√	√	√	√		√	√	√
观光园艺规划与管理	2	√	√	√	√	√	√	√	√	√	√	√	√
城市公共空间设计	2	√	√	√	√	√	√	√	√		√	√	√
园林工程预决算	1	√	√		√	√	√	√	√		√	√	√
写生(实践)	1	√	√		√	√	√	√	√		√	√	√
园林植物认识实习	1	√	√		√	√	√	√	√		√	√	√

续表

专业课程		LAAB专业认证标准												
课程名称	学分	标准3-A 课程应明确其知识、技能能力以及价值观要求,并与专业目标一致	标准3-B-1 课程有序安排教学内容,支持专业目标、任务和目的	标准3-B-2 课程关注社会公平、可持续发展等问题	标准3-B-3 课程使学生能够追求与学院要求一致的学术兴趣	标准3-B-4 课程使学生为进入职业领域做好准备	标准3-D-1c 课程紧跟不断发展的技术方法、价值观,与时俱进	标准E 课程在作业和考试等环节要求学生坚守学术诚信	标准3-F-4 课程为学生提供参与课外活动、校内外实习、学院组织、社区活动等机会	标准3-F-5 课程为学生提供参与协会活动以及其他专业团体活动的机会	标准4-A-1 学生作业展示了专业入门所需要的能力	标准4-A-2 学生展示了其学习目标,具有批判性思维、创造性思维以及识别分析解决问题的能力	标准4-B 在整个教学过程中,为学生提供有效的建议和指导
建筑初步认识实习	1	√	√					√			√	√	√
综合 Studio 1-简单场地测绘与设计	2	√	√					√			√	√	√
综合 Studio 2-园林建筑设计与营建	1	√	√	√	√	√	√	√	√		√	√	√
综合 Studio 3-城乡绿地规划调研	1	√	√	√	√	√	√	√	√		√	√	√
综合 Studio 4-园林工程设计与营建	2	√	√	√	√	√	√	√	√		√	√	√
毕业设计(论文)	14	√	√	√	√	√	√	√	√	√	√	√	√

第四章
风景园林专业开放实践育人体系创新与探索

近年来,我国高等教育规模不断扩大,为城乡发展赋予了强劲动能,各高校在"量增"基础上也在不断对标城乡产业转型升级需求,提升人才培养质量。当"风景园林创造持续美好生活"的教育理念遇上"绿水青山就是金山银山"的科学论断,人才培养和教学改革也需要构建新的理念和模式,并在前进中摸索出新的路径,为城乡人居环境建设和乡村振兴等国家战略培养更多高素质应用创新型人才。

一、风景园林实践教学体系的问题所在

在"人民城市人民建"的理念引导下,风景园林产业在城市更新、乡村振兴等国家战略影响发生了深刻变革,既趋向于产业链一体化的"纵向链接",又融合相关产业"横向协同"。相关企业日益侧重于"风景园林项目全产业链"的设计、工程及运营管理服务,对风景园林专业人才的能力需求转变为掌握产业链全过程基本知识,具有多维实践能力,具备应对产业变革的职业发展潜力。然而,目前,风景园林学生普遍缺少综合的职业素养和开阔的视野,解决复杂实践问题的创新能力不强,不能很好地适应风景园林产业升级发展的需求。高校风景园林人才培养受制于产业对接、师资队伍、实践平台等,在人才培养中存在如下问题:

(1) 实践教学体系缺少顶层设计,教学内容割裂,学生培养不能适应全产业链升级发展的能力需求。

(2) 实践教学模式传统单一,教学过程脱离真题情景,学生培养不能满足解决复杂问题的创新需求。

(3) 实践教学资源缺少整合,教学平台开放共享不足,学生培养不能满足个性化学习的资源需求。

基于以上问题,上海应用技术大学风景园林专业积极对接产业链对复合型工程技术人才的需求,依托应用型本科试点专业和"新农科"建设、一流本科专业建设项目等,从教学体系构建、教学模式创新、教学平台建设等方面入手开展教学研究。期望通过积极创新,探索出一条"适应产业升级需求、聚焦实践能力提升"的实践育人新路径,在应用型高校的教育教学理论和实践方面有较大突破,为上海及长三角地区的城乡环境建设培养更多的复合型工程技术人才。

二、风景园林开放实践育人体系创新构建

自 2013 年起,上海应用技术大学风景园林专业就致力于以风景园林专业实践教学育人体系创新为抓手,开展具有工学、农学交叉融合特色的风景园林专业教育;积极推进校企深度协

同育人,建成校内外深度融合、全面开放的实践教学体系和教学平台;并将企业最新案例、前沿技术等引入课堂教学,不断提升学生创造性解决复杂工程问题的能力。经过多年建设,初步构建了"全链嵌入、实战赋能、资源共享"的风景园林实践育人新体系。经过多年建设,2020年上海应用技术大学风景园林专业获批教育部和上海市教委"新农科"项目各1项,2021年获批上海市一流本科专业建设点。

(一) 依托企业,多维赋能,构建了风景园林专业全过程实践教学体系

应对风景园林产业升级需求,以企业需求和学生社会实践能力培养为导向,与行业、企业专家研讨、完善人才培养方案和实践课程体系,形成"规划设计""植物应用"和"园林工程"三大模块化实践课程群;增加实践教学学分(占全部学时的1/3左右),优化实践教学课程内容,7门核心实践课程整合成3个综合性Studio课程(每门课程为两周综合实践课程,分组学习,实际案例教学,注重过程和合作,课堂讲授较少);打造"园林规划设计""园林植物应用""园林工程"等一批具有示范效应的实践类课程,各实践课程和创新创业教学与风景园林产业发展的全过程需求对接,各教学环节融会贯通,多维赋能学生能力提升,形成一批可复制、可推广的教学案例。

风景园林核心素养特别是实践动手能力的培养和园林文化传承的培养贯穿学生培养全过程。上海应用技术大学提炼风景园林专业核心素养,聚焦国情观念基本素养的培养,充分发掘风景园林专业课程和教学方式中蕴含的思政资源,建设了一批具有示范效应的"金课"和课程思政荣誉课程、示范课程,培养了一批课程思政教学优秀教师;实现风景园林专业课程思政改革全覆盖,课程思政融入教学全过程,形成可复制、可推广的教学示范案例,上海应用技术大学生态技术与工程学院成为上海市课程思政领航学院,风景园林专业为上海市课程思政领航专业。

(二) 真题情景,实战赋能,创新了风景园林专业开放实践教学模式

依托行业、企业开展各类校内外实践教学,教学内容服务与上海的城市更新、乡村振兴、花博会建设等重点战略,实践教学走进了社区、乡村,通过真实场景教学,构建了以全过程能力培养为目标的风景园林实践教学的新方法和"课程+"实践教学新模式;以风景园林工程师核心能力培养为导向,结合"园林工程""园林植物景观设计""园林建筑小品与营造"等课程实践教学,着力打造一大批具有高阶性、创新性和挑战度的实践课程;连续5年开展"校内花园营建节",坚持真题情境的任务驱动,以实际工程案例培养学生设计、施工动手能力。

鼓励学生参与教师科研和社会服务项目,直面和解决风景园林行业现实问题,培养学生创新能力的探索和思考;组织学生参与各类创新创业教育,风景园林专业成立以来,坚持"以赛促教,以赛促学",100%学生参与创新创业和各类社会实践,学生基于课程学习的成果,携带创新作品走进各类比赛,不断激发了学的审美兴趣和对专业学习的蓬勃热情,体会了到将专业知识落实到实践中的必要性。结合课程,带领学生在校外开展"行走的课堂"活动,课程实践活动走进周边的社区,走进乡村振兴现场,走进了机关楼宇,假期社会实践教学服务于乡村振兴和美丽中国建设。

教师全程指导学生将课程教学成果转化为各类竞赛作品,通过"以赛促教",为学生提供了更自由、更开放的创新创业训练机会,特别是参与各类营造类课程的比赛,大大提升了学生解决各类复杂问题的能力,多次获得包括"世界花园大会"金奖、"崇明花博会花镜设计竞赛"铜奖、"扬州世园会微景观创作竞赛"大奖等奖项。

(三) 产教融合，虚实结合，建立了多维、开放共享的实践教学平台

发挥双师型教师队伍特色，聘请中国花艺大师、上海市劳动模范朱迎迎等专家在校建立"大师工作室"，鼓励优秀教师成立三个"名师工作室"，有效地整合校内外师资，为实践课程带来了案例和技术。依托行业、企业资源，建成上海一流的校内外实践教学平台（校内校外共享，科研基地与实践基地融合）和线上线下互动的风景园林实践平台。

围绕校内观赏植物园的建设、养护和动态更新，打造了零距离、全物候、全天候、全方位的校内植物园专业综合实践基地，构筑综合性的校内创新实践教学中心，并积极推进园林工程实训平台、植物种质资源库和数字模型实验室建设。专业师生参与基地的设计、施工和后期管理工作，校内实践基地可以满足园林植物认知、应用、养护以及园林工程营造等各类实践教学。坚持"能实不虚、虚实结合"的原则，为学生提供了多样化的校内实践平台。

与上海植物园、上海园林绿化建设有限公司等单位合作共建"互惠共赢"的校外实践教学平台。依托大师工作室建设，与上海市城市建设工程学校（上海市园林学校）、上房园艺合作共建七年一贯制的"园艺"世界技能大赛培训基地和上海市都市园林开放实训中心，形成"校内综合实践基地＋校外实践教学平台＋工程中心（高校智库）"协同育人基地；邀请企业专家参与人才培养全过程，教师产学研成果、企业最新案例、核心技术、前沿技术和新标准、新产品等引入课堂教学，并与企业共建园林工程和园林植物景观设计实践教学实训库，编写出版园林工程实践案例集；将行业技能认证标准和培训课程引入实践教学，课程内容与职业标准无缝对接，全面进阶。

借助信息化技术，多措并举推进风景园林实践教学的信息化建设，建设了园林规划设计、园林植物应用以及园林工程实训等各类线上资源，形成了线上线下互联互通的实践教学系统，实践教学虚实结合，以实为主，能实不虚，全面向所有学生开放。将行业技能认证标准和培训课程引入实践教学，课程内容与职业标准无缝对接，全面进阶。

三、实践育人体系构建的成效

我校风景园林专业历经多年建设，通过系统研究和实践探索而形成的开放实践育人体系，立足应用型本科人才培养，对接产业链对复合型工程技术人才的需求，构建了风景园林实践教学育人新体系，解决了风景园林实践教学内容割裂和学生培养不能适应全产业链升级发展的能力需求的问题；创新了风景园林专业实践教学模式，解决了教学过程脱离真题情景和学生培养不能满足解决复杂问题的创新需求的问题；建立了开放共享、内外结合的实践教学平台，解决了教学平台开放共享不足和学生培养不能满足个性化学习的资源需求的问题。

经过多年的实践，风景园林专业实践教学探索出了一条"适应产业升级需求、聚焦实践能力提升"的全过程开放实践育人新路径。目前上海应用技术大学已经成为上海市该专业本科招生规模最大的高校，在国内同类院校中人才培养规模也居于前列。风景园林专业2015年获批应用型本科和中本贯通培养试点专业，2017年获批硕士专业学位点，在全国最早形成完整的"中职-应本-专硕"风景园林人才培养链。相关实践教学平台和体系除了适用于风景园林专业学生外，也向生态学、园林、园艺、建筑、香精香料等专业学生全面开放，同时也面向本校全体学生和上海市建设工程学校（上海市园林学校）等中高职院校学生提供实习实训条件。

（一）学生实践能力显著提高，受到社会广泛赞誉

上海应用技术大学毕业生已成为上海市园林绿化行业中的佼佼者，无论是崇明花博会、滨江贯通项目等重大战略项目，还是比利时、萨摩亚等国外项目，都有上海应用技术大学毕业生的贡献。用人单位普遍反映上海应用技术大学毕业生职业素养良好，园林植物应用和动手能力俱佳，职业初期成长迅速；学生在互联网＋、挑战杯等竞赛活动中，获国家和省部奖励40余项。在世界花园大会、崇明花博会、扬州世园会中，学生的课程学习作业成果也参与到各类营造竞赛，获得"高校联盟组金奖"和"未来园艺师项目金奖"、微景观创作大赛大奖等。

（二）学科专业建设卓有成效，教育教学成果显著

近5年，上海应用技术大学风景园林专业先后成为上海市应用型本科试点专业、课程思政领航学院（团队）和上海市一流本科专业。获批"萱草国家种植资源库"和"美丽中国与生态文明"上海高校智库等省部级平台。教学团队主持教育部和上海市新农科研究与改革项目各1项，市教委教学改革项目3项，市教育科学研究项目4项；建成国家精品课程1门、国家一流课程1门、上海市一流课程3门、上海市虚拟仿真实验项目1项、上海市线上线下混合式教学示范课程1门、上海市精品课程1门、上海市重点课程建设10门，取得各类教学成果10余项，出版《风景园林规划设计案例集》十三五规划教材1部，其他教材5部。相关教学成果多次被新华网、学习强国、上海电视台、上观新闻、新闻晨报、中国青年报、青年报、中国园林网等媒体报道。学校"将课堂试验场搬进社区，将劳动教育融入美育教育，真正做到学以养德、学以增智、学以致用"。

第二部分 各 论

"风景园林学导论"课程教学案例

授课教师： 贺坤、裘江、赵杨、李杰

一、课程概况

课程名称： 风景园林学导论
教学对象： 风景园林专业本科一年级学生
学分/学时： 2学分/32学时
课程类别： 专业基础课
课程荣誉： 课程思政荣誉课程(2018)、校级课程思政示范课程(2023)

二、课程简介

本课程是风景园林专业学生入学后接触的第一门专业课程，全面讲述风景园林的学科理论体系与知识框架，对风景园林产业发展和行业现状进行全景式的描述，以深入浅出的方式引导学生顺利进入风景园林学的知识领域。本课程是风景园林学生快速了解学科、专业和行业全貌，并进入专业学习的引导性课程。通过对风景园林相关学科范畴、知识构架、思维方式和学科热点加以全面的阐释和引导，使学生对各风景园林本科专业课程的定位和作用能够有全面深入的了解，为未来四年的专业学习打下坚实的基础。

主要先修课程：无。

三、课程目标

学校坚持"厚德""精技"人才培养理念，致力于培养高素质应用创新型人才。风景园林专业人才培养始终立足我校本学定位，根植地域环境特色，建设工学、农学交叉融合的应用型本科专业。本课程作为风景园林专业第一门专业基础课程，是重要的专业引领性课程，也是课程思政核心骨干课程。课程教学的目标是："明确什么是风景园林，如何成为一个德智体美劳全面发展的、优秀的风景园林人。"

（1）知识获取：认识风景园林的形成与发展历程；掌握风景园林专业的国内外发展概况；初步了解风景园林学科理论体系与知识框架；认识风景园林环境要素与构成要素；了解风景园林植物与生境、风景园林工程与管理、风景园林规划设计等内容，同时结合具体的案例感知国内外风景园林热点与趋势。

（2）能力培养：培养学生具备获取本专业知识的基本能力，掌握风景园林相关的理论知

识体系,具备风景园林相关评估、评价等基本能力,培养学生的国际视野和与时俱进的现代意识,培养学生培养对风景园林行业和工作的兴趣。

(3) 价值塑造:引导学生建立专业学习的兴趣和投身风景园林事业的信心,培养学生对中国传统园林和现代生态文明的自豪感,树立坚定的职业理想以及投身于现代环境和致力于社会发展的信念;将国家情怀、国际视野、实践创新等元素通过讲史、识物、学人等方法浸润学生心中,形成把作品写在祖国山川大地上的意识和信念。

表1 "风景园林学导论"课程体系

知识单元	知识和能力培养要点	价值塑造途径及目标
1. 课程导论	● 认知风景园林的学科与专业 (1) 风景园林学科与理论基础; (2) 风景园林专业与知识构建; (3) 我校风景园林专业课程体系; (4) 培养学生专业思维模式,树立正确的风景园林观。	(1) 通过生态文明和美丽中国建设伟大成果引导学生认知风景园林学的重要意义。 (2) 围绕国内外风景园林专业和学科建设案例,进一步认识学科边界和专业内涵,为未来的学习打下坚实的基础。 (3) 结合近年来城乡环境建设成果的视频学习,树立参与风景园林事业、建设美丽中国的坚定信念。
2. 风景园林历史与文化	● 了解风景园林的历史与发展趋势 (1) 中外古典园林发展历程; (2) 现代园林的创始阶段和发展历史; (3) 中国现代园林发展历程; (4) 当代风景园林热点和发展趋势; (5) 培养学生风景园林职业伦理和职业素养。	(1) 以史明鉴,以古鉴今,培养对传统文化的认同,增强学生的文化自信。 (2) 结合中外经典案例讲解、分析,掌握古典园林思想中所蕴含的认识方法和实践方法。 (3) 国内外风景园林发展对比分析,塑造学生面向专业发展的学习心态,了解人类文明进程与风景园林动态发展的相关性。 (4) 培养学生尊重世界多元文化的多样性和差异性,积极参与风景园林专业的跨文化交流。
	● 了解当代风景园林的重要案例 (1) (国家)公园案例; (2) 城市绿道案例(上海城市绿道建设); (3) 生态修复案例(鹦鹉洲滨海湿地公园)。	(1) 围绕"何为风景园林实践"这一问题,课前布置学生分组开展当代风景园林优秀案例的研究性学习,培养学生团队合作、责任担当的精神。 (2) 通过国内外优秀实践案例进行启发教学,培养学生的实证意识,引导学生认识风景园林在现代生态文明中的作用。
3. 风景园林环境及组成要素	● 认知风景园林的环境要素 (1) 自然环境要素(案例); (2) 人文环境要素(案例)。	(1) 围绕"风景园林如何置于生态文明建设的大背景",从自然和人文两个视角认知风景园林的环境要素,培养学生了解国情、根植传统文化、认知风景园林的能力。 (2) 以"奉贤新城上海之鱼"具体案例分析风景园林的自然和人文环境要素,培养学生从宏观角度关注风景园林和人福祉的关系。
	● 掌握风景园林的组成要素(古典园林和现代城市公园案例) (1) 地形; (2) 水体; (3) 建筑; (4) 植物; (5) 道路。	(1) 结合苏州古典园林和杭州园林具体案例,从古典园林和现代公园两个角度分析风景园林的组成要素,培养学生理解和尊重风景园林要素多样性,提升学生发现、感知、欣赏、评价风景园林美学的意识和基本能力。 (2) 分析古典园林和现代公园的构成异同,引导学生思考优秀园林文化的传承和审美。

续 表

知识单元	知识和能力培养要点	价值塑造途径及目标
4. 风景园林规划与设计	● 掌握风景园林规划与设计基本内容和流程 (1) 要素与理论； (2) 科学与艺术； (3) 思潮与发展。	(1) 结合具体的项目案例，分析风景园林设计的基本方法和程序，培养学生的专业和职业认知。 (2) 组织学生进行研讨，反映风景园林规划设计广阔外延、联系的潜力，激发学生对风景园林设计的激情和兴趣。
	● 熟悉经典规划设计案例(人物) (1) 国内外经典案例； (2) 国内外知名设计师。	(1) 通过视频案例的讲解和分析，培养学生实践创新能力和对职业素养的认知。 (2) 分组汇报并讨论，学习优秀的风景园林师的事迹，特别是我国风景园林工作者的家国情怀。
5. 风景园林生境与植物	● 掌握风景园林生境的基本内涵 (1) 生物多样性； (2) 城乡生境； (3) 工程实例。 ● 了解风景园林植物的应用(案例) (1) 园林植物； (2) 园林植物赏析(植物园)。	(1) 结合近期我校教师参与的设计和咨询项目案例，展示生物多样和城乡生境建设的成果，引导学生认知生物多样性建设的成就和理念。 (2) 组织学生讨论，培养学生积极关注人类面临的区域性和全球性环境挑战，理解人类命运共同体的内涵与价值等。 (3) 通过视频学习及校内植物园的现场学习，认识植物在园林和生态环境中重要作用，学生通过自学了解园林植物的丰富文化内涵。
6. 风景园林工程与管理	● 掌握风景园林工程和管理的基本理论和知识 (1) 园林工程； (2) 法规管理； (3) 历年花园营造节展示。	(1) 结合具体的项目案例，从工程、艺术和技术等不同角度分析风景园林工程建设的成就，培养学生热爱工程技术、热爱劳动的情感。 (2) 带领学生参观高年级学生在校内组织的花园营建节，邀请高年级学生讲解花园营建的过程，近距离感受工程营建的乐趣，让学生提前体验亲手设计和营建花园的全过程。
	● 了解风景园林工程的优秀案例 (1) 优秀园林工程案例； (2) 生态修复工程案例。	(1) 通过大型工程实例视频讲解，让学生感受大国工程的美丽，学习大国工匠精益求精的精神。 (2) 培养学生团队协作、互帮互助的意识。
7. 课程拓展学习	● 校外专家讲座* 了解风景园林规划设计相关的实务、优秀的实践案例等。	(1) 邀请高校专家开设讲座，引导学生逐步构建作为新时代风景园林人才所必备的家国情怀与思想格局。 (2) 邀请行业专家走进课堂，结合具体的设计和工程实例，培养学生未来扎根实践一线，服务国家建设的情怀。
	● 当代风景园林建设成果赏析* 学习当代风景园林建设的优秀案例，了解学科前沿动态。	(1) 通过项目式学习与元认知监控，培养学生的社会责任、家国情怀和国际视野。 (2) 观看国家公园建设的视频，引导学生在社会经济高质量发展的时代背景下，分析风景园林发展的热点和趋势。

注：* 表示可选内容。

四、教学设计实例

1. 教学设计

本节课程讲述"风景园林生境与植物"一章中"风景园林生境"一节内容,具体如下:

(1) 知识传授:认识生境和生物多样性的概念和作用;了解国内外不同尺度的生境营造的成果和特点;了解我国生物多样性建设的巨大成就和风景园林在生态文明建设中的重要作用;获得城乡空间生境营造的基本知识。

(2) 能力培养:获得观察风景园林现象和事务的能力,具备分析国土空间环境问题的能力,可以从不同尺度运用辩证思维分析各类生境问题。提升实践动手能力,比如可以利用较小空间的生境设计掌握风景园林设计和工程的基本技能。

(3) 情感认知:助力学生形成对自然的感知和兴趣,提升对我们生态文明建设伟大成就的认知;激发学生的好奇心和想象力,树立对自然美好事物和科学精神的不懈探索精神;结合专业教师参与的具体案例讲解,提升学生对专业的认知和兴趣。

2. 教学实施流程

表2 本节课课程教学实施流程表

教学环节	教学者活动	学生活动	时间(min)
一、导入	1. 视频导入 观看绿色上海的相关视频。 2. 问题导入 回顾风景园林环境要素中的植被和风景园林构成要素中的植物内容,引出问题:什么是生境?植物在风景园林中的作用是什么?	观看PPT,观看视频,回答问题。	5
二、概念及案例	1. 概念讲解 生境是指生物个体、种群或群落生活和完成生命过程的空间或环境类型,是一定环境空间范围内生物居住的地方或生态地理环境,是某种动物在生态环境中取食、活动、做巢、隐蔽的具体地点。生境可以是一个小水池,也可以是一处花园、林地、草地、湿地等。 2. 案例讲解(国土空间不同尺度的绿色生境空间) (1) 校内植物园(线上虚拟植物园); (2) 杭州湾北岸"鹦鹉洲湿地"; (3) 南桥新城"上海之鱼"。	观看PPT,观看视频,从不同尺度认识绿地生境的概念,并了解植物在生境构成的作用。	10
三、内容及特点	1. 问题测试 结合以上看到的案例,通过学生在平时生活中接触到的自然或者人工景观,大家讨论:生境的主要特点有哪些?与我们讲的生物多样性是什么关系? 2. 总结讲解 (1) 生境是风景园林中的重要概念; (2) 生境是生物多样性的重要载体; (3) 植物是生境重要的构成要素; (4) 生境包括城市绿地、林地、湿地等。	观看PPT,互动讨论,回答问题。	15

续 表

教学环节	教学者活动	学生活动	时间(min)
四、讨论及分享	1. 互动分享 生态安全下城市绿地景观建设的思考。 2. 引导讲解 城市中的绿化和美化是否等同于生态化？物种数量多是否意味着生物多样性质量高？ 3. 小组汇报 学生分组选派代表汇报。 4. 总结 城市绿化生态建设存在误区，基于自然构建以"环境友好＋生物友善＋人为关怀"为原则的"近自然型绿地"是打造健康、安全且富有本土文化自信之城市生态系统的重要途径。	观看 PPT，提前一周布置作业，学生分组完成讨论分析并绘制思维导图。课堂安排两组汇报，互动交流，教师点评。	10
五、任务及思考	● 简要总结授课内容，并布置课程作业 (1) 作业题目：社区微生境花园的设计 (2) 任务要求： ① 选址：校园或者居住区内不少于 200 m^2 的区域。 ② 功能：以生物多样性为主题，利用风景园林的理念构建环境友好的绿地。 ③ 成果：绘制 A3 图纸。 教师课程总结及布置作业的同时，引导学生回忆课程内容，梳理笔记。一方面让学生回味课堂知识内容；一方面进行生态文明理念的嵌入，达到润物无声的育人效果。	观看 PPT，介绍案例。	5

3. 课程思政的融入

表3 本课程的课程思政建设

知识点	课程思政目标	课程思政融入点	课程思政展现形式
1. 生境和生物多样性的概念	(1) 从国际视野分析生态文明建设战略和我国的实际国情。	(1) 结合案例的分析和讲解，从动态、发展的角度理解相关概念和发展趋势。	(1) 观看上海绿色生态建设的视频，动态、系统地分析我国生物多样性和生态文明建设的过程及影响。
2. 国土空间不同尺度的生境构成要素和特点	(2) 结合时代发展，引导学生从科学、技术的角度看待目前的风景园林或者生态环境建设热点问题。	(2) 结合不同尺度的生境建设成果，提高学生对风景园林实践的理解能力，培养学生理论和实践相结合的思想。	(2) 结合项目案例，邀请项目负责人进课堂，帮助学生更深入地了解生境(生物多样性)建设中的挑战。 (3) 组织学生讨论，培养学生积极关注人类面临的区域性和全球性环境挑战，从发展的眼光看待风景园林的发展。
3. 我国城乡生境建设的成果和存在的问题	(3) 培养学生对风景园林(生态环境)建设的批判质疑能力和政策的理解力。	(3) 城乡生态环境大趋势下，如何科学合理的评价现有的成果？	

续 表

知 识 点	课程思政目标	课程思政融入点	课程思政展现形式
4. 城乡空间生境营造的基本知识。	(4) 引导学生独立思考和创新精神,培养学生动手参与环境建设的能力。	(4) 生态文明建设大背景下,风景园林专业的学习要坚持理论与实践相结合。	(4) 通过实际案例引导,培养学生的创意、设计和分析问题、解决问题的能力。

五、教学效果与反思

1. 教学内容

本节课程从生态文明建设和风景园林学科发展现状分析,聚焦到当前的生物多样性热点问题,这也是目前风景园林学科关注的前沿问题;植物是风景园林中"活"的实物,也是构成生境的重要内容,"动物"是生态环境优劣的最公正"裁判"。充分结合专业教师的实践案例作为本节授课的教学内容,更能激发学生的学习热情和对专业的认知。

2. 教学方法

采用项目教学法,以我国特别是上海绿色生态建设的实际案例引导教学,指引学生主动思考,发现问题并寻找解决问题的方法。教学中强调师生互动,教师讲解与学生讨论、汇报等结合,发挥学生的主观能动性,培养学生主动学习的能力。

3. 教学过程

把教学过程精心分解为多个环节,增加学生的参与性和课程的互动性,从理论及观摩(知其然)到作业实践(知其所以然),让学生全程参与课堂教学,大大提高了学生主动学习的积极性。充分利用虚拟现实技术和视频、PPT等教学手段,更好地提升教学的效果。

4. 课程思政

从小处入手,反映生态文明建设的大成果,国情教育始终贯穿课堂始终;此外,科学、艺术和工程技术的融合贯通也是本节课程重点强调的课程思政内容;通过课程实践联系,培养学生的辩证思维能力和动手参与现代环境建设的能力。

5. 教学评价

通过灵活的教学组织和多样化的考核方式,使学生的主动性和积极性大大调动,普遍表现出对风景园林和生物多样性的浓厚兴趣,能集中精力认真听课,主动回答问题,积极准备汇报的PPT,并主动演示、交流。课后作业可以认真完成,表现出一定的动手实践能力。授课过程中,国情观念和审美情趣、工匠精神等思政元素可以自然融入。

"设计初步"课程教学案例

授课教师：裘江、吴威、邹维娜、李小双等

一、课程概况

课程名称：设计初步
教学对象：风景园林、园林专业本科一年级学生
学分/学时：3学分/56学时
课程类别：专业基础课

二、课程简介

"设计初步"是园林规划设计专业学生必修的专业基础主干课，目的是为低年级学生打下设计基础，掌握各种表现技法的基本训练，属于设计入门和启蒙教育。通过教师授课以及课外阅读介绍，帮助学生理解并掌握透视图、轴测图绘制方法，结合线条表现、渲染图表现、模型表现，熟练设计表达的各种表现技法，为今后专业创作学习打下良好基础；能够在园林工作中对园林工程相关施工工序进行正确分析。其特点有二：一是以应用为主线，二是针对性强。

主要先修课程："制图基础""美术"。

三、课程目标

本课程是风景园林、园林专业的基础课程，以基本技能训练为前提，使学生逐渐明确专业方向；对各种园林设计中所需要的表现方法，进行全方位的训练，使学生借助所学知识能够结合实际项目；引导学生运用新技术、新技能进行创新性的应用，着重于实践能力的培养，为进一步深入学习园林规划设计课程打下扎实的基础。

"设计初步"是初步基础学习的专业课程之一，是体现应用型本科试点建设的"重基础、重能力、重实践"中"重基础"的主导特色课程。关注实践能力的灌输，培养兼具综合素养、创新思维与社会实践能力的一流应用型人才。

本课程为启蒙性、引领性课程，涵盖知识获取、能力培养、价值塑造三大目标。

（1）知识获取：通过课程教授及学生自主学习，培养学生能够理解并运用透视图、轴测图绘制方法，并对东西方设计表达主要表现技法有所了解，初步理解园林设计的内容和方法，为今后专业学习打下良好基础。

（2）能力培养：具备自主学习的能力，通过自主学习及课外阅读介绍，能够熟练掌握课程

中学习的内容;了解风景园林设计的基本表达技法,传承工匠精神,长于工程实践;熟练运用并掌握风景园林设计绘图表现技巧,完成各类风景园林设计施工任务。

(3)价值塑造:培养学生文化素养与道德修养,通过课堂传统文化教育的浸润,帮助学生自觉做到从优秀文化中汲取专业灵感并养成关注文化传承的习惯。线上数字化教学帮助学生更加直观感受东西方经典建筑的魅力。

表1 "设计初步"课程内容框架

知识单元	知识和能力培养要点	价值塑造途径及目标
1. 设计绪论	(1)熟悉园林设计基本概念; (2)对于园林类别有较为清晰的认知; (3)熟悉构成园林景观的基本构成要素。	(1)通过学习园林设计基本概念和判别园林景观不同类别,引导学生认知风景园林学的重要意义。 (2)掌握设计的意义,理解景观设计的概念。 (3)结合近年来城乡环境建设成果的视频学习,强化美学观念,从基底树立参与风景园林事业、建设美丽中国的坚定信念。
2. 园林设计与表现技法	(1)绘图常用工具讲解; (2)线条练习; (3)字体练习; (4)钢笔画练习。	(1)梳理设计的基本思路和原则界定的方法,通过图式思维传递视知觉的内涵。 (2)专注于基础教学,塑造学生面向专业发展的学习心态。 (3)培养学生注重练习基本功的良好习惯。
	●园林组合构景要素项目讲解 (1)选取公园案例; (2)选取城市空间设计案例; (3)选取生态修复实际案例。	(1)围绕园林组合构景进行分项讲解,课前布置学生分组开展风景园林优秀案例的研究性学习。培养学生团队合作、责任担当的精神。 (2)通过国内外优秀实践案例进行启发教学,培养学生的实证意识,引导学生认识风景园林在现代生态文明中的作用。
3. 园林设计与构成	●认知风景园林的环境要素 (1)基本概念; (2)平面构成的基本要素; (3)平面构成的形式法则和形成规律(重点); (4)平面构成的基本形式(重点)。	(1)平面构成中的形式法则和形成规律,以及平面构成的基本形式。 (2)阐述理论的同时配合大量案例资料,加强主观感受,从而加深对理论的理解。
	●掌握平面构成的组成要素(古典园林和现代城市公园案例) (1)点的构成; (2)线的构成; (3)面的构成; (4)点线面综合构成。	(1)结合国内外近年来优秀的具体案例,分析设计中的组成要素,培养学生理解设计的专业性以及多样性,提升学生鉴赏美学的意识和基本能力。 (2)分析国内外同类型设计的异同,引导学生思考优秀设计的美学、经济、生态、社会价值。

四、教学设计实例

1. 教学要求

本节课程讲述"园林技术与表现技法"一章中"园林构景要素"一节内容,具体如下:

（1）知识传授：了解园林构景要素的组成，通过课程教授及学生自主学习，认识到不同设计下构景要素的差别，了解影响园林构景要素的因素，提升实践动手能力，掌握相关制图所需的园林设计与工程的基本技能。

（2）能力培养：收获解析与观察园林构景要素的能力，具备在不同的环境下分析园林构景要素合理性的能力，提升动手与实际操作能力，运用辩证思维分析各种园林构景要素存在的问题，熟练运用并掌握风景园林设计绘图的技巧，进而完成简单风景园林工程任务。

（3）情感认知：引导学生了解园林设计的发展历程，形成对园林设计的感知与兴趣，提升对社会文明伟大成就的认知能力，增强民族自豪感，树立对自然美好事物与科学精神的向往，提升对相关专业的认知与兴趣。

2. 教学实施流程

表 2　本节课课程教学实施流程表

教学环节	教学者活动	学生活动	时间(min)
一、导入	1. 互动导入 教师引导学生分成小组头脑风暴快速想出以 A—Z 开头的意向元素。 2. 问题导入 同学们从黑板所罗列信息中选择与风景园林设计构成有关联的元素	小组分工，头脑风暴，回答问题。	8
二、概念	1. 元素讲解 对学生罗列挑选出的信息元素进行分门别类讲解，一一讲出其与风景园林设计构成相关的系统知识并渗透思政元素，再放映部分介绍视频。 2. 案例讲解 （1）杜甫草堂； （2）佛罗伦萨城市建设规划； （3）西班牙巴塞罗那加泰罗尼亚国家艺术博物馆。	观看视频，听课任老师具体讲解。	10
三、方法	1. 互动分享 学生分组选派代表上台展示小组学习心得，并分享本课程获取知识服务于小组改进制作立体构成模型的新点子、新想法。 2. 老师点评 授课教师点评凝练学习心得。	观看 PPT，互动讨论，回答问题。	15
四、任务	1. 立体构成手工作业小组展示 2. 展示作品要求 （1）创新性； （2）实用性； （3）美观性； （4）工匠性； （5）可持续性。	小组选派代表介绍模型成果，互评打分。	10
五、总结	总结本节课主要的内容和知识点，并引入下一个课程章节，风景园林设计编制内容与深度。	观看板书、PPT。	2

3. 课程思政的融入

表 3　本课程课程思政设计

知　识　点	课程思政目标及融入点	课程思政展现形式
1. 以 A 到 Z 字母开头单词为引，了解中西方文化历史。 2. 通过展示学习，让学生了解中西方代表优秀建筑的构成基本要素。 3. 通过小组作品展示，真实感受作品的色彩与景观塑造。 4. 总结本节课程。	● 课程思政目标 (1) 从国际视野入手，结合设计的发展与我国的实际国情，理解现代设计在我国"从哪来、到哪去"。 (2) 结合不同构成的方案设计成果，提高学生对优秀设计的鉴赏能力，培养学生理论和实践相结合的思想。 (3) 提升学生审美能力，系好大学专业学习第一枚扣子。 (4) 引导学生独立思考和创新精神，培养学生对于园林空间的认知能力。 ● 课程思政融入点 (1) "大思政"贯通"一体两翼"，"一体"为课程思政建设，"两翼"一为价值引领中突出国情意识，体现民族特色。结合中国国情风景园林行业领域的政策法规，将学生熟悉的国家大政方针融入其中。 (2) 结合不同构成的方案设计成果，提高学生对优秀设计的鉴赏能力，培养学生理论和实践相结合的思想。 (3) 如何以科学的、发展的眼光看待风景园林？ (4) 在课程中耦合相关课程构成"大园林"知识课程群，同时融入国内外既往设计初步发展历史和发展现状。	(1) 结合实际项目，一是让学生熟悉设计初步在风景园林设计的作用和意义，引导学生自发地把自身的成长同国家发展、文化传承紧密联系起来；二是让学生具有职业情怀，激发学生严谨求实的科学精神。 (2) 结合项目案例，采取教师介绍学生互动的方式，帮助学生们理解优秀设计。 (3) 组织学生讨论，培养学生发现与批判设计中不合理的能力，培养学生敢于质疑、敢于挑战的辩证精神。 (4) 将符合中国特色社会主义经济制度理论及与课程紧密结合的生态文明建设内容联袂创建"大思政"场景。

五、教学反思

1. 教学内容

本节课程从当今社会上的许多优秀案例入手，关注风景园林的前沿问题。从实际项目出发，结合教师的讲解与学生的自我学习思考，激发学生对于风景园林专业的兴趣。同时培养学生专业的思维模式、动手操作以及发现、解决问题的能力，大大增强课堂积极性的同时也符合我校应用型人才培养的要求。

2. 教学方法

本课程采用项目教学法以"素质教育＋思政教育"作为教学主线，现已能够做到灵活自然地将思政元素融入日常课程教学中，使学生专业上精进技能，在收获理论知识的同时，在思政上可以做到熟悉、分析国家有关的生态园林方针政策，并使两者紧密有机结合，切实做到将"设计初步"课程由"大学的第一堂课"转变为"职业教育的第一堂课"。

3. 教学过程

把教学过程精心分解为多个环节，增加学生的参与性和课程的互动性，从教师授课到学生互动,充分发挥学生自身的主观能动性。让学生全程参与课堂教学,大大提高了学生主动学习的积极性。充分利用视频、PPT等教学手段,更好地提升教学的效果。

4. 课程思政

"设计初步"作为大学一年级阶段的启蒙课程,在课程中耦合相关课程构成"大园林"知识课程群,同时融入国内外既往设计初步发展历史和发展现状,将符合中国特色社会主义经济制度理论及与课程紧密结合的生态文明建设内容联袂创建"大思政"场景。"大思政"贯通"一体两翼","一体"为课程思政建设。"两翼"一是在价值引领中突出国情意识,体现民族特色。结合中国国情风景园林行业领域的政策法规,将学生熟悉的国家大政方针融入其中,结合实际项目让学生熟悉设计初步在风景园林设计的作用和意义,引导学生自发地把自身的生长能同国家发展、文化传承紧密联系起来。二是让学生具有职业情怀,激发学生严谨求实的科学精神。

5. 教学评价

教学中知识点导入形式新颖有趣且具有原创性;教学情景设计能激发学生的兴趣点,提高求知欲望,增强学生自信心和自豪感,学生在课程中普遍表现出对风景园林的浓厚兴趣,能主动回答课堂上的问题,课后积极请教老师,认真完成作业,在本课程中将工匠精神与家国情怀、审美情趣等重要思想自然融入,讲授得到了学生的普遍好评。

6. 教学反思

教学过程中优势方面主要有以下几点:好问题,点亮学生思维空间;重体验,解决学科关键能力;敢放手,课堂充斥热烈的思考。不足之处在于环节设置中时间把握难以掌控;课堂评价语言不够丰富,评价方式单一。在学生反馈问题方面,学生时常提出是否可将部分课堂教学内容转为外出实践体验。但总体而言,"设计初步"课程预定教学目标达成;教学过程完整;课堂中与学生互动频繁,学生收获颇多;课程思政渗透方面已产生一定成效但仍有进步空间。

"生产实训"课程教学案例

授课教师： 冯宜冰、周纯亮

一、课程概况

课程名称： 生产实训
教学对象： 风景园林、园林专业本科一年级学生
学分／学时： 3学分/64学时
课程类别： 实践课
课程荣誉： 课程思政荣誉课程
相关课外实践： 学院、社区活动

二、课程简介

本次生产实训是学习风景园林专业基础知识前的实践教学环节。通过实习，使学生增加风景园林专业感性认识，熟悉从园林植物播种育苗、营养生长、开花到结实的整个过程，熟练掌握风景园林设计与生产程序，了解现代温室在风景园林中的应用，初识苗木销售贸易以及当前风景园林行业各个岗位和基本状况。从而对本园林专业的概况有一个系统的、全面的了解，增强学生学习本专业的兴趣。

主要先修课程：无。
主要评估方法为过程化考核，指导学生逐步完成生产实训作业。

三、课程目标

我校作为以培养应用创新型专业人才为主的高校，注重应用实践能力的培育，通过学习本课程，熟悉从园林植物培育、植物养护、创意设计、预算采购、营建实训的整个过程。在"三全育人"的指导下，本课程在课程理论基础教学的同时，融合政治思想的教学案例，立足我校高水平应用创新型人才培养特色，以实践教学育人体系创新为抓手，通过理论教学和学生互动，建立基于项目全过程的"课程＋实践教学模式"，让学生动手参与其中，"美育""劳育"协同发展的专业素质教育贯穿实践教学的全过程。本课程包括知识、能力、情感三大学习目标：

（1）知识目标：植物种植规范、园林小品施工、植物病虫害防治以及播种、分苗、扦插等理论。
（2）能力目标：创新立意、设计表达、植物栽培、预算采购、模型构建。
（3）情感目标：包括劳动育人、知行合一、社会责任、团队协作、文化创新。

表 1 "生产实训"课程内容框架

知识单元	知识和能力培养要点	价值塑造途径及目标
1. 课程导论	● 认知生产实训的学科与专业 (1) 生产实训学科与理论基础; (2) 生产实训课程的专业学习任务; (3) 我校生产实训专业课程体系; (4) 培养学生的动手能力,传递以劳树德的思想。	(1) 通过生态文明和美丽中国建设伟大成果,引导学生认知生产实训课程的重要意义。 (2) 生产实训的植物种植的理论基础,带领学生进行实践教学,培养学生植物培育能力。 (3) 结合具体设计作品进行借鉴学习,弘扬设计创新、节约成本、保护环境的生态设计理念。 (4) 在课程教学中加强生态文明教育,引导学生树立和践行绿水青山就是金山银山的理念。树立把论文写在祖国大地上的意识和信念,增强学生服务乡村全面振兴的使命感和责任感。
2. 植物种植土配比	● 了解植物种植土配比的基本要求 (1) 种植土的排水透气; (2) 种植土酸碱度要求; (3) 种植土质地选择; (4) 种植土含盐量标准; (5) 种植土有机质标准; (6) 种植土层厚度。	(1) 在设计前做到充分准备,学习选择植物种植土标准,为后续植物种植打下基础。 (2) 结合不同环境、不同地区的种植土案例讲解,分析和掌握植物种植土配比的选择。 (3) 遵循因地制宜的原则,适应植物种植发展的需要,使有限的资源做到最大限度的开发利用,培育学生节约资源、构建可持续性园林的思想理念。 (4) 培养学生认识植物的土壤多样性和差异性的能力,进行对比学习。
	● 了解当前常见植物的种植土配比 (1) 小雏菊; (2) 金盏花; (3) 矢车菊; (4) 紫罗兰; (5) 红色雏菊; (6) 绸缎花; (7) 虞美人。	(1) 围绕"不同植物的种植土配比异同"这一问题,实践课前布置学生分组开展研究性学习。培养学生团队合作、责任担当的精神。 (2) 通过讨论学习,在动手实践的过程中主动钻研,掌握园林植物与园林工程基础理论知识,并能够运用所学知识解决风景园林技术问题;更容易理解记忆,培养学生的自主思考能力。
3. 种子选择与处理	● 认知种子选择的标准 (1) 选择颗粒饱满的种子; (2) 选择发芽率高的种子,避免一些播种难度太大的、太小的种子; (3) 不宜选择生产日期较长的种子。	(1) 从认知种子选择的标准出发,根据园林植物培育的环境要素,培养学生选择优质种子资源的能力。 (2) 以实物案例教学的形式,让学生切身实际观察到优质的种子,对比分析,培养学生的动手能力与观察能力。
	● 种子处理 (1) 晒种; (2) 浸种; (3) 拌种; (4) 催芽。	(1) 结合种子处理的视频讲解,从物理、化学生物三个角度进行种子播种前的处理讲解,培养学生理解和掌握植物、花卉种子选择要素的多样性,提升学生发现、感知、欣赏、实践的植物专业能力。 (2) 分析物理、化学和生物三种播前处理方法的异同,引导学生思考选择植物种子播前最优处理方案,培育学生的自主思考能力。

续 表

知识单元	知识和能力培养要点	价值塑造途径及目标
4. 植物温室病虫害防治	● 了解植物病虫害分类 (1) 生理病害； (2) 病虫害以及病菌感染。 ● 了解植物病虫害防治的案例 (1) 园林植物； (2) 园林植物赏析（植物园）。	(1) 结合近期我校植物园种植的植物案例分析，展示不同植物病虫害问题。 (2) 组织学生讨论，辨别植物的病虫害问题，并懂得如何进行防治。 (3) 通过视频学习及校内植物园的现场学习，认识植物病虫害防治在园林和生态环境中的重要作用，学生通过自学了解温室植物的种植方式和丰富的文化内涵。
5. 施工图设计	● 园林施工图设计规范 (1) 施工图方案平面标注； (2) 施工图方案立面标注。	(1) 结合具体的项目，以小组合作的方式，从工程、艺术和可行性等不同角度进行设计分析，规范施工图设计标准，培养学生热爱工程技术、热爱劳动、团结合作的情感。 (2) 各小组集中分享自己小组的施工图，表达其设计构思、设计寓意，规范施工图标准，其他组的同学可提出修改建议，这是学生们查缺补漏的过程。
	● 施工预算要求 (1) 材料认知； (2) 市场调研与采购。	(1) 带领学生去建材市场进行材料认知和材料采购，对施工预算进行总体评估，注重性价比的同时，完美地进行设计表达。 (2) 提倡使用环境友好型材料，弘扬环境保护的理念，培养学生的社会责任感。
	● 园林小品模型施工 (1) 植物配置； (2) 容器制作； (3) 营造技能知识。	(1) 让学生体会工程营建的乐趣，以小组合作的方式，对施工图设计进行实物模型营造，切身感受工程施工的实践步骤。 (2) 以小组合作的形式进行容器制作，引导和帮助学生完成作品，实现知行合一，在实践中学习和理解知识及其应用；具有团队合作精神，能与风景园林行业相关的多学科背景的成员进行有效沟通。 (3) 在施工过程的植物搭配中，以美学营造为基础，注重颜色搭配，园艺装饰选择得当，装扮富有创意，提高学生的审美能力。
	● 施工图案例赏析 (1) 优秀园林工程案例； (2) 城市乡村空间立体绿化工程案例。	(1) 通过园林工程作品的案例讲解，让学生感受我们工程表达的大国风采，学习大国工匠精益求精的精神。 (2) 基于中华文明以共同体为本位的理念，充分理解一个负责任大国对整个人类命运应有的主动担当，在设计施工的过程中，以可持续发展理念引导学生积极投入城市空间利用，发展立体绿化、墙面垂直绿化的调研和实践。 (3) 要在课程教学中加强生态文明教育，引导学生树立和践行绿水青山就是金山银山的理念。树立把论文写在祖国大地上的意识和信念，增强学生服务乡村全面振兴的使命感和责任感。

续　表

知识单元	知识和能力培养要点	价值塑造途径及目标
6. 课程拓展学习	● 校外专家讲座 了解风景园林当前发展形势和未来面临的挑战。	(1) 邀请高校专家开展讲座，引导学生逐步构建作为新时代风景园林人才所必备的家国情怀与思想格局；兼备文化传承、文化素养与道德修养，通过课堂关于中国古典园林及传统文化教育的浸润，自觉做到从优秀文化中吸取精髓并发扬光大。 (2) 邀请高校专家进行专业知识问答，对学生提出的问题进行互动解答。
	● 当代风景园林建设成果赏析 学习当代风景园林建设的优秀案例，了解学科前沿动态。	(1) 提供学生风景园林前沿信息的公众号以及网站，让学生进行自主学习，了解社会的需求，培养学生的社会责任、家国情怀和国际视野。 (2) 观看其他高校风景园林设计的视频，让学生接受多元化的园林教育，引导学生在社会经济高质量发展的时代背景下，分析风景园林发展的热点和趋势。 (3) 在课程教学中加强生态文明教育，引导学生树立和践行绿水青山就是金山银山的理念。树立把论文写在祖国大地上的意识和信念，增强学生服务乡村全面振兴的使命感和责任感。

四、教学设计实例

1. 教学要求

本节课程讲述"植物种植理论介绍和实践教学"这一节内容，具体如下：

(1) 知识传授：了解不同的植物种类；了解不同植物的生长特性；了解植物种植土配比；通过理论让学生进行实践操作。

(2) 能力培养：培育植物种类认知的能力，具备分析植物种植土配比、植物灌溉、植物养护等能力，可以从辩证的思维方式应对植物病虫害防治的问题。提升实践动手能力，学生通过实践发现自己知识版块的欠缺，理论与实践相结合更容易提高学生学习的积极性。

(3) 情感认知：教授学生植物培育、植物病虫害防治等理论知识，在实践中出真知，建造可物化的、可评价的课程思政效果的作品；激发学生的创造力，树立自然美好事物的探索精神和研究兴趣；结合基础知识的讲授和具体案例讲解，提升学生对专业的认知和热情。

2. 课程实施流程

表 2　本节课课程教学实施流程表

教学环节	教学者活动	学生活动	时间(min)
一、概念	1. 植物品种的理论介绍 2. 不同植物的生长特性 3. 植物种植土配比理论介绍	观看 PPT，了解操作过程、植物特性和植物运用案例分析。	10

续 表

教学环节	教学者活动	学生活动	时间(min)
二、互动	1. 植物品种选择 以小组为单位,在小雏菊、金盏花、矢车菊、紫罗兰、红色雏菊、绸缎花、虞美人中选取喜好的三种植物种子进行种植,为后期的模型建造打下基础。 2. 指导学生 学生提出植物栽培的注意事项、园林工具使用等理论进行解答。	小组讨论、解决问题。	5
三、反馈	1. 学生反馈 植物栽培的具体步骤有哪些? 2. 总结讲解 (1) 根据植物习性选择合适的土壤; (2) 根据植物品种确定施加的基肥; (3) 选择完整无病虫害的种子; (4) 幼苗培育后需要移栽到种植地或容器中; (5) 阶段的水肥供给; (6) 后期修剪; (7) 病虫害防治处理。	反馈问题、回答问题。	5
四、实践	● 实践操作 (1) 指导学生认识种植物及配料品种; (2) 种植土配比和植物种植的实际操作; (3) 植物灌溉。	在校内植物园进行实际操作。	15
五、汇报	● 学生汇报 (1) 汇报反馈实际操作中遇到的问题; (2) 汇报本节课种植的成果。	反馈问题。	5
总结	● 总结 解答学生汇报的内容,总结本节课主要的知识点和发现的问题,并引入下一个课程章节——植物扦插。	观看PPT。	5

3. 课程思政的融入

表3 本节课课程思政设计

知识点	课程思政目标及融入点	课程思政展现形式
1. 植物品种的理论介绍	(1) 结合当前社会环境,学习植物种类的合理运用,因地制宜。结合案例的分析和不同植物种类的作用的讲解,从动态、发展的角度理解相关概念和发展趋势。	(1) 观看PPT案例,系统地分析我国社会生活中植物种类的合理运用和植物合理种植对社会的作用;能将多学科知识以及行业前沿动态理论有机融糅灵活运用于风景园林工程实践、专业研究及设计表现之中,中西合璧,具备创新思维。

续 表

知 识 点	课程思政目标及融入点	课程思政展现形式
2. 了解不同植物的生长特性	（2）学生存在只停留在理论层面，难以深入剖析的问题，结合微视频和专业讲座，培养学生理论和实践相结合的思想，树立以劳为德的思想。 （3）提出问题，在实践中反映和发现问题。	（2）组织学生讨论，培养学生积极关注人类面临的区域性和全球性环境挑战，从社会需求的角度看待风景园林的发展和植物配比。 （3）组织学生进植物园进行植物种植土配比的实践学习，并发现问题、解决问题；勤于反思，面对问题可以沉着冷静地应对处理，并善于总结，避免重蹈覆辙。
3. 植物种植土配比理论介绍		
4. 植物种植实践操作	（4）生态文明建设大背景下，实训的基础学习要坚持理论与实践相结合。	（4）通过小组合作实践操作，培养学生的动手能力、实践创新能力以及分析问题、解决问题的能力。传承工匠精神，长于工程实践，掌握美学基础，面对各类场地进行针对性的场地分析和规划设计；制图规范的同时，具备较强的创新意识，并在风景园林规划设计中综合考虑社会、安全、健康、文化及环境等因素。

五、教学效果与反思

1. 教学模式

对分课堂（简称 PAD 教学模式），把平淡的课堂教学拆解为多个环节，讲解基本概念和框架，突出重点难点，引导学生自学，让学生在实际操作中学习和发现问题，从了解植物种植的基础理论到植物病虫害防治、材料的预算采购等程序，调动学生的积极性，提升学习效率。

2. 教学方法

采用行动导向教学的方式，让学生在实践中学习，理论与实践结合，做到知行合一，有问题及时反馈解决，及时互动。

3. 教学评价

重视过程考核。学生与老师互动环节重视学生的素质教育，不仅仅要求考查学生对植物学理论、工程项目理论等内容的掌握和学生的动手能力，还将思政融入授课内容中，考查学生的专业素养和国家意识，并考查其是否具备了一定的国际视野。

4. 课程思政

把政治思想教育融入课堂教学，贯穿始终。根据课程的教案内容，自然地融入思政元素，使课程教学大纲变成课程育人大纲，通过精益求精、科学求真的实践，实现专业教育与思政教育结合的效果。生产实训的实践课程，加深了学生对于专业知识的理解，提升了学生的应用实践动手能力，"美育""劳育"协调发展的专业素质教育贯穿了实践教学的全过程。

5. 教学效果

学生的主动性与积极性大大被调动，从反馈上看，认为"培养了团队协作能力与团队责任心"，"感受了园林设计中创新的重要性"，"在实践中学习更容易深入理解"等，很多已经毕业的学生纷纷表示，"很可惜没有参与这样的课程"。

"植物学"课程教学案例

授课教师：黄清俊、许瑾

一、课程概况

课程名称：植物学
教学对象：风景园林专业本科一年级学生
学分／学时：3学分/56学时
课程类别：专业基础课
课程荣誉：上海市精品课程(2013)、校级课程思政示范课程(2018)

二、课程简介

主要内容："植物学"是风景园林专业的一门重要的专业基础课。本课程要求学生了解植物细胞、组织、器官的结构特征，掌握植物体形态结构、生长发育和生殖的基本知识；了解植物界各大类群植物的基本特征，掌握植物分类基本知识以及植物识别实践技能。

课程特点："植物学"是一门描述性的经典的基础性课程。课程主要包括两大块教学模块：植物形态解剖和植物系统分类学。植物形态解剖学其内容涵盖植物根、茎、叶、花、果实、种子等各大器官的形态、解剖，其内容又包含植物细胞、植物组织、植物形态、植物解剖、植物生殖发育等内容；而植物系统分类则包含植物各大类群及其相互之间的亲缘关系和系统发育的规律等内容，以及常见种类的鉴定、识别。

评估方法及标准：采用理论教学和实践教学相结合、过程考核与笔试考核相结合、知识点考核与思政考核相结合，多元评价综合评估。

主要先修课程：无。

三、课程目标

通过"植物学"的学习，掌握植物学的基本概念、基础知识以及基本实验方法，让学生能够认识植物世界的本质，不断提高对植物学内涵的认识，激起学生对自然科学的兴趣，加深对学科交叉、渗透、融合的理解，激发探索和创造激情；同时，通过课程学习，培养学生唯物史观和生态文明观，引导学生树立正确的自然观、人生观、价值观和世界观。

在"植物学"专业教学内容上授课的同时，适时进行思政内容(涵盖人生观、价值观、世界观、生态观、科学精神、人文素养等)的传授和渗入，围绕价值塑造、能力培养、知识传授三位一体的教学目标;在教学方法上对教授的内容应做到润物细无声;把学生的思想观点、意识倾向纳入课程考核、教学管理的范畴。着力将教书育人内涵落实于课堂教学的主渠道之中,实现全员育人、全课程育人目标。在专业学习的同时得到政治、人文等素养的提高。

生态文明建设是党和国家的治国理念,是中华民族永续发展的千年大计。党的十八大报告指出:"建设生态文明,是关系人民福祉、关乎民族未来的长远大计。"党的十九大报告明确指出:"人与自然是生命共同体,人类必须尊重自然、顺应自然、保护自然。""我们要牢固树立社会主义生态文明观,推动形成人与自然和谐发展现代化建设新格局。"党的二十大报告又进一步指出:"尊重自然、顺应自然、保护自然,是全面建设社会主义现代化国家的内在要求。必须牢固树立和践行绿水青山就是金山银山的理念,站在人与自然和谐共生的高度谋划发展。""大力度推进生态文明建设""贯彻绿色发展理念""建设美丽中国""提升生态系统多样性、稳定性、持续性"这些理念和精神是保护生态环境的法宝,在"植物学"课堂上理应得到诠释和理解。

表1 "植物学"课程内容框架

知识单元	知识和能力培养要点	价值塑造途径及目标
1. 绪论	● 了解丰富的植物世界 (1) 植物在自然界中的地位和作用; (2) 了解植物学的历史、发展趋势以及植物学的主要内容、分支学科; (3) 植物学与专业的关系学习植物学的意义,植物学的学习目的及方法; (4) 培养学生专业思维模式,树立正确的马克思主义唯物辩证观。	由植物对人类的重要意义(人类的衣食住行都离不开植物),引入我国在植物科学领域取得的成就(如屠呦呦从植物中提取的青蒿素);激发学生的爱国主义热情、自豪感与使命感,同时引导学生瞄准世界科技前沿,树立投身科学研究和技术创新的远大理想。
2. 植物细胞与组织	● 了解构成植物的微观结构 (1) 植物细胞结构; (2) 细胞增殖及方式; (3) 细胞分化及组织形成; (4) 植物组织类型及其特点; (5) 培养学生正确理解个体与集体的关系,理解合作共赢的理念。	(1) 比较动物与植物细胞的结构差异,培养学生正确的唯物主义进化史观点。 (2) 结合植物细胞增殖、分化,正确理解个体在组织中的作用。 (3) 培养学生团结合作的理念,思考作为个体如何在社会发展中发挥应有的贡献。
3. 植物营养器官	● 掌握植物营养器官的结构与功能 (1) 根的结构与功能; (2) 茎的结构与功能; (3) 叶的结构与功能。	(1) 围绕结构与功能的关系,积极探讨自然界奇妙的结构与功能的协调与对应关系。 (2) 以"不同环境下植物叶的结构"为例,阐述植物对不同环境的坚强适应;告知学生要适应不断变化的环境,为努力成才、努力成就梦想而奋斗。
4. 植物繁殖器官	● 掌握植物生殖器官的结构与功能 (1) 花的结构; (2) 传粉与受精; (3) 果实与种子。	(1) 结合植物繁殖的课程讲解,阐述生物与生命的意义。 (2) 组织学生进行研讨植物繁衍的意义,以及为完成繁衍植物进化出的精妙结构;激发学生对各种生命的理解和尊重,从而培养学生正确对待生命,尤其重视人的生命价值。

续 表

知识单元	知识和能力培养要点	价值塑造途径及目标
5. 植物分类与识别	● 掌握植物基本的分类及其类群，熟知常见的植物 (1) 生物多样性； (2) 植物基本的分类及其类群：苔藓、蕨类、裸子植物、被子植物； (3) 植物各类群典型代表植物及其应用。	(1) 掌握生物多样性和植物多样性概念，理解植物多样性在景观多样性中的作用。 (2) 组织学生讨论，在环境变化的当今，植物多样性面临的挑战；培养学生生态文明观念。 (3) 通过学习，进一步理解我国政府提出的生态文明建设的重要性。
6. 课程拓展	● 校内外植物识别，专家讲座 了解常见的上海植物类型以及观赏植物在街道、绿地中的应用。	(1) 组织学生到校园、植物园进行植物识别。 (2) 邀请高校专家开展植物学讲座，了解国内外植物学发展概况，尤其是中国科学家对植物学的贡献，培养学生民族自豪感。 (3) 结合上海植物应用实例，感受到美丽上海、美丽中国的实景，培养学生专业素养和为社会做贡献的豪迈情怀。

四、教学设计案例

1. 教学要求

本节课程讲述"被子植物花的结构与功能的对应关系及其形成"一节内容，具体如下：

（1）知识传授：要求学生掌握植物为适应传粉而具备的花器结构及其特点；了解植物、动物协同进化导致结构的形成过程。

（2）能力培养：培养学生重点关注植物结构与功能的对应关系，以及传粉功能的形成中与动物协同进化的关系。比如植物为了传粉，虫媒花有其相应的对策：鲜艳的花瓣、甜美的花蜜、芳香的气味等。

（3）情感认知：结合课程思政，在学习植物有性生殖过程中，理解植物的传粉和动物的取食是协同进化的。——彼此需求、彼此共生，造就了彼此的结构且非常协调、精巧！动物和谐相处，非常神奇。这也是大自然的神奇。物种任何一方植物或者昆虫动物被大量摧毁，系统生态平衡可能打破。在经济建设和经济活动中，要特别注意绿色发展、可持续发展、生态环境监控和保护，这就是我们常提的，要讲生态文明。

2. 教学实施流程

表 2 本节课课程教学实施流程表

教学环节	教学者活动	学生活动	时间(min)
一、导入	1. PPT 展示 复习上节课的内容。 2. 问题导入 被子植物如何进行繁殖，通过什么器官繁殖，如何实现繁殖？以设问的方式引导学生思考，进入状态，引出本次课的讲授内容。	观看 PPT，回答问题。	5

续 表

教学环节	教学者活动	学生活动	时间(min)
二、概念	1. 概念讲解 根据被子植物花的各部分结构的图片,介绍被子植物的花结构相关的术语、其功能及具体分类。 2. 举例介绍 以一些植物的照片为实例展示花各部分结构的类型。	观看PPT和板书。	12
三、具体内容	1. 花器适应传粉的功能实现 PPT展示以图片展示为主、文字介绍为辅,讲解被子植物花传粉、受精的过程。 2. 虫媒花和风媒花的特征 PPT展示虫媒花和风媒花的特点(文字+图片)。以达尔文兰花传粉为案例说明虫媒花具有特殊适应结构。以意大利蜂的引进对本土中华蜂危害的案例说明植物和传粉动物的协同进化。	观看PPT、板书;观看视频;互动讨论、回答问题。	16
四、讨论及分享	1. 互动分享 讨论花器的结构与授粉方式的关联。 2. 引导讲解 对学生的介绍进行点评。	观看PPT;提前一周布置作业,让学生查阅花器结构与授粉方式的例子,进行讨论发言;回答提问。	7
五、任务及思考	● 简要总结授课内容,并布置课后作业 (1)论述花的组成、结构和功能与营养器官的关联性。 (2)论述异性花柱的意义,并列举出一个实例。	观看PPT;作业安排。	5

3. 课程思政的融入

表3 本节课的课程思政设计

知识点	课程思政目标及融入点	课程思政展现形式
1. 花冠的类型	结合植物各种花冠类型的介绍,让学生理解花冠的分类依据,了解到植物花的形状、色彩、质地的多样性,培养学生的审美情趣。	观看植物各种花冠类型的图片,掌握常见花冠类型的识别,同时欣赏被子植物花的美感。
2. 被子植物花的结构与功能相适应	讲解被子植物花的各部分结构及其功能,不同的传粉类型及各自特点,植物为了进行繁殖,根据各自特点,形成各自适应传粉的结构。通过达尔文兰花传粉的案例让学生理解被子植物花的结构和功能是相适应的,使学生了解到自然进化的奥秘,培养学生专业学习的兴趣。	举例说明达尔文兰花传粉方式。达尔文兰常称长距彗星兰,是马达加斯加特有的附生兰花,是花距最长的植物,距长有25~40 cm。博物学家达尔文(1809—1882)在1862年看到这种兰花就预测有一种长喙的传粉昆虫跟它匹配。达尔文去世21年(即1903年)后在马达加斯加找到了这种长喙天蛾。这也是进化论著名的预言之一。

续 表

知 识 点	课程思政目标及融入点	课程思政展现形式
3. 植物的传粉和传粉动物的协同进化	传粉昆虫的大小、体型、结构和行为,与被子植物花的大小、结构和蜜腺的位置等,都是密切相关的。让学生理解植物常常有其固定的传粉动物。通过意大利蜂的引进对本土中华蜂危害的案例,使学生了解到植物和传粉动物之间的协同进化关系,认识到植物学专业知识在生产上的应用价值,产生专业认同。同时,使学生认识本土物种的保护对生态链的维护至关重要,建立自然生态保护的理念。	举例说明:意大利蜂的引进对本土中华蜂的危害。意大利蜂产蜜量大,但是意大利蜂会格杀中华蜂,使中华蜂大量死亡。意大利蜂与中华蜂传粉的植物种类不同,意大利蜂的引进,导致中华蜂的数量大量减少,使以中华蜂为传粉者的植物得不到传粉造成繁殖危害,伤及生态链。
4. 花器的结构与授粉方式的关联	通过作业的形式,让学生课下自学资料查阅的方法,培养自学能力;通过讨论,引导学生独立思考,培养创新思维。	让学生课下自己查阅资料、小组内讨论,再在课上班级内讨论,鼓励学生发表自己的观点和见解。

五、教学效果与反思

1. 教学内容

本节课程所讲授的内容是被子植物的繁殖。围绕结构与功能的关系,教学内容包括被子植物花的基本结构、花器各部分结构的功能、花器适应传粉的功能实现、虫媒花和风媒花的特征。通过PPT图片展示,使学生了解被子植物的花的主要特点,并从演化角度,展示虫媒花的传粉与动物的活动相互呼应的关系,激发学生的学习兴趣。

2. 教学方法

主要采用PPT讲解及学生展示、讨论参与的方式,介绍被子植物花器的结构,增强学生的感性认识,提示学生结构与功能的对应性,最后引导学生思考植物的传粉和传粉动物的协同进化。并通过实例讲解植物与动物的关系,以及在资源利用的同时,注意生态的平衡、生态的可持续性,理解党的十八大把生态文明建设纳入中国特色社会主义事业"五位一体"总体布局的战略内涵。

3. 教学过程

通过复习上一节课学习的内容,引入本课时教学内容;教学内容分解为多个环节,期间有提问、学生讨论,让学生真正能参与到课堂教学中,增加学生的参与性和互动性,提高学生学习的主动性和积极性。PPT展示植物花器结构,从微观、到宏观,从显微镜下、到公园花境,增加学生的感性认识。最后引导学生进入植物的传粉和传粉动物的协同进化的讨论,并实时引入思政要素。

4. 课程思政

植物学是经典的描述性科学及实验性科学,学生需要掌握植物的结构及其对应的功能是如何实现的。通过课程学习培养学生唯物史观以及分析问题、解决问题的能力。同时,植物本身作为资源,在植物资源利用的同时,植物保护密不可分。结合党和国家提出的生态文明建设等思政元素的嵌入,达到润物无声的育人效果。

5. 教学评价

通过学生听课状态、回答问题及作业情况,了解学生对知识的掌握程度,反思教学过程存在的问题,提出解决方案;以问卷调查、谈话的形式,及时听取学生反馈;基于实验中学生的实操效果进行评价,及时改进教学方法。

"建筑初步"课程教学案例

授课教师：裘江

一、课程概况

课程名称：建筑初步
教学对象：风景园林、园林专业本科一年级学生
学分／学时：3学分/56学时
课程类别：专业基础课

二、课程简介

"建筑初步"课程设置美育与劳育相结合的学习内容，使学生对建筑的基本知识有初步的了解，对中外古典建筑及我国传统民居的主要特征有初步的了解，初步掌握建筑设计制图和园林设计表现的常用技法。补充认识实习部分是"建筑初步"教学中不可或缺的重要组成部分，对风景园林专业的建筑与景观材料教学具有重要意义，通过实习，学生可将所学知识和实习内容相互验证，进而对风景园林建筑工程与园林文化基本知识有良好感性认识基础。主要评估方法为过程化考核，课堂教学同时分阶段布置建筑初步认识实习作业。

主要先修课程："设计初步""风景园林导论"。

三、课程目标

一方面，通过大量的诸如速写、校园大门平立面测绘、节点详图抄绘、模型制作等课程训练，使学生重点掌握建筑设计表达基础的概念、技能、方法，培养学生良好的形象思维能力、表达能力、动手能力、创造能力以及基本美学素养；另一方面，在学习建筑设计与园林工程初步制图的基础上进一步提高学生职业素养与敬业精神，提升风景园林设计图纸的手工制图与表现能力，为后续学习奠定必要的绘图能力基础。课程融入中外古典建筑和园林的发展历程及其比较、中国古代建筑的劳动价值体现等课程思政重要内容，使学生熟知建筑与园林环境互相密切融合的辩证关系，能熟练运用建筑设计与风景园林设计逻辑思维开展创新创业实践活动。

（1）知识获取：认识建筑设计的基本概念；掌握建筑相关知识的国内外发展概况；初步了解建筑与风景园林学科理论体系与知识框架；认识国内外古典建筑的差别；了解中外古典建筑和园林的发展历程并加以比较，从文化中汲取灵感。

（2）能力培养：培养学生具备获取本专业知识的基本能力，掌握建筑设计相关的理论知识体系，具备相关建筑评估、评价等基本能力，培养学生国际视野、现代意识、批判意识，强化学生对风景园林行业和工作的兴趣。

（3）价值塑造：引导学生建立专业学习的兴趣和投身风景园林事业的信心，强化对本学科的职业敬畏。培养学生的审美情趣和职业素养，树立学生坚定的职业理想以及投身于为国家与社会付出自己力量的情怀；将国家情怀、国际视野、审美情趣等元素通过本课程浸润学生心中。线上数字化教学帮助学生感悟建筑主体的独特美感。

表1 "建筑初步"课程内容框架

知识单元	知识和能力培养要点	价值塑造途径及目标
1. 认识建筑	● 认知建筑设计的学科与专业 （1）建筑的产生与发展； （2）建筑的基本构成要素； （3）建筑设计的内容； （4）建筑设计程序。	（1）通过当代建筑建设的伟大成果引导学生认识建筑设计的重要意义，并安排学生实地考察如创智天地、创智农园等场地完成园林建筑与景观材料认识与应用考察报告。 （2）围绕国内外风景园林和建筑专业和学科建设案例，进一步认识学科边界和专业内涵，为未来的学习打下坚实的基础。
2. 建筑基本知识	● 中国古典建筑基本知识部分 （1）中国古代建筑概述； （2）中国古代建筑基本特征； （3）清式建筑做法名称。 ● 西方古典建筑基本知识部分 （1）西方古典建筑概述； （2）西方古典柱式。	（1）以史明鉴，以古鉴今，培养学生了解古今中外建筑领域的基本知识和成果积累。 （2）结合中外经典案例讲解、分析，掌握中外古典建筑中所蕴含的认识方法和实践方法。 （3）国内外建筑发展对比分析，塑造学生学贯中西、专业认知全面发展的学习心态，了解人类文明进程和建筑动态发展的相关性。 （4）根据课堂的教学内容进行建筑意向模型的制作，体现课堂成果积累。
	● 现代建筑部分	结合经典案例分析，系统性地介绍当代的优秀建筑，帮助学生掌握现代建筑的各种基本知识。通过国内外优秀实践案例进行启发式教学，培养学生的实证意识，引导学生认识建筑行业在现代生态文明中的作用。
3. 建筑设计概述及理念	● 认知建筑设计的相关概念 （1）建筑绘图； （2）设计方法； （3）形态构成。	（1）从自然和人文两个视角认知建筑设计的要素，培养学生了解国情、根植传统文化认知建筑设计的能力。 （2）以身边建筑设计为例子，培养学生的专业绘图能力。 （3）结合教师参与或搜寻具体案例，帮助学生认知建筑设计中的设计方法与常见借鉴形态构成形式，培养学生理解和尊重建筑设计要素的多样性，提升学生发现、感知、欣赏、评价优秀经典案例的意识和能力。 （4）完成校园大门平、立面测绘，测绘过程中感受建筑不同元素形态构成和组合美感。

续 表

知识单元	知识和能力培养要点	价值塑造途径及目标
4. 建筑设计表现技法	● 建筑表现效果图及技法	(1) 结合具体的项目案例,分析建筑设计的基本方法和程序,培养学生的专业和职业认知。 (2) 组织学生进行研讨,挖掘学生风景园林相关建筑规划设计广阔外延和联系的潜力,激发学生对风景园林、对建筑设计的激情和兴趣。 (3) 通过视频案例的讲解和分析,培养学生实践创新能力和对职业素养的认知。 (4) 分组汇报并讨论,学习卓越工程师的事迹,特别是我国相关从业工作者的家国情怀。
5. 风景园林设计表现	1. 园林设计平面练习 (1) 理解设计平面绘制要点; (2) 技法练习。 2. 园林设计立面练习 3. 园林设计配景练习 4. 园林竖向设计图画法及练习 5. 退晕渲染技法及综合练习 6. 园林透视图 7. 掌握透视图基本概念 8. 掌握透视图几何画法 9. 园林建筑小品透视图绘制练习 10. 园林设计方案鸟瞰图绘制练习	(1) 结合近期我校教师参与的设计和咨询项目案例,展示城市建筑建设的成果,引导学生认知风景园林设计表现在建筑设计中的广泛应用,并进行经典案例抄绘。 (2) 组织学生进行园林设计平面的练习,有效理解平面设计绘制要点与绘制技法。 (3) 课堂教授园林设计立面、配景、竖向等设计图画法,熟悉园林透视、渲染的基本概念,组织实地考察项目场地,并布置园林建筑小品或园林植物的速写作业,安排学生进行深度练习。 (4) 进行施工图初步认识学习,进行建筑屋顶女儿墙、明沟节点的详图抄绘。
6. 庭院或小建筑设计方法	● 庭院或小建筑设计方法及设计练习	(1) 结合具体的项目案例,从工程、艺术和技术等不同角度分析建筑设计的基本成就,培养学生热爱工程技术、热爱劳动的情感。 (2) 通过大型工程实例视频讲解,让学生感受大国工程的美丽,学习大国工匠精益求精的精神。

四、教学设计实例

1. 教学要求

本节课程讲述"建筑基本知识"一章中"中国古代建筑概述"一节内容,具体如下:

(1) 知识传授:学习中外古典建筑的相关知识,如中外古典建筑的发展历程、建筑形态结构特征、不同时期最杰出的代表建筑以及杰出建筑设计师、中国古代建筑的劳动价值等体现课程思政的重要内容;了解建筑是园林设计的四要素之一,课程中融入中外古典建筑的发展历程与园林的发展历程并加以比较,探讨建筑发展与园林发展的关系,使学生熟知建筑与园林环境互相密切融合的辩证关系。

(2) 能力培养:首先,通过专业训练,使学生重点掌握建筑设计表达基础的概念、技能、方法,培养学生良好的形象思维能力、表达能力、动手能力、创造能力以及基本美学素养;其次,通过课堂学习建筑优秀案例与园林建筑工程初步制图,进一步提高风景园林专业学生对于本专业的浓厚兴趣,同时提升学生动手能力、实践能力,以及在各种设计图纸的表现能力,为后续专业学习奠定必要的绘图能力基础。

(3) 情感认知：通过对"建筑初步"课程本章节的学习，让学生感受中外古典建筑特别是中国古典建筑的魅力，培养学生的文化自信；让学生通过思考和感悟切实从内心深处产生对职业的敬畏感，建立起社会责任意识和职业道德感。

2. 教学实施流程

表2　本节课课程教学实施流程表

教学环节	教 学 者 活 动	学生活动	时间(min)
一、导入	1. 视频导入 观看当代优秀建筑与中国古典建筑相关视频。 2. 问题导入 视频中建筑的要素有哪些？当代建筑的特点有哪些？与中国古典建筑有什么不同？	观看PPT，观看视频，回答问题。	5
二、概念及案例	1. 概念讲解 认识建筑：让学生了解建筑的产生与发展、建筑的基本构成要素、建筑设计的内容、建筑设计程序。 2. 建筑的基本知识 让学生熟悉中外古典建筑和现代建筑的基本知识。 3. 建筑设计概述与理论 让学生了解建筑设计的设计方法，熟悉建筑的形态构成，掌握建筑的制图知识与技法。 4. 案例讲解 (1) 皇家园林中的建筑； (2) 古希腊建筑； (3) 中外建筑的区别。	观看PPT，观看视频，从不同的角度认识建筑。	10
三、内容及特点	1. 问题测试 结合以上看到的案例，通过学生在平时生活中接触到的各种建筑类型，组织学生讨论：中国古典建筑的主要分为哪些类型？ 2. 总结讲解 中国古代建筑大体可分为宫殿、陵墓、寺庙和民居四类。	观看PPT，互动讨论，回答问题。	15
四、讨论及分享	1. 互动分享 一种你喜欢的建筑风格与其代表性的建筑。 2. 引导讲解 建筑的样式与其所处的文明密不可分。 3. 小组汇报 4. 总结 通过古今中外知识的系统性讲解，将建筑的基本概念等重要内容，深刻地扎根于学生心中。	观看PPT，学生分组完成讨论分析并绘制思维导图，互动交流，教师点评。	10
五、任务及思考	● 简要总结授课内容，并布置课程作业 (1) 作业题目：建筑意向模型制作 (2) 任务要求： 根据课程所学知识，进一步查阅资料，并进行一次建筑意向模型的制作。 教师课程总结及布置作业的同时，引导学生回忆课程内容，梳理笔记。一方面让学生回顾课堂知识内容；另一方面进行生态建筑文明及课程思政理念的嵌入，达到润物无声的育人效果。	观看PPT，介绍案例。	5

3. 课程思政的融入

表 3　本课程的课程思政设计

知识点	课程思政目标	课程思政融入点	课程思政展现形式
1. 认知古典建筑	(1) 从国际视野分析生态建筑文明建设战略和我国古典建筑学科研究前沿内容。	(1) 结合案例的分析和讲解,从动态、发展的角度理解相关概念和整体建筑学科发展趋势。	(1) 观看相关古典建筑的建设相关的视频,动态地分析我国古建筑在形式、构成等方面的发展。
2. 中外不同背景下古建筑相同与不同点	(2) 围绕时代发展,引导学生从科学、技术的角度看待目前的中外古建筑建设中的相同点与不同点。 (3) 培养学生对古建筑建设的批判质疑能力和政策的理解力,并自发思考建筑学科与风景园林学科交融的相关性。	(2) 根据建筑初步认识实习的预定课程任务布置作业,提高学生对建筑美学的理解与欣赏力,培养学生理论和实践相结合、接受和批判相结合的能力。 (3) 如何科学地评价与保护我国的古建筑?	(2) 组织学生讨论,培养学生积极关注学科发展前沿与热点话题,要求学生从发展创新的眼光看待中外古建筑的可借鉴及不足之处,并在个人设计中加以发扬或规避;从优秀园林案例中提取单体建筑要素,供学生分析剖析。 (3) 通过实际古建案例,培养学生设计和分析问题、解决问题的能力。
3. 中国古建筑与中国古典园林的相关性			
4. 中国古建筑的保护与发展	(4) 引导学生进行独立思考和思维创新,培养学生对珍贵古建筑的情感。	(4) 使学生认识到传统建筑是文化瑰宝。风景园林相关建筑课程的学习要坚持学、用、保的意识。	

五、教学反思

1. 教学内容

本节课程从生态建筑文明建设的诸多内容中聚焦中外建筑类型的热点问题,这也是土建类学科共同关注的基本问题;建筑是风景园林四大要素之一,也是构成景观样式的重要组成部分,充分结合专业教师搜寻的相关案例作为教学内容,激发学生的学习热情和对专业的认知。

2. 教学方法

采用项目教学法,以我国特别是传统经典建筑的实际案例引导教学,指引学生主动思考,发现问题并寻找解决问题的方法。教学中强调师生互动,教师讲解与学生讨论、主动实践、自主汇报等结合,发挥学生的主观能动性,培养学生主动学习的能力。

3. 教学过程

把教学过程精心分解为多个环节,增加学生的参与性和课程的互动性,从理论知识教授—学生自主讨论—学生动手实践完成"建筑初步"认识实习作业预定题目,让学生全程参与课堂教学,大大提高了学生主动学习的积极性。充分利用视频、PPT等教学手段,更好地提升教学的效果。

4. 课程思政

建筑是一种精神活动,也是一定社会经济、文化的产物。首先,"建筑初步"课程引发学生对自身历史责任的思考,激发学生自觉把个人价值、职业价值、社会价值结合起来,助力建筑文明传播。其次,"建筑初步"作为风景园林专业基础课程,旨在培育学生工匠精神,要求学生在学习知识和欣赏作品中热爱自己的专业,追求崇高工作理想,培养认真踏实的工作态度,进而助力学生角色转变,产生职业敬畏。

5. 教学评价

通过灵活的教学组织和良好的课堂沟通交流,学生的主动性和积极性大大被调动,普遍表现出对风景园林和建筑初步授课知识的浓厚兴趣,所教授的学生可以集中精力认真听课,用心畅想,可以认真完成课后作业,并表现出一定的动手实践能力。授课过程中,国情观念和审美情趣、工匠精神等思政元素可以自然融入。

6. 教学反思

教学过程中优势方面主要有以下几点:立足专业知识,努力挖掘课程思政结合点;精心设计教学内容,春风化雨融入思政教育;创新教育载体,利用多种途径体现课程思政目标。不足之处在于:课堂教学知识教授不够直观;课程思政建设的着力点还有待补充。学生对本门课程反馈效果良好,但希望课程更多融入动手实践类设置环节。总体而言,"建筑初步"课程完美达成预定教学目标;教学过程设置完整达到了预设的文化素养渗透、职业敬畏营造、学科思辨提升等教学目的;课堂中与学生互动频繁,学生反馈极佳;课程思政融入课程方面取得了一定的成就。

"中外园林史"课程教学案例

授课教师：刘静怡、唐思嘉

一、课程概况

课程名称：中外园林史
教学对象：风景园林、园林专业本科二年级学生
学分/学时：3学分/48学时
课程类别：专业基础课
课程荣誉：上海市重点课程(2008)、校级课程思政示范课程(2022)

二、课程简介

本课程是风景园林专业基础课,是系统地向学生讲解中外古代园林从萌芽到发展、兴盛全过程的一门课程。本课程在人才培养计划中起到承上启下的作用,既是专业理论的入门课程,又为高年级的园林设计创作奠定基础。本课程旨在使学生理解中外不同文化语境下的风景园林发展历程,全面掌握中外古典园林创作的艺术理论和园林艺术的创作手法,学会用历史的眼光评析现代园林,把握传统及其与创新的源流,指导学生进行园林创作,并为提升学生人文素养,树立工匠精神,培养文化自信贡献力量。

主要先修课程：无。

三、课程目标

"中外园林史"是风景园林专业的专业基础课程,也是课程思政核心骨干课程。课程体现了应用型本科试点建设中的"重基础、重能力、重实践"中"重基础"的特色,引导学生对风景园林发展历程的整体性认知,激发学生对专业的热爱,培养学生的综合素养和创新思维。

(1)知识获取：引导学生认知中外园林所涉及的基本概念、基本类型、基本特点、基本要素,讨论中外园林起源、发展、演进过程中起主导作用的思想流派、自然因素和社会文化背景,应用每个历史时期具代表性的优秀园林名称、造园家、风格特点、园林布局的理论知识,归类对中外园林史上最杰出代表人物及其设计思想和作品。

(2)能力培养：培养学生理解园林发展演变的基本规律,总结园林设计的设计方法,形成对风景园林发展历程的整体性认知;掌握透过现象看本质的思维能力,做到"学史以明智";尝试创新思维和创新实践能力,学习处理传统与现代、本土与外来园林文化关系的能力,能够"古

为今用,洋为中用"把园林史知识运用到造园实践中去,拓展学生的国际视野和与时俱进的现代意识。

(3) 价值塑造:引导学生充分理解中国传统审美观和价值观,激发学生对风景园林专业的热爱,树立民族文化自信;感悟创新对于推动社会发展的作用,激发对投身风景园林行业和职业的热情;培养一丝不苟、精益求精的工匠精神和职业态度;建立国际生态绿色视野,树立唯物发展史观和可持续发展观。

表1 "中外园林史"课程内容框架

知识单元	知识和能力培养要点	价值塑造途径及目标
1. 绪论	● 园林的概念 ● 社会变革与园林的发展	(1) 中国获得"世界园林之母"的美誉,激发学生的民族自豪感,增强学生文化自信。 (2) 以世博园中国馆的"新九洲清晏"等为例,引导学生理解创新的内在规律以及传承和创新的关系。
2. 中国古典园林的生成期	● 中国古典园林的起源与形成	以中国古典园林的意识起源,介绍中国古代人与自然和谐一体的自然观,引导学生理解追求人与自然的和谐是中国几千年传统文化的主流,进而更深刻领悟当今生态文明理念的精神内涵,激发对风景园林专业的热爱。
3. 中国古典园林的转折期	● 魏晋时期造园理念的转变	用"曲水流觞"的千年传承体现的文人风骨,引导学生理解个人修养与学识积累同样重要,要注重个人品格的塑造。
4. 中国古典园林的全盛期	● 隋唐时期中国古典园林的造园特色 ● 不同园林类型的应用与特点	(1) 通过对唐长安城的城市规划及其对日本城市规划的影响和在古代丝绸之路上的地位的讲解,让学生了解我国古代城市规划设计的高超水平,激发文化自信心和民族自豪感。 (2) 让学生们理解一带一路的历史渊源,对当代中国一带一路建设,加强与沿线国家经济合作与人文交流产生更深刻的认同。 (3) 分析唐代寺观园林建设对山岳风景开发的做法,引导学生了解中华民族历来崇尚人与自然和谐共生的自然观,更好理解"绿水青山就是金山银山"的理念。
5. 中国古典园林的成熟期(一)	● 宋代皇家园林与私家园林的融合发展 ● 文人园林的特点	介绍中国传统文人"修身治国齐家"的儒家经典理论,倡导学生树立家国情怀和社会责任感。
6. 中国古典园林的成熟期(二)	● 明清时期不同园林类型的造园特色 ● 东方园林与西方园林的相互借鉴	(1) 解析清代皇家园林中民族团结和国家统一的象征创作意图和造景手法,引导学生理解自古以来我国各民族团结统一的历史渊源,强化民族团结意识和民族自豪感。 (2) 解析明清私家园林精湛的叠山理水技法,引导学生追求精益求精、永无止境,追求卓越的工匠精神。
7. 伊斯兰园林	● 伊斯兰园林的类型及基本特征	从伊斯兰园林发展的特点,引出文化传承与创新的重要性。

续 表

知识单元	知识和能力培养要点	价值塑造途径及目标
8. 日本古典园林	● 日本古典园林的基本造园特色 ● 日本古典园林与中国古典园林的联系	从古代中国对日本文化的强大影响力,引导学生注重对传统文化的传承,激励学生投入社会主义建设事业。
9. 意大利古典园林	● 意大利台地园林的形成 ● 意大利台地园林的造园特色	从台地园林的设计实践,培养学生实事求是、脚踏实地的职业态度。
10. 法国古典园林	● 法国古典园林的形成 ● 法国古典园林的造园特色	从勒诺特尔等人对法国古典园林及欧洲园林发展的创新,引出融合创新的思想。
11. 英国古典园林	● 英国风景式园林的形成 ● 英国风景式园林对现代欧洲园林的影响	用英国邱园中的中国古典园林造园要素,引出中国传统美学对世界的影响,激发文化自信和民族自豪感。
12. 近现代园林	● 近代世界园林发展演变 ● 近代城市公园发展	激发学生对风景园林专业的热爱,用生态园林理念引出保护环境的重要性,引导学生在未来的职业生涯中时刻牢记生态环保理念。

四、教学设计案例

1. 教学要求

以"园林成熟期2"一章中"江南私家园林"内容为例,具体教学设计如下:

(1)知识传授:了解江南私家园林的历史背景、地域范围和历史价值;获得江南私家园林"个园"的历史背景、风格特点和造园技法的基本知识。

(2)能力培养:理解江南私家园林产生、发展的规律,掌握江南私家名园"个园"的"四季假山"设计特点,理解纳四季于一园,利用空间形象表达时间的设计技法,具备分析江南私家名园设计理念、设计手法的能力,能够尝试将传统设计理念和手法创新运用于现代设计情景中,解决现代设计的问题。

(3)情感认知:引导学生理解师法自然、生生不息的中国传统审美观和价值观;培养文化自信;引导学生领会创新设计的魅力。

2. 教学实施流程

表2 本节课课程教学实施流程表

教学环节	教学者活动	学生活动	时间(min)
一、导入	1. 视频导入 观看江南私家园林的相关视频。 2. 问题导入 回顾上节课讲的皇家园林的风格特点和名园案例,引出私家园林的主题。	观看视频,讲解PPT,回答问题。	5

续 表

教学环节	教学者活动	学生活动	时间(min)
二、概述	1. 背景讲解 (1) 江南私家园林形成的自然人文历史条件； (2) 江南私家园林的发展演化过程； (3) 江南私家园林的空间范围； (4) 在中国园林史上的历史地位。 2. 案例简介 (1) 江南四大名园； (2) 上海豫园。 3. 师生互动 请来自江浙沪不同地区的学生分享家乡江南名园园林的案例。	讲解PPT,分享心得,交流讨论。	15
三、名园解析	1. 背景导入 (1) 个园的建设背景； (2) 园名的由来。 2. 设计剖析 (1) 主要造园特点； (2) 四季假山景观详解。 3. 总结讲解	讲解PPT,互动讨论。	20
四、讨论及分享	1. 互动讨论 介绍现代居住区设计中"四季"主题的案例,讨论今天的园林设计师能够从"个园"等历史名园作品中学到什么？ 2. 引导思考 除了运用植物元素表达园林"四季"主题外,还可运用哪些园林要素？如何创新表达？ 3. 总结 在理解经典、传承历史的基础上,不断开拓创新,才能创作出符合时代精神、有强大生命力的作品。	讲解PPT,提前一周布置作业,两组汇报、互动交流,接受教师点评。	10
五、任务及思考	● 简要总结授课内容,并布置课程作业 (1) 作业题目：模仿"个园"的设计手法,以"四季"为主题进行校园植物园的景观设计构思。 (2) 任务要求：结合本次课程的内容,深入理解"个园"四季假山的设计思路和设计手法,综合运用植物、水体、山石、小品等园林要素,以"四季"为题进行景观设计构思。 (3) 成果要求：将研究成果制作成PPT,并准备5 min口头汇报。	复习笔记,设计创新,制作PPT。	5

3. 课程思政的融入

表3　本节课的课程思政设计

知识点	课程思政融入点	课程思政展现形式
1. 江南私家园林概述	通过剖析江南私家园林形成的自然人文历史条件,理解古人观察自然、理解自然,并与自然和谐共处的生存方式,激发学生对风景园林专业的热爱。	(1) 教师分享江南私家园林的视频资源,讲述江南私家园林的主要特点和形成背景。 (2) 学生分享案例,师生互动讨论。

续　表

知　识　点	课程思政融入点	课程思政展现形式
2. 名园解析——扬州"个园" (1) 背景导入； (2) 设计剖析； (3) 总结讲解。	通过解析"个园"名称的由来以及对个园造园技法的解析，理解中国古典园林中的审美观和创新手法，引导学生感受中国古典园林的独特魅力，树立文化自信。	(3) 课后作业。布置课后作业，要求学生模仿"个园"的设计手法，以"四季"为主题进行校园植物园的景观设计构思，把园林史知识运用到设计实践中去，尝试将传统设计理念和手法创新运用于现代设计情景中，解决现代设计的问题。

五、教学反思

1. 教学内容

本节课程解析了江南私家园林的概况，并对扬州名园"个园"进行了深入剖析。园林史的教学中不仅要从历史渊源、发展脉络、时代特点等方面对古代园林进行分析，而且要在教学过程中发掘传统园林文化中蕴含的普遍意义，即对现代园林设计和城市建设的指导意义，这样才能使学生认识中国传统园林的先进性与独特的艺术魅力。

2. 教学方法

主要以讲授为主，针对教学内容，提前布置作业，让学生熟悉个园相关实景照片和平面图，通过反转课堂，更好完成教学内容。

3. 教学过程

把教学过程精心分解为多个环节，增加学生的参与性和课程的互动性，从"知其然"到"知其所以然"，让学生全程参与课堂教学，大大提高了学生主动学习的积极性。

4. 课程思政

从小处入手，体现中国古典造园的独特魅力，传统文化贯穿课堂始终；此外，家国情怀、古为今用的设计思路融通也是本节课程重点强调的课程思政内容；通过课后作业的巩固，培养学生对美的感知能力和创造能力。

5. 教学评价

通过灵活的教学组织，学生的主动性和积极性大大被调动，普遍表现出对风景园林和中国传统文化的浓厚兴趣，能集中精力认真听课，主动回答问题，积极准备汇报的PPT，并主动演示、交流。课后作业可以认真完成，表现出一定的动手实践能力。授课过程中，家国情怀和审美情趣、创新思维等思政元素可以自然融入。

"测量与3S技术"课程教学案例

授课教师： 孙海燕

一、课程概况

课程名称： 测量与3S技术
教学对象： 风景园林专业本科二年级学生、园林专业本科一年级学生、生态专业本科二年级学生
学分/学时： 2学分/40学时
课程类别： 专业基础课

二、课程简介

本课程是风景园林、园林和生态专业的专业基础课程。通过本课程的学习，使学生全面掌握测量基础理论、基本知识和基本技能，着重于工程实践能力的培养。培养学生熟练操作测量仪器，对测绘数据进行正确计算和处理，绘制小区域大比例尺工程地形图，以便为以后测量的实际工作及相关课程都奠定扎实的基础。引导学生感知3S技术，激发学生借助新技术、新技能探索在专业领域的创新性应用。学生先修"工程制图基础""初步设计"相关基础课程；也将为"风景园林规划与设计""园林工程""园林建筑小品及构造""城乡绿地系统规划"等本科专业课程学习奠定坚实的理论和实践基础。

三、课程目标

本课程是风景园林、园林和生态专业的基础课程，通过课程学习让学生掌握测量基本理论、知识和技能在风景园林、园林和生态专业的常用操作，并能借助所学知识结合新技术、新技能，引导学生进行创新性的应用，着重于实践能力的培养。

（1）知识获取：认识测量工作的基本原理、误差来源及测量仪器的构造，熟悉地形图测绘应用及误差知识，掌握测量的三项基本工作——水准测量、角度测量和距离测量。结合国内外测量与3S技术发展以及重大事件感知国内外测量学热点与趋势。（知识目标）

（2）能力培养：培养学生具备常用测绘仪器的操作能力，掌握测绘数据计算和处理的能力，熟练地形图的测绘和应用的能力，掌握一般工程的测量，培养学生分析、思考和解决问题的能力。综合培养学生在工程基础知识、个人能力、团队能力和工程系统能力四个层面达到预定目标。（技能目标）

（3）价值塑造：增强学生对我国测量学发展历史和发展现状的民族自豪感；培养团结协作、吃苦耐劳的精神，坚定严谨的工作作风、严明的工作纪律；塑造良好的职业道德、心理素质及人际沟通能力；培育学生严谨求实的科学态度；从而激发学生的家国情怀，使学生勇于肩负起科技强国的重大使命和责任。（情感目标）

表1 "测量与3S技术"课程内容框架

知识单元	知识和能力培养要点	价值塑造途径及目标
1. 课程绪论	● 认知测量学的学科与专业 (1) 测量学科与理论基础； (2) 测量工作的基本原则； (3) 测量学基准面及点位表示方法； (4) 培养学生测量学思维模式，树立正确的专业观。	(1) 引经据典，议古论今，通过大禹治水、青藏铁路、港珠澳大桥的伟大建设成果，引导学生认知测量学的重要意义，结合中国传统文化，培养学生的家国情怀。 (2) 围绕国内外测量学专业和生态、风景园林、园林专业学科建设案例，进一步认识测量学科和专业内涵，为未来的学习打下坚实的基础。 (3) 结合近年来"天空一号"和"奋斗者工程"等的视频学习，树立参与国家发展事业、建设科技强国的坚定信念。
2. 水准测量	● 认知水准测量的基本内容，掌握水准测量的仪器操作流程和数据处理 (1) 水准测量原理及测量方法； (2) 水准仪使用、水准测量及检验； (3) 水准路线闭合差的调整与高程计算； (4) 当代水准测量热点和发展趋势； (5) 培养学生职业伦理和职业素养。	(1) 分析讲解海平面上升、珠峰测量的典型案例，感知水准测量的发展水平和状况。激励学生掌握水准测量的认识方法和实践方法。 (2) 认识水准测量的基本原理；获得水准测量实践的准备、分工及数据处理的基本操作。 (3) 通过视频观看、课堂实验、现场操作等教学方法，强化学生对水准仪的实践动手操作能力，实现理论与实践的有机结合。 (4) 培养学生合作创新、务真求实的工作作风。
3. 角度测量	● 认知角度测量的基本内容，掌握角度测量的仪器操作流程和数据处理 (1) 角度测量原理及测量方法； (2) 经纬仪使用、角度测量及检验； (3) 水平角测量、竖直角测量； (4) 当代角度测量热点和发展趋势； (5) 培养学生职业伦理和职业素养。	(1) 分析讲解珠峰测量典型案例，感知角度测量的发展水平和状况。激励学生掌握角度测量的认识方法和实践方法。 (2) 认识角度测量的基本原理；获得水平角、竖直角测量实践的准备、分工及数据处理的基本操作。 (3) 通过视频观看、课堂实验、现场操作等教学方法，强化学生对经纬仪的实践动手操作能力，实现理论与实践的有机结合。 (4) 培养学生团结合作、实际工作中分析问题、解决问题的能力。
4. 距离测量与直线定向	● 认知距离测量的基本内容，掌握距离测量的操作流程和数据处理 (1) 距离测量原理及测量方法； (2) 钢尺的使用、距离测量及检验； (3) 直线定向的概念及标准方法的确定。	(1) 分析讲解典型案例，感知距离测量的发展水平和状况。激励学生掌握距离测量的认识方法和实践方法。 (2) 认识距离测量的基本原理；获得距离测量实践的准备、分工及数据处理的基本操作。 (3) 通过视频观看、课堂实验、现场操作等教学方法，强化学生对距离测量的实践动手操作能力，实现理论与实践的有机结合。 (4) 培养学生合作创新、互帮互助，实践中精益求精的工作能力。

续 表

知识单元	知识和能力培养要点	价值塑造途径及目标
5.小区域控制测量	● 认知小区域测量的基本内容,掌握选取校园范围内的导线测量操作流程和数据处理 (1) 控制测量概念及分类; (2) 导线测量的概念、测定方法及计算; (3) 培养学生职业伦理和职业素养。	(1) 通过针对学校的校园区域,分析讲解小区域典型案例,感知小区域控制测量的方法和水平。引导学生认知小区域控制测量的成就和理念。 (2) 在校园区域内,带领学生认识导线测量的基本内容和形式;结合校园实际情况,引导学生积极参与导线测量实践的准备、分工及数据处理的基本操作等整个教学活动。 (3) 通过实施"视频和案例"等教学方法,将抽象的内容形象化,实现理论联系实践,强化学生对导线测量内外业的实践能力,实现理论与实践的有机结合。 (4) 在校园内,直接将理论教学与实践教学相结合,培养学生严谨细致、不畏困难的工作作风。
6.3S技术	● 认知3S技术 (1) 全球定位系统(GPS); (2) 地理信息系统(GIS); (3) 遥感(RS); (4) 北斗导航系统(GNSS)。	(1) 通过3S技术实例视频讲解,让学生切实感受科学技术对现在乃至未来生活的引导,激发学生勇于探索的精神和海纳百川的国际视野。 (2) 通过视频案例、讨论式教学,突出我国攻坚克难、自主创新建设北斗导航系统的强国梦,展现发展大国工程的美丽,树立民族自强的信念。 (3) 引导学生在社会经济高质量发展、科技快速更新的时代背景下,分析新技术在本专业应用的趋势,不断追求卓越。

四、教学设计实例

1. 教学要求

本节课程讲述"水准测量"一章中"水准测量原理及测量方法"一节内容,具体如下:

(1) 知识传授:认识水准测量的基本原理;感知我国珠峰测量工作的发展经过和巨大成就及在生态环境建设中的重大作用;获得水准测量实践的准备、分工及数据处理的基本操作。

(2) 能力培养:获得分析水准测量原理的能力,强化学生对精密水准仪的实践动手操作能力;尝试理论与实践的有机结合,获得水准测量数据采集及处理的基本技能。

(3) 价值塑造:提升学生对我国珠峰水准测量伟大成就的认知,促进学生感知水准测量与实际生活的紧密联系,树立对先进科学技术和科学精神的不怕困难、勇于探索精神;提升学生的学习兴趣和专业认同感。

2. 教学实施流程

表2 本节课课程教学实施流程表

教学环节	教 学 者 活 动	学生活动	时间(min)
一、导入	1. 视频导入 全球变暖，观看海平面上升的相关视频。 2. 问题导入 海平面上升你的家乡会受影响吗？海平面上升对沿海区域有什么影响？发布讨论题：海平面上升后给我们生活带来哪些影响？海平面上升的原因？提出水准测量对我国生态建设的影响思考，让学生充分了解海平面上升导致的城市淹没、环境恶化等严重后果，激发学生想准确监测海平面变化的欲望，这时引出水准测量，极大提高学生学习水准测量的兴趣和决心，培养学生的专业认同感。	观看PPT，观看视频，回答问题。	5
二、工程案例	● 珠峰身高是如何测量获得的？ 2020年5月27日11时，8名测量登山队队员成功抵达珠穆朗玛峰顶，并开展相关测量工作。结合珠峰测量视频讨论珠峰测量中高程测量方法的不同，从而引出精密水准测量原理及仪器的使用，通过比较的方法，便于学生学习精密水准测量。培养学生不畏艰难、永攀高峰、严谨细致、精益求精的科学精神。 (1) 我国珠峰高程测量的发展经历； (2) 我国珠峰高程测量的路线介绍； (3) 我国珠峰高程测量的成就。	采用图片和视频介绍相的结合的方式，引出国家在水准测量发展中的重大科学事件。	10
三、内容及要点	1. 问题测试 结合以上看到的案例，思考水准测量的原理和关键点。 2. 总结讲解 (1) 水准测量的基本原理：利用水准仪提供一条水平视线，对竖立在地面点的水准尺上分别进行瞄准和读数，以测定两点间的高差；再根据已知点的高程，推算待定的高程。 (2) 水准仪的分类：D表示"大地"，S表示"水准仪"，D和S是水准仪拼音的开头字母，3代表每公里往、返测量高差平均值的中误差不超过±3 mm。水准仪后面的数字："05""1""3""10"等数字表示该仪器的精度。S05级和S1级水准仪称为精密水准仪，用于国家一、二等精密水准测量。S3级和S10级水准仪又称为普通水准仪，用于我国国家三、四等水准及普通水准测量，也是风景园林专业测量中常用的水准仪器。 (3) 水准仪的认识和使用：播放DS3水准仪的视频，对照视频讲解DS3水准仪的结构及各部件名称，让学生有一种直观、清晰的认识。并将水准仪带到教室，现场演示仪器操作后，分别请学生亲自操作，并讨论水准仪操作时的注意事项。培养学生实践动手能力和规范意识，培养学生合作创新、团结合作的精神，增强职业道德。只有完全熟悉和掌握水准测量仪器，才能做到心中有数，培养学生"科学严谨"的工作作风。	观看PPT，互动讨论，回答问题。	25

续 表

教学环节	教学者活动	学生活动	时间(min)
四、课程内容总结与课后思考	简要总结,建议学生实地考察、测量上海应用技术大学植物园,体会测量学在园林工程项目中的应用。让学生在回味测量学水准测量知识的同时,从国家意识、科学精神和职业素养等角度进一步完善学生综合素质的培养和价值观的塑造。	观看PPT。	5

3. 课程思政融入

表3 本节课课程思政设计

知识点	课程思政融入点	课程思政展现形式
1. 水准基准面的基本原理及变化	(1) 结合自然环境的变化发展,引导学生从科学、技术的角度看待目前的测量学或者生态环境建设热点问题。 (2) 结合案例的分析和讲解,从动态、发展的角度理解相关概念和发展趋势。	(1) 观看海平面上升的视频,动态、系统地进行分析,认识到保护环境的重要性。 (2) 组织学生讨论,关注海平面上升对全球生态环境的影响。促使学生感知精密水准测量的应用,激发保护环境、生态文明的意识。
2. 水准测量的发展成果和趋势	(1) 结合我国水准测量路线布设的发展历程,站在时代前沿,坚持理论与实践相结合。激发学生的爱国热情和民族自豪感。 (2) 提高学生对水准测量的理解能力,培养学生理论和实践相结合的思想。从科学、技术的角度看待测量工作,树立"严谨细致,精益求精"的科学态度。	(1) 结合精确测定珠峰高程的案例,展现国家尊严,催人奋进,激发学习热情。 (2) 组织学生讨论,培养学生"艰苦奋斗、无私奉献、爱国、敢为人先"的珠峰精神,树立不畏艰难、追求卓越的信念。 (3) 学生回顾更科学、更严谨、更有说服力的珠峰测量数据,体会"失之毫厘差以千里"的科研态度成就珠峰测量高程测量成为世界奇迹,激发学生精益求精、务求真实的科学精神。
3. 水准测量仪器操作及工程实践	(1) 引导学生独立思考和创新精神,提高学生动手参与工程测量的能力。 (2) 培养学生理论和实践相结合的思想。	通过实际案例引导,实施纵向层次教学,组织学生分组进行测量工程实践,注重创造性思维训练,培养学生主动思考、分析和解决问题的能力,树立团结互助、吃苦耐劳、无私奉献的职业素养。

五、教学反思

1. 教学内容

本节课程从水准测量的诸多学习内容中聚焦珠峰测量的热点问题,这也是测量学科关注的最前沿问题;水准测量是测量学中的点位确定的重要内容,也是构成生态环境及景观设计的重要技能,充分结合我国精确地测量珠峰高程的测量科考重大实践案例作为教学内容,更能激发学生的学习热情和对专业的认知。

2. 教学方法

采用"视频＋主题讨论"的形式,以观看海平面上升模拟图引导教学,学生讨论海平面上升的原因及影响;采用"案例式教学"和对比法,通过对2020珠峰测量工作的视频观看,引导学生理解"高差法"水准测量原理(教学),指引学生主动思考,讨论发现问题并寻找解决方法。强调师生交流,授课与讨论结合,调动学生学习的主动性。

3. 教学过程

在教学中以"课堂教学"为本体,以"参与性教学、体验性教学、研究性教学、实践性教学"为支撑的"一体四翼"教学模式。坚持"以学生为主体",从社会实践中"重大科研"案例,充分利用视频、PPT等教学手段,实施纵向层次教学法,让学生组成团队,培养学生分析问题和解决问题的能力,引导和帮助学生全程参与课堂教学,实现知行合一,在实践中学习和理解知识及应用,提高教学效果。

4. 课程思政

通过案例引入,培养学生爱国敬业、艰苦奋斗、无私奉献、精益求精的珠峰精神。通过课程实践,培养学生实践动手能力和规范意识,培养学生合作创新、团结合作的精神,增强职业道德,树立生态文明建设的意识。

5. 教学评价

通过密切联系实际的教学内容,促进学生清晰认识到测绘学的内涵及在国民经济及生态环境建设中的作用,激励学生由被动学习转化为喜爱本课程的主动学习;分组式讨论培养学生的爱岗敬业意识和团队合作、协同作业的意识;课程实践学生们积极踊跃、勤于动手,强化课堂授课知识。润物无声地引导学生树立正确的人生态度、工程意识和家国情怀,促进综合素质全面发展。

"风景园林规划与设计"课程教学案例

授课教师：赵杨、邹维娜、杜爽、张嫣、唐思嘉

一、课程概况

课程名称：风景园林规划与设计
教学对象：风景园林、园林专业本科二年级学生
学分／学时：3学分/64学时
课程类别：专业基础课
课程荣誉：上海市重点课程(2013—2015)、校级课程思政荣誉课程(2020)、校级课程思政重点课程(2018—2020)

二、课程简介

本课程涵盖风景园林规划设计的原理、过程、方法、构成要素和人居环境外部空间的园林设计等内容，初步构建了设计思维和表达的训练体系。本课程引领规划设计课程群，并为"风景园林工程"和"植物应用"课程奠定设计基础。

课程集科学、艺术和工程技术于一体，紧跟风景园林学科应用领域的前沿理论，围绕设计师基础能力塑造，培养学生设计实践能力、研究和创新创意素养。

主要先修课程："风景园林学导论""设计初步"等。

三、课程目标

课程目标包括知识获取(知识目标)、能力培养(技能目标)和价值塑造(情感目标)等三个方面。

(1) 知识获取：围绕设计师基础能力塑造，学习风景园林的常用形式、指标和内容；掌握各阶段的设计程序；熟练运用风景园林要素的规划设计方法和技巧；能够独立完成小空间及居住区景观的规划设计。(知识目标)

(2) 能力培养：在"设计初步"课程的基础上更深入理解园林设计的过程、方法和要素的运用；熟练"图示语言"的表达方式；综合的运用专业基础知识，解决实际问题，达到能够独立分析和解决简单的园林设计实际问题。(技能目标)

(3) 价值塑造：知行合一，"挚爱真善美，关怀天地人"。建立对专业的热爱与尊重、对自然对社会的情感和责任。懂得关爱自然、关爱城市和乡村，关注环境、社会和经济的可持续发

展;感受、发现和创造人居环境的美;在对专业情感提升的过程中,提升社会责任、家国情怀和国际视野。(情感目标)

通过课程学习,塑造设计师基础能力、创新创意素质和应用能力,掌握相关的思辨能力、审美情趣、实证意识和职业责任意识,具有团队合作精神。课程核心素养与授课内容知识点的互融情况如表1所示。

表1 "风景园林规划与设计"课程内容框架

知识单元	知识传授和能力培养要点	价值塑造途径及目标
1. 课程导言	● 风景园林规划设计导论 (1) 了解专业与课程体系; (2) 了解课程目标、内容与学习要求; (3) 经典园林设计案例赏析; (4) 思考并交流"曾经的园林时光"。	(1) 通过介绍课程在专业中的定位、课程的内容、学习方式和要求等,提出风景园林设计师应该具有人文价值、社会关怀的专业价值观,设计师首先应该是充满生活激情、具备人文情怀并通过自身的作品起到一定引领作用的实践者。 (2) 通过思考并撰写短文"我与风景园林的缘分",引导学生回忆成长岁月中身边的园林生活,寻找自己与园林的际会,激发学生对课程学习的兴趣,理解园林在人居环境中扮演的角色,培养风景园林的专业情感。
2. 风景园林规划设计原理	● 风景园林空间设计理论 (1) 掌握风景园林设计的理论基础; (2) 熟悉风景园林绿地的形式与指标; (3) 掌握设计制图与表现的常用方法。 ● 风景园林设计基本方法 (1) 了解园林设计过程; (2) 掌握基地调查与分析; (3) 熟悉园林用地规划、基本原则与方法。	(1) 从人体工程学、环境视知觉与空间认知、不同尺度、密度空间下的心理感受与行为特征角度,讲解优秀案例中的空间组织与行为之间的作用关系,进一步引导学生对生活环境的细腻、缜密观察以及对微小线索的敏感与留心,帮助学生建立尊重客观事实、扎根大地的"在地情怀"与社会关怀,这也是设计出以人为本的优秀风景园林作品的科学与价值观的基础。 (2) 通过"基地调研",训练严谨理性,突出批判性思维,塑造实事求是的科学精神,并且通过学生自组织的问卷调查、半结构化访谈等社会学调查方法,使之潜移默化地理解设计的前提是对事实和证据的尊重,培养学生实证意识和严谨的求知态度,能敏锐地观察、准确地归纳场地问题,能逻辑清晰地运用科学的思维方式认识事物、解决问题、指导行为等。
	● 风景园林项目学习(风景园林调研) (1) 口袋公园; (2) 社区公园; (3) 综合公园。	(1) 开展优秀项目实际踏勘等教学实践活动,达到现场"浸润式"体验和学习的效果,认识理论来源于实践。 (2) 围绕"风景园林应当具备哪些基本功能"这一问题,课前布置学生分组对三类公园项目优秀案例进行研究性学习,理解不同尺度公园绿地所承载的自然使命和社会生活功能的异同,并思考设计师在公园建设过程中的角色作用和责任担当。 (3) 教师在进行样例启发、修正思路、及时点拨过程中,培养学生的实证意识和实事求是的态度。

续　表

知识单元	知识传授和能力培养要点	价值塑造途径及目标
3. 风景园林设计要素	● 山、水要素 (1) 掌握地形要素的设计：功能、骨架、视线、造景； (2) 熟悉水体要素的设计：功能、原则、设计要点、方法； (3) 具备独立完成地形坡度分析、竖向设计的能力。	(1) 通过竖向设计基础理论学习和实践，引导学生认识到"师法自然"的专业哲学思想。 (2) 解析优秀风景园林规划设计竞赛获奖作品，结合教学案例库，融入"绿水青山就是金山银山"的生态观和可持续发展观的思想。
	● 硬质与软质景观要素 (1) 熟悉园林建筑与小品要素的设计； (2) 熟悉植物要素的设计； (3) 熟悉园路与铺地要素的设计。	(1) 风景园林、生态学、美学等多专业整合是实现科学性、艺术性和文化性统一的前提。 (2) 体会园林设计"源于自然、高于自然"的科学艺术追求和"运用之妙，存乎一心"的敬业态度。 (3) 体会园路在园林中的骨架作用，体会其系统性要求，感受科学与艺术相结合的理性之美。
4. 简单风景园林项目设计	● 居住区绿地规划设计 (1) 掌握居住区绿地组成结构及设计要点； (2) 在教师的指导下，能分组合作完成居住区绿地方案设计。	通过设计实践进行真题假作或真题真作，让学生参与到实践中，形成完整的包括调研、设计、演示、研讨、讲授等环节的实操训练，突出专业特色的设计实践应用能力、创新素质能力培养以及设计师交流与合作的能力；关注身边人、身边事。
	● 校园绿地规划设计 (1) 掌握校园绿地组成结构及设计要点； (2) 在老师的指导下，能分组合作完成校园绿地设计方案。	
5. 课程拓展学习	● 校外专家讲座* 了解风景园林规划设计相关的实务、优秀的实践案例等。	企业实地参观和专家讲座相结合，引导学生逐步构建作为"高水平、应用创新型"风景园林人才所必备的家国情怀与思想格局，增强文化自信，梳理符合社会主义核心价值理念，扎根实践一线，养成以专业素质建设美好中国的风景园林观。
	● 跨年级相关课程交流学习* 学习高年级园林工程营建和植物景观营建作品，熟悉后续课程。	"借明于鉴"，激发学生自主学习的意识和潜能，提升专业学习的内驱力，拓宽专业视野。促进跨年级、跨专业、跨院校相互学习与合作。
	● 学科竞赛* 参加学科相关的设计竞赛，激发创新创意的主观能动性。	
	● 当代风景园林规划设计名作赏析 学习当代风景园林规划与设计的优秀案例，了解学科前沿动态。	通过项目式学习与元认知监控，培养学生的社会责任、家国情怀和国际理解力。

注：* 表示可选内容。

四、教学设计实例

1. 教学要求

本节课程讲述"风景园林设计基本方法"一章中"基地调研分析和行为心理探究"一节内容,具体如下:

(1) 知识传授:掌握覆盖基地自然基底、气象条件、人工设施、视觉质量、边界范围等多环境因子的基地分析的内容和方法;从人体工程学、环境视知觉与空间认知、不同尺度、密度空间下的心理感受与行为特征了解空间组织与行为之间的作用关系;掌握包含构思立意、利用基地条件、视线分析等内容的设计基本方法。

(2) 能力培养:培养学生严谨理性的态度、知行合一的作风,提升学生运用科学方法独立思考、实地探究、发现问题、解决问题的综合能力。

(3) 科学思维:塑造学生尊重事实与证据的科学精神,激发学生的实证意识和严谨的求知态度,启迪学生以事实为据、以体验感知为脉,层层演绎推进深层分析。

(4) 职业使命:引导学生关注当代人、身边事,铸就朴实的"在地情怀",深切理解"人民城市人民建,人民城市为人民"的重要理念,以人为本,以景创境,树立以设计风景园林为人民持续创造美好生活的社会责任感与职业使命感。

2. 教学实施流程

表 2 本节课课程教学实施流程表

教学环节	教学者活动	学生活动	时间(min)
一、导入	1. 问题导入 以"调研调研,我们怎么调查、研究什么"这个往届学生普遍存在的问题为切入点。 2. 案例图片导入 方案和实景图片分别展示彼得·卒姆托设计的瓦尔斯温泉浴场与弗兰克·劳埃德·赖特设计的流水别墅,指出两个项目详尽的基地调研对设计方案形成发挥的关键作用,分析基地条件到完美方案的演绎过程,让学生深刻体会到基地调研与分析是设计工作得以深入进展的前提。设计大师们尊重事实与证据的科学精神,能对学生提高职业素养形成感召力。	观看 PPT,观看视频,回答问题。	5
二、基地探勘与调研的具体内容	1. 案例讲解(调研内容) 采用图片和视频介绍的方式,指出基地分析的内容主要包含自然基底、气象条件、人工设施、视觉质量、边界范围等多环境因子的了解。观看《延时·中国——人民广场》视频,以上海的人民广场为例,帮助学生分析基地在城市中的位置、基地与周围环境、基地功能定位的关系。 2. 互动讨论 结合城市居民对公共空间使用需求的梳理,从人民广场在上海市城市空间格局中的位置、作用等角度,展开讨论和发散性引导,让学生在理解时可以调动自己的相关感受和	观看 PPT,观看视频,互动讨论。	10

续 表

教学环节	教学者活动	学生活动	时间(min)
	经验,启迪学生思考城市空间格局对城市社会、文化发展的影响,同时为其以后的进一步观察和思考做好铺垫。 3. 案例讲解(调研方法) 在基地调研分析方法的介绍时,介绍观察、访谈、问卷等定性调查方法,进一步讲解智慧城市大数据赋能景观设计基地调研的案例,指出在中国几代人的锐意进取下,"智能"已经接入现实,我们要以新一代信息技术与科学方法提升"中国设计"。		
三、环境与行为之间的互动关系及环境行为学基础知识	1. 案例讲解 介绍彼得·卒姆托到周边矿山、村落、发电厂实地勘测的经历,生动地讲述他在充分调研的基础上,加上自身对现代主义绘画与音乐的热爱,最终完成了瓦尔斯温泉浴场的设计,引申出完善的基地调研是从经济、社会指标走向体验、感觉、艺术,指出风景园林规划设计是科学、艺术、工程的集合体,设计师的工作是要把调查来的信息、甲方的要求以及他们对于基地的判断,依托某种贴切的意象,组织成为一个感人的"人-环境"整体。 2. 问题导入 以提问互动的方式,让学生评价上海应用技术大学奉贤校区交通现状,让学生分析校园交通设计与潜在行为规律的关系,这个视角能让学生深入理解,并激发其在生活中感受美、发现美、创造美的热情,从局限性的自我关注转向关注自然、关注城市、关注大众。 3. 案例讲解 通过波士顿大学校园、沈阳建筑设计大学、中国美术大学象山校区、韩国梨花女子大学、北京四合院幼儿园、深圳海岸小学与深圳南山外国语学校高中部等教学案例和图片展示,从人体工程学、环境视知觉与空间认知、不同尺度、密度空间下的心理感受与行为特征角度,讲解优秀案例中的空间组织与行为之间的作用关系,进一步引导学生对生活环境的细腻、缜密观察以及对微小线索的敏感与留心,帮助学生建立尊重客观事实、扎根大地的"在地情怀"与社会关怀,这也是设计出以人为本的优秀风景园林作品的科学与价值观的基础。	观看PPT、感受"人-环境"的整体性。互动讨论并回答问题,观看PPT,建立"在地情怀"与社会关怀的科学与价值观。	15
四、风景园林设计的基本步骤与方法	1. 引导讲解 结合多媒体PPT的内容,介绍包含构思立意、利用基地条件、视线分析等内容的风景园林设计基本步骤与技巧,引导学生了解风景园林设计师规范、标准的工作过程。 2. PPT图绘讲解 采用多媒体PPT图绘讲解的方式,演示小型场地的调研、分析、相似案例研究、设计构思和草图表达的过程,在设计步骤的讲解过程中阐明风景园林专业的科学性、艺术性和文化性统一。	观看PPT,学习风景园林设计师规范、标准的工作过程,思考并体会风景园林专业的科学性、艺术性和文化性统一。	10

续 表

教学环节	教学者活动	学生活动	时间(min)
五、课程内容总结与课后实践与思考作业	1. 总结讲解 简要总结授课内容。 2. 布置课后练习与思考题 选取身边较熟悉的场地,请学生课后完成调研分析。在调研过程中思考相关问题,如:基地调查与分析的主要内容和方法是什么?环境和行为之间的关系主要体现在哪几个方面?风景园林规划设计的基本步骤和分析内容是什么?让学生在回味课堂知识内容的同时,在实际调研的过程中体会"严谨实证""爱国爱校""文化自信",达到"盐溶于汤""现实力量""文化浸润"的教学设计目的。	观看PPT,课后思考问题。	5

3. 课程思政的融入

表3　本节课的课程思政设计

知识点	课程思政融入点	课程思政展现形式
1. 基地踏勘与调研的具体内容	寻找设计基地的自然与人文特性、禀赋及优缺点,与自然共情、与城乡人居空间共情,思考风景园林空间形态对人居社会、文化和经济发展的影响。引导学生从局限性的自我关注转向关注自然、关注城市、关注大众;建立尊重客观事实、扎根大地的"在地情怀"与社会关怀,这也是设计出以人为本的优秀风景园林作品的科学与价值观的基础。	(1) 案例讲解,介绍观察、访谈、问卷等定性调查方法,进一步讲解智慧城市大数据赋能景观设计基地调研的案例。 (2) 展开讨论和发散性引导。结合城市居民对公共空间使用需求的梳理,让学生在理解时可以调动自己的相关感受和经验,引导学生对生活环境的细腻、缜密观察以及对微小线索的敏感与留心,同时为其以后的进一步观察和独立思考做好铺垫。
2. 环境与行为之间的互动关系及环境行为学基础知识	指出风景园林规划设计是科学、艺术、工程的集合体,设计师的工作是要组织一个感人的"人-环境"整体。	(1) 介绍彼得·卒姆托到周边矿山、村落、发电厂实地勘测的经历。结合案例讲解,引申出完善的基地调研是从经济、社会指标走向体验、感觉、艺术。 (2) 结合案例分析讲解环境行为学的基础知识。通过案例和图片展示,从人体工程学、环境视觉与空间认知、不同尺度、密度空间下的心理感受与行为特征角度,讲解优秀案例中的空间组织与行为之间的作用关系。 (3) 组织调研讨论,引导学生关注并思考环境与行为的关系。以提问互动的方式,让学生评价"上海应用技术大学奉贤校区交通现状",让学生分析校园交通设计与潜在行为规律的关系。

续　表

知 识 点	课程思政融入点	课程思政展现形式
3. 风景园林设计的基本步骤与方法	引导学生了解风景园林设计师规范、标准的工作过程，体现风景园林专业的科学性、艺术性和文化性统一。	（1）介绍运用现代的数据分析方法来分析景观视线设计和空间尺度设计的案例。 （2）通过观看案例微短片视频，结合多媒体PPT的内容，介绍包含构思立意、利用基地条件、视线分析等内容的风景园林设计基本步骤与技巧。

五、教学反思

1. 教学效果

（1）教学课件的研究性体验性增加，学生听课更加投入，课堂互动和课后思考分析作业的积极性有所提高。

（2）通过本堂课的学习和课后基地分析、设计方法应用，使学生对理论内容的理解更为深入；课程思政教学对学生的国情观念、审美情趣、文化浸润、崇尚实践等基本素养的提升是隐性和缓效的，在近期难以评测。

（3）学生的基地分析作业反映出教学目标达成率约80%。

2. 教学反思

（1）教学内容：在基地分析内容上，目前受条件所限，对地形、光照等的分析还仅限于理论，以后可以通过软件分析、数字技术将其进一步形象化，通过夯实基础知识实现"严谨理性"的思政教育效果。学生在课堂中能基本掌握主要知识点。

（2）教学方法：目前设计构思方法的讲解主要基于理论结合案例，以后可以建设若干快速设计构思题库，在理论讲解后用1个学时，让学生抽取、分组讨论，用头脑风暴的方式实际体验、深入思考，激发学生的创造力。近些年课堂实况的效果略低，讨论和思考的深度不够、思辨的积极性不高。需根据学生课堂学习习惯的动态变化，逐年对教学方法做动态调整。

（3）教学过程：根据我校学生的学习心理特点把握教学节奏，通过"理论与实践结合""难易交替、张弛有度"，把教学过程分解为"过程概述—抽象理论讲解—真实案例解析—具体步骤与方法—实践与思考"等多个环节，让学生全程参与课堂教学，学生表现出主动学习的积极性，教学效果有所提升。

（4）课程思政：授课依据设计流程，由浅及深地展开，从"风景园林设计起步必须依靠扎实理性的分析和基本技能修炼"的推演过程中，分步骤融入课程思政的内容，培养学生树立"天人合一"的环境观、"在地情怀"的社会文化责任和严谨求实的科学观。学生的设计作业体现出一定程度的"知行合一"。

（5）教学评价："由浅入深""理实结合""张弛有度"的教学组织符合我校学生的学习特点和认知风格，有效调动了学生课堂学习的兴趣和思考的积极性。教学过程中自然地融入"天人合一""在地情怀""严谨求实"等课程思政的相关元素。

实践与思考作业进一步巩固、拓展了课堂学习的内容，学生有能力、有兴趣对身边熟悉的场地开展调研,同时调研任务又有一定的启发性,给学生提供了发展能力的空间。

调研作业的成果交流过程中,反映出我校学生乐于带着实践任务学习相关理论知识,对调研方法的掌握程度普遍较好;但对案例的选取和分析研究偏于浅层、缺乏深思熟虑。建议在具体的教学设计方案中,根据不同届学生的特点做动态优化。

"园林树木学"课程教学案例

授课教师：周玉梅、王铖

一、课程概况

课程名称：园林树木学
教学对象：风景园林、园林、园艺专业本科二年级学生
学分/学时：3学分/56学时
课程类别：专业基础课
课程荣誉：上海市重点课程(2022)

二、课程简介

"园林树木学"主要讲授园林树木的分类、观赏特征、生态习性和园林应用,为后继园林树木配置、养护管理和规划设计打下坚实基础,使学生在未来工作岗位上能够根据实际需要,合理选择和配置园林树木。本课程重点介绍常见园林树种的主要鉴别特征、习性和应用,课内实验和实习能够加强学生对树木的感性认识,是从理论到实践的必要补充。

主要先修课程:"植物学"。

三、课程目标

上海应用技术大学是一所以培养应用型专业人才为主的高校,始终以培养具有扎实的理论基础及过硬的实践技能的人才为目标。风景园林专业人才培养始终贯彻我校高水平应用创新型人才的培养特色,"园林树木学"作为本专业的一门专业基础课程,是园林设计应用的前提和基础。

(1) 知识获取:认识我国园林树木资源的丰富性、多样性和独特性;掌握常见园林树木的基本形态特征、主要鉴别特征及相近种的区别特征;初步了解园林树木在园林设计中的配置及应用;独立识别常见园林树木;了解园林树木的生态习性、对环境的适应性、对城市环境的改善及美化作用,根据其具体应用案例感知国内外优良品种的应用前景和我国树种的开发潜力。

(2) 能力培养:培养学生具备独立识别园林树木的基本能力,掌握园林树木鉴别的基本方法和工具,具备园林树木在设计中的应用能力,培养学生时刻关注国内、国际新品种及其在园林上的应用的意识,将新品种、具有开发潜力及应用价值的树种展现到园林工程设计中,具备一定的植物审美能力。

(3) 价值塑造:通过线下教学研讨、线上资源共享,使学生掌握至少300种常见园林树木的

识别与应用,正确引导学生树立浓厚的学习兴趣和对园林树木的热爱,在学习过程中注重培养学生的独立鉴别能力和实际应用能力,提高职业技能,并具备主动获取新知识的学习能力。通过对我国丰富的园林树木资源的了解与掌握,树立较强的职业意识,在生态文明和人居环境建设中发挥作用。基于树木的观赏性、生态性和应用性,充分发挥其经济价值以及服务大众的社会效益。

表1 "园林树木学"课程内容框架

知识单元	知识和能力培养要点	价值塑造途径及目标
1. 导论	● 了解园林树木的地位与作用 (1) 园林树木学的界定; (2) 园林树木在城市绿化美化中的作用; (3) 我国园林树木的资源和特点; (4) 我国园林树木存在的问题。	(1) 结合实景实例展现园林树木的美化作用和骨干作用,提升服务社会的意识。 (2) 通过具体数字及比较,展现我国树木资源的丰富性,体现其在生态文明和美丽中国建设中的重要作用。 (3) 引导学生意识到对资源保护和合理开发的重要性和必要性。
2. 总论—自然分类	● 了解植物的分类等级及发展史 (1) 分类单位; (2) 植物命名法及原则; (3) 检索表制作原理与规则。	(1) 植物分类的发展史、代表人物及分类单位,使学生意识到中国园林树木对世界园林的贡献。 (2) 双名法的创立及规则;平行、定距检索表的优缺点、制作规范及使用原则。
3. 总论—园林树木的观赏特性	● 掌握园林树木的主要观赏价值 (1) 园林树木的人为分类法; (2) 园林树木的观赏特性。	(1) 根据实用性,园林树木按照习性、观赏性、用途等的分类;实景展示园林树木在干、枝、叶、花、果、根等方面的观赏性。 (2) 掌握园林树木的实用性和观赏性,强调其在生态文明建设和美丽中国建设中的重要作用。
4. 总论—园林树木的用途、配置、功能	● 了解园林树木的基本作用 (1) 园林树木的用途; (2) 园林树木的配置原则; (3) 园林树木的基本功能。	(1) 举例说明园林在改善和保护环境的作用,对碳平衡、碳中和的重要意义。 (2) 园林树木在生态上、风格上、文化上、经济上等的配置原则,让学生能感知和在设计上更好地应用园林树木。 (3) 让学生了解园林树木在不同场景,如道路、垂直墙面、庭院等的绿化、美化功能,如何提升其经济价值和社会效益。
5. 总论—知识拓展	● 物候与植物拉丁学名 (1) 物候的观测原则; (2) 植物拉丁学名的发展及应用。	(1) 植物拉丁名的发展过程、命名原则、发表规范等;物候的观测法、观测项目与评价体系。 (2) 了解物候观测对提高树木观赏期价值的主要作用。
6. 各论—种子植物的基本特征	● 掌握树木鉴别的基本特征 (1) 裸子植物的基本特征; (2) 被子植物的基本特征。	(1) 掌握裸子植物基本叶型、长短枝等主要鉴别特征。 (2) 掌握被子植物复叶、雄蕊、花序等类型及其在植物鉴别中的作用。
7. 各论—裸子植物	● 裸子植物常见科及代表植物 (1) 苏铁科、银杏科; (2) 松科、杉科、柏科; (3) 罗汉松科、三尖杉科、红豆杉科。	(1) 让学生了解裸子植物各科的基本特征。 (2) 让学生掌握裸子植物各科代表植物的主要鉴别特征。 (3) 组织学生以小组的形式收集整理中国特有裸子植物,探究其现状、开发及推广潜力。

续 表

知识单元	知识和能力培养要点	价值塑造途径及目标
8. 各论—被子植物	(1) 了解常见双子叶树木各科的特征,掌握各科代表树木的主要形态特征; (2) 了解常见单子叶树木,主要为竹亚科、棕榈科和百合科各科的特征,掌握各科代表植物的主要形态特征。	(1) 掌握各科代表植物的主要鉴别特征、生态习性及最适宜的应用方式。 (2) 这部分内容较多,可以通过测试软件、课内实验进行强化,使学生能全面了解和认识植物,最终能够合理应用。在课中穿插植物保护和植物多样性的内容,让学生认识到我国物种、品种资源的丰富性,意识到摸清家底的重要性,合理引种,注重本土植物开发和应用。

四、教学要求

1. 教学设计

本节课程讲述"裸子植物"部分中"中国特有裸子植物识别"一节内容,具体如下:

(1) 知识传授:认识中国裸子植物资源的丰富性在世界园林中的重要作用和地位;了解裸子植物的基本形态特征和常用术语;掌握中国特有的园林上常用的重要裸子植物主要鉴别特征;获得特有裸子植物的生态习性及其在园林设计上的应用。

(2) 能力培养:获得识别裸子植物的能力,具备分析不同分类地位裸子植物在形态特征上及应用上的差异,通过了解我国特有种的生长习性、对环境的适应能力以及对环境的改造作用,将这些优良的世界宝贵资源应用到设计中,既体现中国文化内涵和特色,又能美化环境。

(3) 情感认知:有助于学生形成对祖国丰富资源的自豪感、对大自然的热爱和保护意识,提升学生对美丽中国建设的自信心。

2. 教学实施流程

表 2　本节课课程教学实施流程表

教学环节	教 学 者 活 动	学生活动	时间(min)
一、导入	1. PPT 展示 观看我国特有裸子植物分布及应用。 2. 问题导入 我国为何有丰富的特有裸子植物资源?	观看 PPT,回答问题。	5
二、术语及具体物种	1. 术语讲解 根据展示的特有裸子植物图片,介绍裸子植物常见叶型。 2. 物种讲解 以银杏、水杉等典型植物作为讲解对象,介绍叶型特征。	观看 PPT,总结并回答常见裸子叶型特征。	10
三、具体内容	● 物种讲解 选择银杏、水杉中国特有、园林应用广泛且典型树种。 (1) 物种形态特征介绍(文字+各器官典型图片),增加学生互动环节。 (2) 植物的文化历史(文字+图片); (3) 植物的应用(图片为主)。	观看 PPT,互动讨论,回答问题。	15

续　表

教学环节	教学者活动	学生活动	时间(min)
四、讨论及分享	1. 互动分享 各小组展现除课上所讲植物外,其他中国特有裸子植物。 2. 引导讲解 对学生的介绍进行总结和点评。	观看PPT,提前一周布置作业,让学生收集中国特有裸子植物,以分组方式,展现收集的物种。	10
五、任务及思考	● 简要总结授课内容,并布置课后作业 (1) 列举所有中国特有裸子植物; (2) 相近种的主要区别点; (3) 主要园林应用及开发潜力。	观看PPT。	5

3. 课程思政的融入

表3　本节课课程思政设计

知识点	课程思政目标及融入点	课程思政展现形式
1. 中国物种资源的丰富性及特有的裸子植物种类	解析全球物种资源及中国物种所占比例,结合具体数字导入全球植物科、属、种的数量及我国相关资源所占的比例。了解我国裸子植物在世界园林及花园中的地位与作用,通过我国特有裸子植物的列举,让学生了解我国植物资源的丰富性,并认识到目前我们对独特资源的开发和应用仍需努力提高。	举例说明我国裸子植物、被子植物在世界种质资源中的作用;列举银杏、金钱松、水杉、银杉等我国优良的裸子植物的主要观赏特性及在园林上的应用,在世界园林中的重要作用。
2. 我国特有资源的应用现状	摸清家底,了解当前裸子植物开发及应用情况,引用国外优良品种的必要性和意义,同时也要让学生认识到本土植物资源的丰富,有很大的开发潜能,需要一代代人在育种方面努力,将中国的优良资源推广出去。	举例说明,如银杏是我国独有的裸子植物,在英国皇家植物园以及欧美都有广泛种植,同时,我们也要注重中国银杏野生资源的保护和开发应用。

五、教学反思

1. 教学内容

本节课程所讲授的内容是中国特有裸子植物,从这些典型植物中,使学生了解裸子植物的主要识别点,能够具备独立的识别和鉴别能力,同时将中国的植物文化引入到教学中,并认识到中国裸子植物资源的丰富性、特有性和在世界园林中的重要性,激发学生的学习热情和对未来发展方向的憧憬。

2. 教学方法

主要采用PPT讲解及学生展示、讨论参与的方式,以我国特有的裸子植物为切入点,介绍裸子植物的识别要点,增强学生的感性认识,为后期实践打下坚实基础,达到最终能够独立识别并应用的目的，通过植物文化的引入，使学生在枯燥的记忆中增添学习兴趣与动力。

3. 教学过程

教学过程分解为多个环节，以增加学生的参与性和互动性，让学生参与到课堂教学中，提高学生学习的主动性和积极性。课内实验可在植物园内通过具体实物的识别，增加感性认识及对应用的理解，实习是对整门课程的总结和检验，是必不可少的环节，通过在上海植物园、辰山植物园对园林树木的鉴别、养护及应用的学习，达到融会贯通的目的，为后期设计打下坚实基础。

4. 课程思政

教学过程中，学生了解到了我国物种资源的丰富性以及中国特有裸子植物在世界园林、世界花园中的地位与贡献，很多物种是我国特有种，被世界各国广泛引种，且在分类上也具有非常重要的地位。但同时也要让学生认识到在本土资源开发及应用潜力方面不足的地方，要对前景充满希望。

5. 教学评价

通过学生听课状态、回答问题及作业情况，反思教学过程存在的问题及解决方案；根据学生线上学习时间、学习效率及兴趣点，对调整并补充的相关资源进行评价，及时听取学生反馈；基于实验和实习，对学生的实操能力进行全方位评价。

"花卉学"课程教学案例

授课教师：高文杰、尹冬梅、姜玉萍

一、课程概况

课程名称：花卉学
教学对象：风景园林专业本科二年级学生
学分／学时：3学分/64学时
课程类别：专业基础课
课程荣誉：上海市精品课程(2015)、校级课程思政示范课程(2022)
相关课外实践：学院、社区活动、校外实习实践

二、课程简介

"花卉学"是风景园林专业的一门重要专业基础课，也是"植物景观规划与设计""城市公园设计""城乡绿地系统规划""遗产保护与风景区规划"等课程的重要前导课。本课程通过对花卉的分类、识别、生物学特性、生态学特性、繁殖、栽培管理及园林应用等方面的基础理论讲解与实践，让学生全面掌握园林中常见花卉的特性与应用形式，从而为其在以后的园林规划设计中打好扎实的植物种植设计的基本功，也为将来从事花卉产业化生产栽培和经营管理的工作提供知识储备。

主要先修课程："植物学"。

三、课程目标

上海应用技术大学秉承"依产业而兴，托科技而强"的办学理念，致力于培养高层次应用创新型人才。发挥我校风景园林学科工、农交叉融合优势，以培养"园林植物应用"和"园林工程技术"双核心能力的一流应用型人才。"花卉学"是风景园林专业的一门重要专业基础课，是一门重要的专业前导课程，涵盖知识、能力、情感三大教学目标。

（1）知识获取：了解花卉的基本知识；掌握花卉的一般繁殖栽培技术、栽培保护地设施、花期调控等内容；掌握花卉一般生长发育过程和主要生态因子对花卉生长发育的影响；了解园林中常用花卉的生物学特性、观赏特点、生态习性和应用形式。（知识目标）

（2）能力培养：以学习花卉学知识为媒介，培养学生具备在设计中能正确选用花卉种类、合理应用的能力；掌握熟练处理设计应用中的繁殖和栽培问题的能力；具备一定的思维能力、

自主学习能力以及新资料获取与掌握能力。(技能目标)

(3) 价值塑造：在获取知识和能力的基础上，提高学生的人文素养、文化自信，培养学生的生态文明价值观、吃苦耐劳精神，激发学生对所学专业的热爱，引导学生树立自己的人生目标，培养其社会责任感。(情感目标)

表1 "花卉学"课程内容框架

知 识 单 元	知识和能力培养要点	价值塑造途径及目标
1. 花卉的基础知识 (绪论、花卉的起源与分布、花卉的分类)	(1) 了解花卉的定义、作用与价值。 (2) 了解花卉的起源与分布及我国花卉的分布特点。 (3) 掌握花卉植物的多样性与分布以及各种分类方法。 (4) 培养学生审美情趣，提高学生人文素养。	(1) 通过列举我国丰富的花卉资源，结合著名植物专著，阐明中国古代园艺对世界园艺的影响和贡献，增强学生的国家认同感和民族自豪感。 (2) 赏析不同种类花卉图片，培养学生审美情趣；结合古代诗词赏析，使学生了解中国花卉传统文化，提高学生人文素养。
2. 花卉的识别 (一二年生花卉、宿根花卉、球根花卉、室内观叶植物、多浆植物、兰科花卉、水生花卉、木本花卉、地被植物)	(1) 认识常见的一二年生、宿根、球根、水生、室内和专类花卉种类。 (2) 掌握常见花卉种类的生物学习性，繁殖和栽培管理方法以及观赏与应用等。 (3) 培养学生审美情趣，提高学生人文素养；增强学生的民族自豪感，激发学生的爱国情操；培养学生的团队合作精神。	(1) 通过介绍上海地区常见的各类花卉的识别特点、生态习性、繁殖方式及园林应用，使学生能够认识150种以上的园林花卉，为后续花卉的应用奠定良好的基础。 (2) 开展校园、公园露地花卉、温室花卉及水生花卉识别的实践课，锻炼学生的花卉鉴别能力，深入掌握花卉识别的要点和观赏特点，同时培养学生的团队合作精神。
3. 花卉的繁殖栽培 (花卉的生长发育与环境、花卉的繁殖、花卉的栽培管理)	(1) 熟悉环境对花卉生长发育进程及形态建成的影响。 (2) 掌握穴盘育苗、分球、分走茎、分吸芽、叶插、嫁接等花卉中特有的或重要的繁殖方法及其应用。 (3) 掌握露地花卉的越冬越夏管理、温室花卉的环境控制、促成或抑制栽培的技术手段、无土栽培的种类。 (4) 培养学生树立正确的人生观；提高学生生态文明意识，增强学生的使命感和责任感；引导学生树立工匠精神，培养学生踏实肯干、克服困难、不断进取的意志和品质；增加学生的创新创业精神。	(1) 结合上海市空气污染日益恶化的现状，将"减农药、减化肥，增效益，两减一增"活动引入课堂，培养学生生态文明意识，增强学生的使命感和责任感。 (2) 结合前沿科学研究成果，引入学院"萱草育种大师——张志国教授"事迹，引导学生树立工匠精神，培养学生踏实肯干、克服困难、不断进取的意志和品质。 (3) 开展花卉的播种繁殖、扦插繁殖和上盆及苗期管理实践课程，训练学生花卉育种的动手操作能力，适时运用新技术对花卉进行养护管理，增强学生不断探索、不断追求、创新的进取精神。
4. 花卉的应用 (花卉的园林应用、花卉装饰、花卉的其他应用)	(1) 掌握花卉在园林中应用的基本形式、花卉材料的选择、常用的场合。	(1) 观看国内外优秀花坛、花境案例的图片，分析花坛、花境应用的花卉种类及文化背景。

续 表

知识单元	知识和能力培养要点	价值塑造途径及目标
	(2) 了解可用于室内绿化布置的不同花卉装饰形式,了解花卉在香花、食用等其他方面的应用。 (3) 培养学生的审美情趣;引导学生树立工匠精神;培养学生独立思考和创新精神;引导学生树立生态文明意识。	(2) 结合花坛、花境景点案例的讲解,帮助学生更深入地了解花坛、花境建设中的挑战,引导学生树立工匠精神。 (3) 开展花境植物应用调查、花卉微景观制作的实践课程,培养学生吃苦耐劳精神,提高学生分析问题、解决问题的能力。 (4) 调研作业中融入地域特色及生态功能的分析,引导学生树立生态文明价值观。

四、教学设计实例

1. 教学要求

本节课程讲述"花卉在花境中的应用"一节内容,具体如下:

(1) 知识传授:了解花境的概念和作用;掌握花境在园林中的主要应用形式;获得花境营造及常用花卉种类的基本知识。

(2) 能力培养:获得区分不同场景下花境的不同应用类型的能力,具备设计园林花境的能力,可以引导学生对花境的应用与设计的学习思考,培养学生的创新思维。具备灵活运用所学知识解决实际问题的能力。

(3) 情感认知:助力学生形成对自然的审美情趣,提升学生的综合素养;通过花境设计的案例讲解,引导学生树立工匠精神,培养学生踏实肯干、克服困难、不断进取的意志和品质。

2. 教学实施流程

表2 本节课课程教学实施流程表

教学环节	教学者活动	学生活动	时间(min)
一、导入	1. 图片导入 国内外优秀花境案例的图片赏析。 2. 问题导入 同学们对日常生活中见到的花境都是什么印象?	观看PPT,回答问题。	3
二、概念	1. 概念讲解 花境是园林绿地中又一种特殊的种植形式,是模拟自然界中林地边缘地带多种野生花卉交错生长的状态,运用艺术手法提炼、设计成的一种花卉应用形式。 2. 举例介绍 林缘、路缘、墙垣、草坪和庭院花境图片介绍。	观看PPT。	3

续 表

教学环节	教学者活动	学生活动	时间(min)
三、类型	1. 问题测试 结合以上我们看到的案例,同学们认为花境有哪些类型? 2. 总结讲解:花境的类型 (1) 按照表现主题分类; (2) 按照设计形式分类; (3) 按照植物材料分类; (4) 按照应用形式分类。	观看PPT,互动讨论,回答问题。	17
四、常用花境花卉种类	1. 问题:同学们觉得花境的应用中常见的花卉有哪些? 2. 总结讲解:花境中常用的花卉种类。 (1) 一二年生花卉; (2) 宿根花卉; (3) 球根花卉; (4) 木本花卉。	观看PPT,学生汇报,互动交流,回答问题。	18
五、任务	1. 课后作业:进行生活周围的街道或者公园的花境植物配植调查。 2. 作业要求:每个花境类型调查2个以上,绘制花境平面图,列出花境植物材料目录,分析花境功能特性。	观看PPT。	2
六、总结	总结本节课主要的内容和知识点,并引入下一个课程章节,花卉的其他园林应用形式。	观看PPT。	2

3. 课程思政的融入

表3 本节课课程思政设计

知 识 点	课程思政融入点	课程思政展现形式
1. 花境的类型	(1) 结合优秀花境案例的观赏与分析,引导学生欣赏花境之美。培养学生的审美情趣,缓解学生的精神压力,提高学生的综合素养。	(1) 观看国内外优秀花境案例的图片,分析花境的季相、色彩、立面和质感美。
2. 常用花境花卉种类	(2) 结合花境设计的案例讲解,让学生了解花境的设计过程是个漫长而辛苦的工作,引导学生树立工匠精神,培养学生踏实肯干、克服困难、不断进取的意志和品质。 (3) 布置课后调研工作,让学生在调研过程中能够发现问题、分析问题、解决问题,培养学生独立思考和创新精神,培养学生建立批判质疑和解决问题的能力。 (4) 实际调研工作中融入花境的地域特色、花境的生态效能,培养学生生态文明意识,增强学生的使命感和责任感。	(2) 结合花境设计案例的讲解,帮助学生更加深入地了解花境建设中的挑战。 (3) 组织学生调研。培养学生的吃苦耐劳精神,提高学生分析问题、解决问题的能力。 (4) 调研时进行花境的地域特色及生态功能的分析,引导学生树立生态文明价值观。
3. 课后作业:花境的调研		

五、教学反思

1. 教学内容

课程内容聚焦花卉在花境中的应用,充分利用国内外优秀花境案例作为教学内容,讲解花境的概念、分类、设计方面的知识,同时教学内容中融入人文素养、生态文明价值观、吃苦耐劳精神等思政元素,使学生在学习专业理论知识的同时,提高审美情趣,树立正确的生态价值观,具备工匠精神。

2. 教学方法

课程以重点知识讲授为基础,以案例教学为特色,以学生价值教育为重心。采取情景导入法、课堂讨论法和案例分析法和课后调研等多种形式与方法进行教学,以提高学生的自主学习能力,引导学生对花境的应用与设计的学习思考,培养学生的创新思维。

3. 教学过程

采取教师主导与学生讨论并重的问题导向教学模式。通过课程导入提问、授课过程问题启发式进行主导教学,学生围绕课堂讨论问题及课后作业等方式,让学生全程参与课堂教学,大大提高了学生主动学习的积极性。

4. 课程思政

本课程从国内外优秀花境案例出发,培养学生的审美情趣,提高学生的综合素养。通过花境设计的案例讲解,引导学生树立工匠精神,培养学生踏实肯干、克服困难、不断进取的意志和品质。

5. 教学评价

课程采用灵活多样的教学方式,激发学生的学习兴趣,提升学生分析问题的能力。将花境的自然之美和价值观内容渗入课程内容中,使学生在学习知识点的同时,树立正确的艺术观和创作观。

"计算机辅助设计"课程教学案例

授课教师：杜爽、贺坤、李小双、张嫣、李杰

一、课程概况

课程名称：计算机辅助设计
教学对象：风景园林、园林、园艺专业本科二年级学生
学分/学时：2学分/48学时
课程类别：专业课
课程荣誉：上海高校市级重点课程(线上线下混合式课程)(2020)

二、课程简介

"计算机辅助设计"课程是上海应用技术大学风景园林专业(工科)和园林专业(农科)共同的核心课程。在系统学习了"设计初步""园林规划与设计"等课程后，学生掌握了一定的园林制图和设计能力。本课程承上启下，着力培养学生熟练利用 AutoCAD、Photoshop 软件与虚拟仿真项目进行风景园林设计和制图的能力，为后续设计类课程提供必要的"工具"和"语言"。学生对软件操作可以达到中级水平，熟练掌握园林制图的过程及相关规范。以"计算机辅助设计"作为实践行业课程突破口。通过本课程的系统学习，学生可以熟练掌握多种数绘软件进行风景园林规划设计，进而解决实际工程问题。课程重点在于培养学生的实际动手操作能力，为其他设计类课程提供必要的制图工具。

主要先修课程："设计初步""风景园林学导论""风景园林规划与设计"。

三、课程目标

当今景观参数化设计或信息化处理是未来风景园林行业发展的必然趋势，计算机辅助设计已经成为一门新兴的信息技术课程和一种新型的设计语言。风景园林工程师招聘中80%的岗位需求集中体现在能不能熟练运用计算机辅助完成设计表达，多数学生进入企业后还需3～6个月的计算机辅助设计岗前培训(适应期)。此外，计算机制图软件操作繁多、细碎，学生存在"一学就会，一用就忘"的现象。因此，课程与教学改革中，重点培养学生熟练掌握计算机绘图能力和职业胜任力，实现课堂学习与未来工作应用的无缝衔接(0适应期)。

针对痛点，本课程设立涵盖知识、能力、情感三大建设目标。

(1) 知识获取：熟练掌握各类计算机制图软件常用操作要领；掌握CAD绘制园林平面

图、立面图、剖面图和利用 PS 软件绘制园林彩色平面图、分析图的数字绘图。

（2）能力培养：包括但不限于计算机数绘与设计的图纸表达能力、基于实际项目案例的分析创意能力，以及从"二维"到"三维"空间的实现能力。特别是运用计算机技术助益工程设计能力以及解决复杂专业问题能力的全面提升。

（3）价值塑造：以数绘技术竞岗力为要义，将风景园林知识运用于设计实践，体悟知行合一的工匠精神；对接企业需求，养成肯学肯干肯钻研、精益求精的职业胜任力；熟练运用中国园林元素、植物文化创造美丽环境的时代使命感。

表 1 "计算机辅助设计"课程内容框架

知识单元		知识和能力培养要点	价值塑造途径及目标
基础命令模块与拓展应用模块	1. AutoCAD 软件操作	（1）AutoCAD 2010 软件入门知识； （2）AutoCAD 二维绘图； （3）AutoCAD 2010 图形修改与编辑； （4）AutoCAD 2010 图层及打印。	介绍新国产 CAD(CrownCAD)有望打破国外软件垄断，实现国产自主工业软件的换道超车的案例，激励学生"师夷之长技以制夷"，用好国外软件，将中国设计做强做大。基本绘图练习，采用"国旗"案例，引导学生热爱国旗和国家，强调要精心绘图，一丝不苟，以工匠之心，铸工程强国。同时，在日常绘图练习中，强调科学求真、厚德精技的风景园林师职业素养。
	2. PhotoshopCS 软件操作	（1）PhotoshopCS 基础知识； （2）园林景观平面图制作； （3）园林景观分析图制作； （4）园林景观剖、立面图制作。	通过设计审美情趣与绘图技巧的传授，重点聚焦学生，坚持独立辩证审美观。不刻意求新求异，而是在具体制图中综合设计师理念，分析判断后，呈现符合场地特质的设计图纸。
工作情境模块	3. 实战模拟	（1）AutoCAD 2010 园林平面图、施工图绘制； （2）设计平面图、分析图与剖立面制作。	企业导师通过实际项目案例教学，引领学生完成最终的设计图纸。通过图纸全流程的制作，学生充分体悟信息化技术应用的日渐成熟，感知设计师事业成就感、社会荣誉感。
后续提升模块	4. 专业课贯穿	后续课程、竞赛、毕业设计贯穿辅导、答疑。	通过持续学习能力建设，学生体会在知识、技能快速更新的年代，只有力学笃行、履践致远才能永葆职业活力。

四、教学设计方案

1. 教学要求

以"园林景观平面图制作"一节课为例，具体教学要求如下：

（1）知识传授：赏析国内外设计师制作的优秀平面图；了解 CAD 线稿文件分层导入 PS 软件的步骤与方法；掌握植物、铺装、水体、建筑各类风景园林设计要素的制作；熟悉平面图整体效果处理、调整的方法。

（2）能力培养：平面图绘制作为风景园林规划设计从业人员的基本能力之一，融合计算机制图与创新设计能力的综合创造力培养是资深设计师技能高阶化的体现。本次课致力于"发现应用"这一高阶制图能力的培养,力图提高学生运用计算机软件表达复杂设计的能力。

(3)情感认知:引导学生增强责任意识,全力以赴、积极主动、扎实推进,认真完成每一步基本操作。体悟从细节入手、抓住设计特征是实现最终美好蓝图的基础。意识到求真的品质、系统性思维、迎难而上的心理、果断的执行力是提高处理复杂图纸的认知基础。

2. 教学实施流程

表 2　本节课课程教学实施流程表

教学环节	教 学 者 活 动	学生活动	时间(min)
一、导入	1. 问题导入 先抛出问题,引导学生思考:"什么样的平面图图纸才是好的计算机设计表达?" 2. PPT 讲授 结合国内外优秀设计师及获奖案例平面图图纸,对比一般图纸,指出优秀的平面图在色调、景观要素细节刻画、感染力、场地气氛、表达详略上均有所兼顾,独具特色。 3. 学生点评 总结优秀平面图的可资借鉴的要点,提高学生整体审美水平,具备辨析图纸质量的能力。	回答问题,观看 PPT。	5
二、CAD 文件导入	1. 布置任务 以某地干休所小尺度园林为例,布置平面图制作任务。 2. 讲解方法 通过清晰 CAD 文件图层,将植物、建筑、道路等图层线稿,分层导入至 Photoshop 软件中。最后,整体导入所有层,将该层置于 PS 图层最顶端。 3. 随堂实时练习 学生针对上述命令进行即时上机操作,教师现场改图、答疑。	上机实践,实时答疑。	10
三、植物、铺装、水体、建筑各类风景园林设计要素的制作	1. 布置任务 在导入线稿层的基础上,对铺装、水体、建筑等各类风景园林设计要素进行材质赋予与精细刻画。 2. 讲解方法 将材质库素材,通过编辑——选择性粘贴——贴入(快捷键 Shift＋Alt＋Ctrl＋V),粘贴入所绘平面图制定区域。然后,进行复制,直至铺满整个区域。材质赋予时,注意调整材质比例、色调等细节。 3. 随堂实时练习 学生针对上述命令进行即时上机操作,教师现场改图、答疑。	上机实践,实时答疑。	15
四、平面图整体效果处理、调整	1. 布置任务 在完成各类材质赋予后,对平面图整体色调、明暗进行调整。 2. 讲解方法 右键单击图层区域下侧的 按钮,根据需求,选择亮度/对比度、色彩平衡、色彩饱和度等相关功能,调节平面图整体效果。 3. 随堂实时练习 学生针对上述命令进行即时上机操作,教师现场改图、答疑。	观看 PPT 展示。	10

续表

教学环节	教学者活动	学生活动	时间(min)
五、课程内容总结与课后思考题	●简要总结授课内容,并布置课后思考题与设计方案节点。 (1)优秀的平面图应该具备哪几方面的特点? (2)课后思考题,CAD文件导入后如何设置图纸与分辨率大小?粘贴入的快捷键?如何调整图纸整体效果?	学习通答题。	5

3. 课程思政融入

表3　本节课课程思政设计

思政实施引擎	课程思政融入点	课程思政展现形式
"他山之石"——优秀平面图赏析	从"中国设计"的角度出发,从数字化设计与数字化未来的融合,推动设计创新。结合优秀平面图案例的分析和讲解,学习先进、看齐优秀,分析先进制图技巧,比学赶超,提升制图效率和质量。	通过国内外优秀设计案例平面图的展示与深入讲解,引导学生通过计算机制图技能展现中国设计,勾勒出"生态中国""文化中国"的形象。
项目引领——对接实践的上机操作解析与答疑	以推进素质教育为根本目的,响应学校培养一线工程师的要求。以任务驱动、行动导向为重心,以案例教学为支撑,强化学生实践能力培养。课程的实践教学与理论教学不断互动、相互融合,教学内容在理论讲解之后马上进入实践环节,形成动手为真、扎实工作的设计师素养。	学生通过亲自动手操作画图、教师现场改图等方式。

五、教学反思

1. 教学内容

本课程从优秀风景园林设计平面图赏析入手,借他山之石聚焦学生如何自主绘制科学、美观的平面图图纸。内容满足专业实践与未来工作岗位需求。充分利用经典风景园林建成作品或大师案例,更能在潜移默化中提升学生品鉴、解构优秀方案的能力。

详解如何利用CAD线型图纸制作彩色平面图的制图步骤与具体操作命令。

2. 教学效果

(1)课堂之初的问题导入,增强了学生对于本节课的兴趣,有助于把握听课重点,课堂即时答疑与现场操作互动气氛较好。

(2)对操作难题进行即时反馈,明显提振了学生对软件的操作信心。课程内完成的平面图制作,学生看到自己的绘制成果普遍获得了专业成就感。

(3)学生课后思考题作业反映出教学目标达成率约85%。

3. 教学反思

(1)结合教学内容,对标风景园林专业实践要求,应持续建设、丰富、更新课堂操作实例。

(2)对于Z世代学生,因自小受动漫、优秀网游设计影响,有独特的审美品位。应进一步引导学生将个人审美兴趣与图纸表达相结合,进行创新型数绘表达探索,提高学习积极性。

(3) 针对当下快速更新的 AI 绘图软件(如 midjourney 软件),引导学生探索以图生图的设计方式,进一步强化任何设计绘图工具服务设计思想表达的核心要义。

4. 教学方法

采用项目教学法,从小尺度风景园林空间彩色平面图制作入手,引导学生上机操作,思考制图难点,发现景观要素细节并寻找解决问题的方法。教学中强调师生互动,发挥学生的主观能动性,培养学生主动学习的能力。

5. 教学过程

把教学过程精心分解为多个环节,增加学生的参与性和课程的互动性,从理论及观摩(知其然)—作业实践(知其所以然),让学生全程参与课堂教学,大大提高了学生主动学习的积极性。充分利用虚拟现实技术和视频、PPT 等教授手段,更好地提升教学的效果。

6. 课程思政

从小处入手,体悟计算机赋能、点亮风景园林设计的大效用,技术思政始终贯穿课堂始终。此外,科学、艺术和工程规范的融合贯通也是本节课程重点强调的课程思政内容;通过数绘制图实践,培养学生的观察、思辨能力、严谨求实和创新精神。

7. 教学评价

通过灵活的教学组织和多样化的考核方式,大大调动了学生的学习主动性和积极性。学生普遍表现出对计算机如何辅助设计兴趣浓厚,通过"他山之石"的激励能集中精力认真听课,主动上机实践,与老师切磋、与同学分享技术难点解决方案和自己探索的制图技巧。课后作业可以认真完成,表现出一定的上机实践能力和创新能力。授课过程中,国情观念、审美情趣、工匠精神等思政元素可以自然融入。

"城乡规划原理与实务"课程教学案例

授课教师: 颜丽杰

一、课程概况

课程名称: 城乡规划原理与实务
教学对象: 风景园林、园林专业本科二年级学生
学分／学时: 2学分/48学时
课程类别: 专业基础课

二、课程简介

本课程是风景园林、园林专业的专业必修课之一。课程设置的目的是培养学生对城市规划专业的基本认知,全面掌握城市发展的历史、城市规划领域重要的理论思想,全面了解当代中国城市规划的实践与相关规范。

本课程是一门基础理论课程,重视培养学生的专业观察能力、逻辑分析能力、独立思考能力、综合解决问题的能力。课程强调系统性、完整性。树立现代城市规划的基本理念,树立人、建筑、自然环境高度统一的设计思想。培养学生严谨科学的研究态度、宏观战略视野,为其未来的专业工作夯实坚实的基础。

主要先修课程:"风景园林导论"。

三、课程目标

上海应用技术大学作为以培养应用创新型专业人才为主的高校,始终坚持"厚德""精技"人才培养关键目标。本课程跨越了传统园林较为局限的视野,以城市发展的大背景来看风景园林的设计,更具有宏观的引领性,课程教学紧紧围绕"什么是城市,如何建设城市,风景园林与城市的关系"三个关键问题来组织课程教学。

(1) 知识获取:认识城市的形成与发展历程;掌握国内外城市规划理论概述;初步了解城市规划学科理论体系与城市规划类型;认识不同类型城市规划所解决的问题;了解城市各类专项规划所重点关注的问题和解决策略;结合具体的案例研究了解当前城市规划的发展与趋势。

(2) 能力培养:使学生全面熟悉与了解城市发展的客观规律,了解人类历史上对于城市的主观认知,掌握城市布局、城市规划的理论体系,了解城市规划管理的实践操作,培养学生以

更宏观、系统的视角来发现问题、分析问题并解决问题的基本能力。

（3）价值塑造：在专业教学内容基础之上，适时融入思政内容，紧紧围绕科学发展、和谐发展等理念，实现全课程育人的目标。通过历史与当代问题的学习、中外城市发展史的比较，培养学生的历史发展观，树立科学发展、可持续发展的理念。在价值观上通过高度综合的视野，使学生脱离仅仅围绕个人发展思考问题的视野，站在人类命运视角、社会整体视角来认识现实中的问题，塑造学生的人文精神、社会责任感。在专业学习的同时，让学生积极投入到社会实践中去，使学生观察社会、了解社会，并利用专业知识改造社会，积极投身到美丽中国的建设中去。培养学生公平、公正的社会认知和通过自身努力来改变人类生存环境的责任心。使国家情怀、国际视野与个人审美达成和谐一致，使爱国精神与学生的自我实现高度融合在一起。

表1 "城乡规划原理与实务"课程体系

知识单元	知识和能力培养要点	价值塑造途径及目标
1. 绪论	● 了解城市相关的基本科学概念 (1) 城乡规划与风景园林； (2) 城市的形成与发展； (3) 城镇化的概念； (4) 城乡规划的概念。	(1) 认知风景园林与城市发展之间的密切关系，认识个人发展与国家、城市整体发展之间的密切关系。 (2) 进一步认识风景园林的学科边界和专业内涵，为未来的学习打下坚实的基础。 (3) 结合现实城乡规划案例的研究学习，树立参与风景园林事业、建设美丽中国的坚定信念。
2. 城市的发展与城市规划的理论	● 了解城市发展的历史与城市规划的重要思想 (1) 中国古代城市的发展与规划； (2) 西方古代城市的发展与规划； (3) 现代城市发展与城乡规划理论的产生与发展。	(1) 以史为鉴，以古鉴今，使学生全面了解中外城市的发展历史和人类在改造城市过程中所发挥的重要作用，培养学生人与自然和谐发展的科学认知。 (2) 通过中西古代城市发展的对比，了解中西文化所形成的历史与自然环境的不同，塑造学生全面客观辨证地认识问题、分析问题的能力。 (3) 通过现代城市发展和规划理论的系统学习，使学生认识到全球化发展的必然趋势，培养学生尊重世界多元文化的多样性和差异性。
3. 城乡法定规划类型与编制内容	● 城市法定规划类型与编制内容的综合介绍 (1) 国土空间规划； (2) 城市总体规划； (3) 城市控制性详细规划和修建性详细规划； (4) 乡村规划。 ● 实务案例： (1) 某城市总体规划资料搜集与分析； (2) 某小区修建性详细规划的规划布局分析与指标计算。	(1) 了解城市法定规划的编制内容和管理方法，可以促进学生从设计视角到管理视角的转变，认识到设计不是脱离实际的幻想，而要与城市管理融入一起才能真正实现建设美丽家园的目标，继而实现美丽中国的伟大战略目标。 (2) 通过"某城市（由学生自选）国土空间规划案例分析"使学生认识城市发展中的自然要素、人文要素和经济发展要素，培养学生综合认识问题、分析问题的能力。从更宏观的视角来关切人类赖以生存的自然环境，关心社会福祉、社会公平与公正。 (3) 通过某小区的修建性详细规划案例分析，使学生由下而上地认识规划管理的重要性，了解运用指标体系来控制城市建设的方式方法。

续 表

知识单元	知识和能力培养要点	价值塑造途径及目标
4. 城市专项规划	● 了解城市各类专项规划的编制内容与方法 (1) 城市住区规划； (2) 城市设计； (3) 城市遗产保护与城市复兴。 ● 实务案例 (1) 城市住区规划案例分析； (2) 城市设计与遗产保护案例分析。	(1) 结合具体的项目案例，使学生了解各类专项规划的重点和难点。 (2) 培养学生对于历史遗产价值的认知，进而建立学生对于中国文化的认同感，同时批判性地认识中国的历史和未来的发展。 (3) 通过实践作业培养学生清晰思考和用语言文字准确表达思想的能力，通过小组作业的形式培养学生的组织管理能力。
5. 乡村规划与生态规划	● 乡村规划的理论与方法 ● 生态规划的理论与方法	(1) 了解城市乡村建设的成果。 (2) 了解生物多样性和城乡生态环境建设的成果，引导学生认知生态建设的成就和理念。 (3) 组织学生讨论，培养学生积极关注人类面临的区域性和环境挑战，理解人类命运共同体的内涵与价值等。
6. 课程拓展学习	● 校内外专家讲座* 了解优秀城市规划的实践案例。 ● 校外行业专家走进课堂* 以社会实践的视角来评价学生作业。 ● 新城建设实践的参观	(1) 邀请校内外专家开展讲座，以业界有影响力的人物来吸引学生，引导学生逐步构建作为新时代风景园林人才所必备的家国情怀与思想格局。 (2) 邀请行业专家走进课堂，结合具体的设计和工程实例，培养学生未来扎根实践一线、服务国家建设的情怀。 (3) 通过实际参观亲身体验城市建设的伟大成就，让学生亲身感到中国美丽的山水环境，培养学生的社会责任、家国情怀。

注：*表示可选内容。

四、教学设计实例

1. 教学设计

本节课程讲述"城市法定规划的类型与编制内容"一章中"(2)城市总体规划"一节内容，具体如下：

(1) 知识传授：了解城市总体规划与战略规划、概念性规划等各种类型规划的相互关系；了解不同国家的总体层面的规划类型；认识城市总体规划在中国法定规划体系中的重要作用；全面掌握城市总体规划编制的主要内容和方法。

(2) 能力培养：使学生具备综合运用搜索工具收集城市各类基础资料、获得信息的能力；规范学生成果标注、参考文献标注等，培养学生科学严谨的治学态度；使学生具备实际辩证地认识问题、分析问题的能力；使学生具备站在整体视角认识城市空间环境发展问题的能力；培养学生实践动手能力、绘制文本的能力；培养学生独立研判、综合表达的能力。

(3) 情感认同：使学生形成对地理大环境、对整体的地形地貌的感知和兴趣，认识祖国的大好河山、丰富多样的地形地貌和伟大的生态建设成就；建立学生已有知识体系与大学专业知识体系的沟通渠道,提升学生学有所用、学以致用的能力,培养学生的学习兴趣。

2. 教学实施流程

表2　课程教学实施流程表

教学环节	教 学 者 活 动	学生活动	时间(min)
一、导入	1. 视频导入 观看上海市嘉定区总体规划的相关视频。 2. 问题导入 该总体规划给你的主观感受是什么？如何认识该城市的产业发展、文化特色和空间布局？	观看视频,回答问题,提起学生的主观感受和兴趣。	5
二、概念辨析	● 概念辨析 (1) 城市总体规划与战略规划、概念性规划等各类型规划的相互关系； (2) 不同国家的总体层面的规划类型有哪些？		10
三、城市总体规划的主要内容	● 主体内容讲解 (1) 城市总体规划在中国法定规划中的地位； (2) 城市总体规划所包含的主要内容； (3) 城市总体规划的编制方法和编制要求。	PPT+教师讲解+互动讨论、回答问题。	15
四、课内讨论及分享	1. 小组讨论 针对授课内容,由每一个小组选派一位同学提出问题,其他小组随机抽取解答问题。 2. 问题讨论 针对不明白的问题,由学生提出,老师解答。 3. 小组汇报 由两组同学汇报上次课后作业内容。	学生分组完成讨论分析并绘制思维导图,课堂安排两组汇报、互动交流、教师点评。	10
五、课后任务及思考	● 课程总结和课程作业 (1) 作业题目：某城市总体规划解读 (2) 任务要求： 结合已学习的城市总体规划部分课程,完成对某一城市的城市总体规划解读,了解该城市的自然、人文、社会等资源在调研的基础上提出自己的规划分析(城市的选择可以是自己的家乡,也可以是自己喜欢的感兴趣的城市,也可以结合其他课程的设计任务)。 (3) 完成途径：通过政府网站或其他各种搜索工具搜集并整理资料,小组讨论,PPT形成与汇报。 (4) 分析的主要内容： ① 城市性质与规模(用地规模与人口规模)； ② 城市规划区的范围； ③ 城市用地发展方向的选择； ④ 城市空间布局结构； ⑤ 工作、交通、游憩、居住等功能的整体布局； ⑥ 主要公共设施和基础设施的布局。	(1) 汇报成果：PPT汇报,可适当插入小视频,以加强汇报的生动性。 (2) 汇报时间：布置任务两周内完成汇报作业,录制成视频。	5

3. 课程思政的融入

知 识 点	课程思政目标	课程思政融入点	课程思政展现形式
1. 城市战略规划与城市总体规划	(1) 分析生态文明建设战略和我国各城市的实际发展。	(1) 结合战略规划、城市总体规划案例分析，从长远发展的视角认识美丽中国建设的总战略。	(1) 重要战略规划项目的视频介绍。
2. 城市总体规划与城市交通区位、地理区位、地形地貌之间的关系	(2) 引导学生从大的交通区位、地理区位来分析城市定位，从而认识个人发展与国家发展之间的关系，培养学生的家国情怀。	(2) 培养学生从国家、地区、城市三个层面认识区域的地形地貌，在现有的资源条件下确定未来发展的方向，同时引导学生认识个人发展与国家发展、社会发展之间的关系。	(2) 通过案例作业，组织学生讨论各自家乡城市的总体规划，了解其地理区位、交通区位，培养学生积极关注城市发展所面临的问题，用发展的眼光看待城市以及自我的发展。
3. 城市总体规划解决的具体问题（如城市用地发展方向的选择、城市空间布局结构、城市重要公共设施的布局等）	(3) 培养学生发现问题、分析问题、解决问题的能力，培养学生独立思考的精神。	(3) 理论与实践相结合，使学生认识到在宏观大的战略确定后，该如何一步步科学严谨地实现这些战略，而不是仅停留在美丽的空想阶段。	(3) 通过实际案例分析、培养学生利用专业知识分析问题并有针对性地解决问题的能力。

五、教学效果与反思

1. 教学内容

本节课程从生态文明建设的诸多内容中聚焦城市发展的热点问题，这也是风景园林学科关注的前沿问题。

2. 教学方法

本课程在教学中采用项目植入、角色模拟等教学法，以我国某城市的总体规划实际案例来引导教学，指引学生主动发现问题，通过各种途径搜集资料学习借鉴，最终学会分析问题、解决问题的方法。教学中强调师生互动，教师讲解与学生讨论、汇报相结合，充分发挥学生的主观能动性，变灌输型的教育为主动学习型的教育，探索教育改革的新模式。

3. 教学过程

把教学过程精心分为多个环节，增加学习过程的多样性与丰富性，增加学生汇报、课内讨论等互动环节，克服教学中的疲劳感和理论教学中容易出现的无趣感，使课堂教学变得紧张而生动。课后布置搜集资料与分析作业，将课内教学延伸至课外，真正使理论知识转化为实践知识，避免学校教学的"象牙塔"效应，让学生全程参与课堂教学，大大提高了学生主动学习的积极性。充分利用视频、PPT、录音录像等各种新的教学手段和媒体手段，提升教学效果，让学生把社会上学到的能力运用到课堂学习中来。

4. 课程思政

从宏观系统的问题着眼,教会学生用生态文明建设的视角来认识问题,将家国情怀应用到专业学习中;地域观和历史观贯穿于课堂始终,培养学生的独立思考能力、理性分析问题的能力。从小处入手,课程始终不忘将生态文明理念落实到实处,用具体的规划案例分析来指导学生提升解决实践问题的能力。

5. 教学评价

通过灵活的教学组织和多样化的考核方式,学生的主动性和积极性大大提高,从学生最初认为这门课与风景园林专业没有关系,逐步提起他们对城市这一个复杂大系统的兴趣。学生做出的 PPT 和视频类型丰富,小组的汇报能力、组织能力得到了提升。目前存在的问题主要在于小组能力间的不平衡造成小组作业的质量参差不齐,学生在专业上的进步会有所差别。同时由于课时有限,大量的课时用于实践教学的组织,难以实现理论知识的长期培养,学生也普遍对基础理论缺乏兴趣,造成学生的专业知识积累不够,认识问题、分析问题就缺乏理论深度。

"风景园林建筑设计"课程教学案例

授课教师：邹维娜、张嫣、贺坤、李小双

一、课程概况

课程名称：风景园林建筑设计
教学对象：风景园林、园林专业本科二年级学生
学分/学时：3 学分/64 学时
课程类别：专业课
课程荣誉：上海市重点课程（2022）

二、课程简介

本课程系统阐述了风景园林建筑和硬质景观的材料构造及结构的原理、设计及建筑工程技术方法，是一门侧重于工程设计与营建的，集艺术、技术、工程和管理于一体的综合性专业课程。其特点是立足"金课"建设目标，围绕以社会实践为载体的"一体两翼"架构，通过工程逻辑、创新授课方法、强化过程考核、优化教学互评等方式，培养贯通园林建筑"设计创新核心能力"+"低碳"园林建筑营建技能+"人本"园林建筑创作素养一体化专业能力的、知行合一、综合性、应用型人才。

主要先修课程："设计初步""建筑初步""风景园林规划设计"。

三、课程目标

本课程承上启下，是专业引领性课程，要求学生能够掌握"工""程""技""艺"四大方面的内容，并能在实际场地中综合运用专业知识，分析问题、解决问题，把创意设计通过自己的双手建造实现出来，完成实际的风景园林建筑作品。具体涵盖知识、能力、价值三大目标。

（1）知识获取：了解国内外风景园林建筑设计的理论前沿、应用前景及发展动态；了解园林建筑的分类、各类建筑的基本组成要素；熟悉各类园林建筑的设计步骤和方法。

（2）能力培养：具备艺术和专业素养，会用"图示语言"准确表达设计思想，并能规范表现各设计阶段的成果；掌握亭、廊等园林建筑的设计技能，包括对造型、空间、功能、风格、材料、工艺等的整体实现；熟悉园林建筑设计的基本思维方式和工作方法，为从事风景园林建筑的设计和施工打下基础。

（3）价值塑造：服务精神、人本情怀、职业操守和求真务实。聚焦"人民城市"理念，激发

学生主导,培养学生实现知行合一、理解社会、服务社会。着重培养学生对专业的热爱与尊重,对人民、对社会、对自然的情感和责任。以"润物细无声"式的感染、沉浸式的设计及营造实践过程,传达工程技艺精益求精、创新实践砥砺前行、艺术审美境界提升的精神启迪,树立用专业技能持续为公众创造美好生活的理想。

表1 "风景园林建筑设计"课程体系

知识单元	知识和能力培养要点	价值塑造途径及目标
1. 风景园林建筑设计概论	● 认知风景园林建筑设计的理论与前沿进展 (1) 园林建筑的含义与特点; (2) 东西方园林建筑的概括比较; (3) 园林建筑空间艺术与组合; (4) 初识园林建筑,引导学生初步掌握认知园林建筑的方法。	(1) 通过理解风景园林建筑设计的理论基础和专业知识体系,引导学生认知风景园林建筑设计学习的目标和意义。 (2) 围绕国内外风景园林建筑的发展脉络、概括比较和案例探索,使学生进一步认识学科边界和专业内涵,同时树立科学、客观的评价观,为未来的学习打下坚实的基础。 (3) 结合优秀中国古典园林建筑的功能、空间艺术与组合的学习,以史明鉴,以古鉴今,培养学生对传统文化的认同,增强文化自信。 (4) 培养学生建立涵盖功能、技术与艺术维度的园林建筑价值认知体系。
2. 风景园林建筑方案设计	● 理解风景园林建筑设计的程序,掌握风景园林建筑设计的方法 (1) 方案设计程序与思维; (2) 风景园林建筑调研研讨(调研、测绘、研讨公园园林建筑、社区园林建筑和城市公共空间园林建筑); (3) 设计方法探索。	(1) 帮助学生理解正确合理的程序、方法对设计结果的影响,加强其对专业素养的认同和重视。 (2) 培养学生严谨踏实的习惯,引导其用"图示语言"准确表达设计思想,并能规范表现各设计阶段的成果。 (3) 通过对设计方法的探究,使学生理解创新实践的意义,自觉养成正确的思维方式,克服思维的惰性,深刻理解,不断求新。 (4) 结合对园林建筑的调研测绘,研讨其功能、造型、材料等特征,培养学生求真务实的工作作风。
	● 了解当代风景园林建筑的典型案例,理解其设计思想和手法 (1) "与古为新"的绝响(方塔园何陋轩); (2) 自然主义的先锋(花草亭 Blossom Pavilion); (3) 功能与景观的融合(浦东滨江绿带"望江驿"系列)。	(1) 通过当代国内外优秀园林建筑实践案例进行启发教学,塑造学生面向时代和专业发展的学习心态,理解社会发展与风景园林建筑设计理念不断更新的相关性。 (2) 培养学生尊重世界多元文化的多样性和差异性,自主积极地理解文化背景与风景园林建筑设计之间的关联。 (3) 培养其理解风景园林建筑设计理念和手法的多样性,提升学生发现、感知、欣赏、评价风景园林建筑设计的评价和审美能力。
3. 风景园林建筑工程设计	● 认知风景园林建筑的材料要素 (1) 园林建筑的材料与性能; (2) 建筑材料类型与市场调研。	(1) 围绕风景园林建筑材料的性能、审美特征和可持续性等,培养学生从多维认知事物的能力和整体性思维。 (2) 以具体的建筑材料类型归纳和建材市场调研来培养学生的实证意识。

续 表

知识单元	知识和能力培养要点	价值塑造途径及目标
	● 掌握风景园林建筑的结构原理 (1) 园林建筑的结构与构造； (2) 建筑结构实验； (3) 园林建筑工程； (4) 园林建筑工地调研与节点测绘。	(1) 分析中国古典园林建筑中典型的结构件如"斗""拱""升"等和现代园林建筑常用结构的构成异同，引导学生思考优秀园林文化的传承和审美。 (2) 结合古典园林建筑结构中"伞法""搭角梁法"等，中外经典案例讲解、分析，掌握古典园林思想中所蕴含的认识方法和实践方法。 (3) 结合具体的园林建筑工程案例，从工程、艺术和技术等不同角度分析风景园林建筑工程建设的成就，培养学生热爱工程技术、热爱劳动的情感。 (4) 通过园林建筑工地调研与研讨，让学生感受风景园林建筑工程的复杂与精巧，学习工程技艺精益求精的精神。
4. 风景园林建筑设计与综合营造	● 掌握风景园林建筑设计的实战内容和流程 (1) 园林亭、廊的设计要点； (2) 园林亭廊基地实地踏勘与测绘； (3) 园林亭廊使用需求调研与访谈； (4) 园林建筑优化策略研讨； (5) 设计方案深化绘制。	(1) 结合园林亭、廊的具体要点，分析风景园林建筑设计的基本方法和程序，培养学生的专业和职业认知。 (2) 组织学生进行园林亭廊使用需求的研讨，培养其从宏观角度关切风景园林建筑和人民福祉之间的关系，激发其职业使命感。 (3) 组织学生设计方案并不断打磨优化提升，使其感受精益求精、深入探索的过程。
	● 掌握风景园林建筑营造的实战内容和流程 (1) 场景化 EEWH 园林建筑营造； (2) 设计与营造成果综合汇报与展示。	(1) 通过具有挑战性的园林建筑营造过程，磨炼学生的吃苦精神、动手能力和在实际中解决问题的能力，引导其体会园林建筑建设的成就感。 (2) 培养学生团队协作、互帮互助、责任担当的意识。 (3) 通过设计、营造、布展、汇报全过程的体验，培养学生实践创新能力和对职业素养的认知。
5. 课程拓展学习	● 校外专家讲座* 了解风景园林建筑设计相关的实务、优秀的实践案例等。	(1) 邀请行业专家走进课堂，结合其切身经历、具体的设计和工程实例，学习不断求索、求真务实的职业精神。 (2) 学习优秀的风景园林师的家国情怀，培养学生未来扎根实践一线、服务国家建设的理想。
	● 当代优秀风景园林建筑成果赏析*	(1) 观看经典园林建筑的视频，引导学生在社会经济高质量发展的时代背景下，分析风景园林发展的热点和趋势。 (2) 学习当代风景园林建设的优秀案例，了解学科前沿动态。

注：*表示可选内容。

四、教学设计实例

1. 教学设计

本节课程讲述"风景园林建筑设计与综合营造"一章中"园林休憩亭设计与研讨"一节内

容,具体如下:

(1) 知识传授:认识亭的概念和类型;了解国内外不同类型的亭和特点;理解亭的功能、建筑材料、形态构成和建筑空间;掌握亭的"图—地"转换思维方法。

(2) 能力培养:获得观察和思辨风景园林建筑的能力,可以从不同角度展开创意设计和辩证思维,分析各类功能需求和环境特征,具备设计能力。结合具体案例讲解,提升学生对专业的认知和兴趣,引导学生从专业角度精准测绘、认真思辨,促进职业操守和求真务实。

(3) 情感认知:助力学生树立"人民城市"的理念,形成为人民设计功能合用、造型优美、材料节约的园林建筑的理想;深入培养人本情怀,引导学生积极关注城市及身边环境对园林建筑实际功能的需求,认识园林休憩亭廊对空间的实际意义,理解优秀设计的内涵与价值等。

2. 教学实施流程

表 2　本节课程教学实施流程表

教学环节	教 学 者 活 动	学生活动	时间(min)
一、导入	1. 视频导入 视频导入亭在园林中的作用。观看网师园月到风来亭的相关视频。 2. 问题导入 亭作为最基本的园林建筑单元,是为了满足人们的什么需要?回顾古今中外的亭,归纳引出亭的功能。	观看PPT,观看视频,回答问题。	3
二、概念及案例	1. 概念讲解 亭的概念、历史发展和特点。 2. 案例讲解(不同类型的亭及其设计要点) (1) 花草亭; (2) 方塔园何陋轩。 3. 总结	观看PPT,观看视频,认知不同类型的亭,并从典型案例出发,初步思考亭设计的要点。	12
三、设计理论	1. 亭的形态构成 亭的比例和尺度;亭的造型和色彩。 2. 亭的建筑空间 亭的建筑空间界定;人对亭空间的感受。 3. 亭的材料和结构 古典木结构亭的做法;当代砖木结构、钢结构亭的做法。	观看PPT、互动讨论、回答问题。	10
四、讨论及分享	1. 互动分享 当代城市公园中亭的功能适宜性思考。 2. 引导讲解 以上海市为例,在城市公园中人们究竟需要什么样的休憩亭?哪些功能更重要? 3. 小组汇报 4. 总结 当前一些过于形式化的园林建筑存在误区,休憩亭等园林建筑最大的功能需求在于满足人的使用,包括休息、遮阴避雨、交流、观景等,要从舒适度、环境特征、审美体验、自然条件等方面综合审视。	观看PPT、提前一周布置作业,学生分组完成讨论分析并绘制思维导图,课堂安排两组汇报、互动交流、教师点评。	15

续 表

教学环节	教学者活动	学生活动	时间(min)
五、任务及思考	● 简要总结授课内容,并布置课程作业 (1) 作业题目:校园景观亭 (2) 任务要求: ① 调研上海应用技术大学南门附近的滨湖亭并测绘。 ② 观察其具体的使用情况,体会其功能和外观等特征。 ③ 成果:结合调研数据,绘制滨湖亭总平面图、平面图、立面图各 1 幅,并从位置、尺度、造型、材料等方面加以分析。 教师课程总结及布置作业的同时,引导学生回忆课程内容,梳理笔记。一方面让学生结合作业布置的情况进一步理解园林亭廊设计的要点和观察方法;一方面引导学生关注身边的环境和人,切实体会园林建筑在环境中的功能作用。	观看 PPT,指明调研测绘对象的位置,说明任务要求。	5

3. 课程思政的融入

表 3　本节课课程思政设计

知识点	课程思政目标	课程思政融入点	课程思政展现形式
1. 亭的概念、历史发展和特点	(1) 从亭的类型和发展两个视角,引导学生从历史的角度分析发展趋势。	(1) 结合案例的分析和讲解,从动态、发展的角度理解相关概念和发展趋势。	(1) 从亭的类型和发展两个视角认知风景园林的环境要素,培养学生了解国情、根植传统文化、认知风景园林的能力。
2. 亭的设计理论	(2) 结合时代发展,引导学生从科学、技术的角度看待目前的风景园林或者生态环境建设热点问题。	(2) 结合不同尺度的生境建设成果,提高学生对风景园林实践的理解能力,以及培养学生理论和实践相结合的思想。	(2) 结合项目案例,邀请项目负责人进课堂,帮助学生更深入了解生境(生物多样性)建设中的挑战。
3. 当代城市公园中亭的功能适宜性思考	(3) 培养学生对风景园林(生态环境)建设的批判质疑能力和政策的理解力。	(3) 城乡生态环境大趋势下,如何科学合理地评价现有的成果?	(3) 组织学生讨论,培养学生积极关注人类面临的区域性和全球性环境挑战,从发展的眼光看待风景园林的发展。
4. 校园滨湖亭调研测绘	(4) 引导学生独立思考和创新精神,培养其动手参与环境建设的能力。	(4) 生态文明建设大背景下,风景园林专业的学习要坚持理论与实践相结合。	(4) 通过实际案例引导,培养学生的创意、设计和分析问题、解决问题的能力。

五、教学效果与反思

1. 教学内容

本节课程从最小的园林建筑单元"亭"出发,引导学生扎实掌握相关设计理论和要点,聚焦当代园林建筑的服务性、人本性问题,这也是目前风景园林学科关注的前沿问题;园林建筑是在城市空间中切实为人民服务的,培养学生积极关注城市及身边环境中人民对园林建筑实际功能的需求,认识园林休憩亭廊对空间的实际意义,理解优秀设计的内涵与价值等,激发学生对风景园林建筑设计的激情和兴趣;充分结合专业教师的实践案例作为授课的教学内容,更能激发学生的学习热情和对专业的认知。

2. 教学方法

采用案例教学法,指引学生主动思考,发现问题并寻找解决问题的方法。教学中强调互动,教师讲解与学生讨论、汇报等结合,发挥学生的主观能动性,培养其主动学习的能力。

3. 教学过程

把教学过程分解为多个环节,增加学生的参与性和课程的互动性,从理论及观摩(知其然)—作业实践(知其所以然),让学生全程参与课堂教学,大大提高了学生主动学习的积极性。

4. 课程思政

培养学生积极关注城市及身边环境中人民对园林建筑实际功能的需求,职业理想的引领始终贯穿课堂始终;同时,科学、艺术和工程技术的融合贯通也是本节课程重点强调的课程思政内容。

5. 教学评价

通过灵活的教学组织和多样化的考核方式,学生的主动性和积极性大大被调动,普遍表现出对风景园林建筑的功能性和适宜性的浓厚兴趣,能集中精力认真听课,主动回答问题,积极参与研讨,并主动交流、汇报成果。课后作业能认真测绘,完成图纸任务,达到了动手实践能力的提升。

"园林工程"课程教学案例

授课教师：吴威、李小双、王铖

一、课程概况

课程名称：园林工程
教学对象：风景园林专业本科三年级学生、园林专业本科三年级学生
学分／学时：3.5 学分/88 学时
课程类别：专业课
课程荣誉：上海高等学校一流本科课程(2021)、上海高校党史教育与课程相融合示范课程(2021)、上海高校课程思政示范课程(2022)、第二届上海市高校教师教学创新大赛一等奖(2022)、上海市重点课程(2019)、上海课程思政领航计划荣誉课程(2020)

二、课程简介

本课程通过对园林工程中地形设计、水景设计、挡土墙、花坛设计、硬质铺装设计、绿化设计、假山工程等方面知识的掌握和了解，来掌握园林施工图设计以及园林施工方面的内容。建立了模块化的教学体系，根据课程理论和实践环节的要求建立了六大教学模块，这六大教学模块遵循"观摩教学(知其然)—工程模块分解教学(知其所以然)"的授课思路，运用 EPC＋O 全过程实训模式来解决设计与施工分离传统模式之间的矛盾，提高学生解决园林工程实际问题的能力。

主要先修课程：设计初步、建筑初步、园林规划设计、园林建筑小品。

三、课程目标

该课程是风景园林专业引领性课程，培养学生掌握园林构成要素的基本工程原理、施工图设计知识以及施工养护的基本技能。课程要求学生能够掌握"工""程""技""艺"四大方面的内容，并在实际场地中，综合运用专业知识，分析问题、解决问题，通过设计—采购—施工—运营一体化全过程实践，把创意设计通过自己的双手建造实现出来，完成实际的花园作品。课程教学的目标是培养具备"EPCO"全过程工程服务能力以及德智体美劳综合素质的人才。

(1) 知识目标：构建"工、程、技、艺"知识体系，掌握园林工程各要素的类别、规范、标准；了解各类工程材料；掌握各要素的工程构造以及建造与养护方法，将工程与艺术相结合。

(2) 能力目标：培养学生"EPCO"全过程综合能力，能够运用创新的理念和方法来解决实际问题的能力；具备设计方案、施工图设计、预算编制，并且在材料和苗木市场自行采购的能力；在实际场地中，学生能够将自己的设计施工建造成园林作品，并且具备日常养护管理以及策划与运营的能力。

(3) 情感目标：树立"风景园林人"的社会责任与生态文明观，挖掘中国文化内涵，培养学生的家国情怀；倡导生态文明，坚持可持续发展的理念；让学生进入社会服务社会，感受风景园林人的社会责任与价值；以劳增智、以劳育美，建立学生正确的劳动观。

表1 "园林工程"课程内容框架

知识单元	知识和能力培养要点	价值塑造途径及目标
1. 基础理论模块	● 掌握园林工程以及施工图设计的基本知识 (1) 园林工程概念、内容与特性； (2) 园林工程的学科地位； (3) 园林设计深度规范； (4) 施工图设计基本知识。	(1) 了解中国传统园林工程以及中国传统生态观。 (2) 引入行业标准和相关规范，引导学生树立严谨务实的工程思想。 (3) 通过前沿、流行的工程案例，向学生传输与时俱进、开拓创新的工程理念。 (4) 介绍传统园林中高湛的施工技法，培养学生文化传承、精工深耕的工匠精神。
2. 传统理论模块	● 了解和掌握园林各要素的工程原理以及施工养护知识 (1) 场地工程； (2) 水景工程； (3) 砌体工程； (4) 种植工程； (5) 园路工程； (6) 水景工程。	(1) 根据场地工程的特点，以土方工程量的计算举例，向学生讲解土方计算力求准确、尊重场地现状实际的重要性，引导学生培养脚踏实地、实事求是的精神。 (2) 以城市水体的科学规划在城市防洪抗涝中的作用，引导学生建立主体责任意识，培养其爱家爱国的情怀；通过城市水体的景观作用的讲解和艺术鉴赏，增强学生的审美情趣，培养其艺术审美的能力。 (3) 园路工程的园路的转弯半径、路口视距和横向、纵向坡度，不仅关系到园路的景观效果，同时还关系到园路的功能和游客的安全。通过这块内容的强调，可以引导学生建立主体责任意识，培养其爱岗敬业、关爱他人责任意识。 (4) 通过施工步骤以及施工组织案例的讲解，引导学生树立设计施工认真严格、精益求精的工匠精神，培养其吃苦耐劳的品质。 (5) 假山是我国独有的造景手法，在我国传统文化中具有重要位置，可以据此引导学生探究传统文化的兴趣，培养其民族自豪感；假山的建造和鉴赏需要一定的传统文化功底，通过假山建造技法的讲解，引导学生培育传统绘画的艺术鉴赏能力。
3. 花园营建与创意设计模块	● 掌握社区花园与花园营建的基本知识 (1) 花园营建概论； (2) 社区花园； (3) 营建工程。	(1) 了解花园对于改善人居环境的作用，倡导生态文明。 (2) 通过社区花园营建方法的学习，深入理解理解"人民城市人民建，人民城市为人民"的内涵。

续 表

知识单元	知识和能力培养要点	价值塑造途径及目标
	● 掌握具体场地分析与设计的能力 (1) 场地调研与分析； (2) 真题场地方案设计； (3) 方案模型制作。	(1) 设计任务书中明确花园设计主题要结合中国文化、体现生态技术工程方法，分别提出踏勘阶段和设计阶段的工作标准和成果要求，以任务为导向，成果标准为基准，给学生传承中国文化与传统工程技艺、精益求精、砥砺知行、艺术审美、崇尚劳育的精神启迪。 (2) 给学生传承中国传统文化、发扬生态工程理念、尊重艺术审美情操的精神启迪。培养学生成员的集体荣誉感、责任感和团队合作意识。
4. 工程设计与预算编制模块	● 掌握施工图设计的知识和能力 (1) 施工图设计方法； (2) 施工图设计案例讲解； (3) 真题场地施工图设计。	(1) 结合具体的项目案例，分析施工图设计的基本方法和程序，培养学生的专业和职业认知。 (2) 课堂教学结合社会实践基地的社区花园营建，任务立足生态、技术与艺术有机结合，人与自然和谐共生的理念，培养学生关爱社会的家国情怀。
	● 了解行业市场，掌握预算编制的初步能力 (1) 材料清单编制； (2) 造价编制与造价控制； (3) 材料采购。	(1) 通过行业市场的调研，让学生充分了解行业动向，培养务实的职业能力。 (2) 预算编制要求限额设计，培养学生勤俭节约的价值观。
5. 花园建造与运营管理模块	● 了解和掌握花园建造的知识和能力 (1) 营建技能知识； (2) 场地平整与定位放线； (3) 场地土方施工； (4) 园建铺装施工； (5) 绿化种植施工； (6) 装饰小品施工。	(1) 课程强调"工匠精神"，在定位放线、铺装铺砌、小品制作、植物栽植等方面精益求精。 (2) 强调"劳育"与"德育"相结合，将劳动带入课堂，以劳增智，以劳育美。 (3) 课程以小组为单位，在工程营建环节中，每位组员各司其职，分工合作，培养学生具有精诚团结、互帮互助、志愿服务的团队精神和合作意识。
	● 了解和掌握花园养护管理的知识和能力 (1) 花园养护管理； (2) 社区花园科普实践。	(1) 通过日常的养护，让学生能够理解全过程工程服务的重要性。 (2) 通过组织社区居民参与，共建共治，帮助志愿者学习专业知识。 (3) 通过科普等活动的举办，让学生理解风景园林人的价值和责任。

四、教学设计实例

1. 教学要求

本节课程讲述"花园营建工程"一章中"社区花园"，具体如下：
(1) 知识目标：掌握社区花园的基本知识与营建模式。

(2) 能力目标：深入社区了解需求，掌握社区花园的设计方法。
(3) 情感目标：理解"人民城市人民建，人民城市为人民"的内涵。

2. 教学实施流程表

表 2　本节课课程教学实施流程表

教学环节	教学者活动	学生活动	时间(min)
一、导入	播放上一届学生社区花园营建过程与成果的视频，让学生能够了解多个环节的内容，激发学生的学习兴趣。	观看PPT，观看视频。	5
二、目标	(1) 课前布置社区花园的调研与设计任务； (2) 课堂上向学生讲述本次课的知识目标、能力目标和情感目标。	观看PPT。	1
三、前测	(1) 讲述社区花园的概念、缘起与发展； (2) 向学生提问：根据课前布置的任务，结合课后与社区居民的交流，讨论一下社区花园能够给居民带来什么？ (3) 老师总结社区花园的价值。	观看PPT、互动讨论、回答问题。	13
四、参与式教学	(1) 上一届学生代表介绍社区花园营建模式，分享自我体会和经验； (2) 老师、学生与学长一起讨论互动，探讨社区花园营建的特点、设计构思、营建方式的特征； (3) 老师总结社区花园的营建要素、营建愿景、营建内容、营建过程。	观看PPT、三方参与互动讨论。	16
五、后测	(1) 根据课前布置的社区花园设计任务，小组代表汇报地块分析、交通连接、功能组织、初步设计方案以及与居民交流的过程； (2) 企业专家现场点评汇报学生作品，指出社区花园的聚焦性、承载的内容等注意要点，建议增加相关指标的研究以及加强科学性、合理性； (3) 主讲老师提出课程任务公众参与的要求。	任务汇报、企业专家点评、观看PPT。	8
六、总结	总结本节课主要的内容要点，并布置课后任务。	观看PPT	2

3. 课程思政的融入

表 3　本节课课程思政设计

知识点	课程思政目标	课程思政展现形式
1. 社区花园的概念	(1) 从国际视野分析社区花园的基本内涵以及特征。	(1) 通过案例讲解，组织学生讨论，使其充分理解相关内容。
2. 社区花园的价值	(2) 理解生态文明的内涵以及人民城市为人民的理念。	(2) 通过学生课前调研以及课堂讨论，使其对知识点有深刻的认识。
3. 社区花园的营建模式	(3) 引导学生独立思考和创新精神，培养其动手参与环境建设的能力。	(3) 学生分享去年社区花园作品，通过讨论的方式培养学生解决问题的能力和创新思维。

五、教学反思

1. 教学理念

改变传统课程老师灌输式教学模式,"以学生为中心,老师为主导",老师学生一体化完成教学,让学生能够真正地融入课堂。

2. 教学模式

BOPPPS 的教学模式,把平淡的课堂教学拆解为多个环节,从理论及观摩(知其然)—工程实践分解(知其所以然),让学生全程参与课堂教学,大大提高了其主动学习的积极性。

3. 教学模式

课堂教学与课后社区实践相结合,能够很好地让学生在真实场景中学习,将课程知识融会贯通地应用到实践中,在社区真实场地与项目中培养学生以创新思维解决复杂问题的能力。

4. 教学评价

重视过程考核,强调思政考核与专业考核相结合,将课程思政目标与要素融入考核细项中,成果考核采用公开评价与多元评价形式,将课程教学评价、学习效果评价从单一的专业维度,向人文素质、职业胜任力、社会责任感等多维度延伸。

5. 课程思政

思政入心,以中国文化赋能为课程思政主线,贯穿整节课程教学内容。实践铸魂,通过精益求精、科学求真的实践,将课程思政目标转化为内涵,并且通过劳动建造出来,成为可物化的、可评价的课程思政效果的作品,进入社会服务社会,践行"人民城市为人民"的核心理念,让学生在实践中感受真知,达到"春风化雨、润物无声"的效果。

"城乡绿地系统规划"课程教学案例

授课教师：裘江、颜丽杰

一、课程概况

课程名称：城乡绿地系统规划
教学对象：风景园林、园林专业本科三年级学生
学分/学时：2学分/48学时
课程类别：专业必修课

二、课程简介

主要内容："城乡绿地系统规划"是针对风景园林、园林专业学生开设的一门专业必修课，其主要任务是通过各个教学环节，运用各种教学手段和方法，使学生了解中外园林绿地建设的发展历程及文化差异，了解绿水青山生态文明与城市绿地建设的关系；使学生系统理解和掌握城乡绿地系统规划的基础知识，了解城市园林绿地的功能与作用；学习掌握城市园林绿地系统规划的工作程序和方法；了解城市各种绿地的性质及用地选择，掌握各类园林绿地规划布局设计要点，以及从事园林绿地系统规划的基本技法，使学生初步具有从事城市园林绿地科研和规划设计的能力，是风景园林专业重要的必修课程之一。

主要先修课程："CAD辅助设计""GIS""城乡规划原理""设计初步"。

三、课程目标

上海应用技术大学作为全国第一所以"应用技术"命名的公办本科，始终把培养高水平应用创新型人才作为根本任务。风景园林专业以"园林工程技术"和"园林植物应用"为特色，培养具有综合素养、创新思维与社会实践能力的一流应用型人才。本课程综合体现了学科的"工程+科学+艺术"特色，涵盖知识、能力、情感三大目标。"艺术"主要体现在对学生人文情操、社会责任的培养上，使学生具有整体观、历史观、系统观，站在更宏观的视野而非局限于一个视角来发现问题、认识问题。"科学"主要体现在运用生态科学的方法来分析问题。"工程"主要体现在运用工程设计和管理的方法来解决问题。

（1）知识获取：认识城乡绿地系统相关的发展历程与中外城乡绿地系统规划差异，认识到生态绿地保护与建设对国家发展、城市进步所起到的重要作用，并能将多学科知识以及行业前沿动态理论有机糅合灵活运用于风景园林工程实践之中，设计作品展现创新思维。

(2)能力培养:培养学生具备获取城市绿地系统规划相关专业知识的能力。掌握城市规划、城市园林绿地系统规划、城市各种类型园林绿地规划设计的基本概念、基本原理和基本方法。制图规范的同时具备较强的创新意识,并在绿地系统规划的过程中主动考虑多种因素。

(3)价值塑造:引导学生建立良好的道德品质,身心健康,志存高远,意志坚强;培养学生具有强烈的工作热情、脚踏实地的工作精神和奉献精神;培养学生具有脱离低级趣味的审美情趣,树立坚定的理想信念,以及投身于社会主义现代化建设和生态社会建设的信念,将家国情怀、国际视野、科研思想通过本课程扎根于学生心中。线上数字化教学帮助学生立体直观感受国内外城乡绿地系统规划优秀项目的功能魅力。

表1 "城乡绿地系统规划"课程内容框架

知识单元	知识和能力培养要点	价值塑造途径及目标
1.绪论	● 认知城乡绿地系统规划的概念与程序 (1)城乡绿地系统的概念; (2)城乡绿地系统的功能和作用; (3)城乡绿地系统的形成与发展; (4)城乡绿地系统规划目的与任务; (5)城乡绿地系统的组成与用地选择; (6)城乡绿地系统规划的基本程序。	(1)通过展现城乡绿地系统规划的优秀成果,引导学生认知本课程的重要意义。 (2)围绕国内外城乡绿地系统规划和学科建设案例,进一步认识学科边界和专业内涵,为未来的学习打下坚实的基础。 (3)结合近年来相关专业建设成果的视频学习,树立参与城乡规划事业、投身建设美丽中国的坚定信念。
2.城乡绿地系统规划总则与规划目标	● 了解城乡绿地系统规划的相关知识 (1)规划的依据; (2)规划的指导思想和原则; (3)规划的范围和期限; (4)规划的目标与指标; (5)培养学生风景园林职业伦理和职业素养。	(1)以规划的原则和指导思想为基准,结合规划的案例,帮助学生塑造相关的专业意识。 (2)结合中外经典案例讲解、分析,掌握城乡绿地规划的设计原则与相关指标。 (3)国内外相关专业发展对比分析,塑造学生面向专业发展的学习心态,了解世界各国城乡绿地发展进程。
3.城乡绿地系统规划构建	● 了解城乡绿地系统规划的具体方法以及绿地生态系统构建的基本内容和流程 (1)城乡绿地系统规划基本方法; (2)城乡绿地生态系统构建目标; (3)城乡大环境绿地生态空间结构布局。	(1)结合具体的项目案例,分析城乡绿地生态系统构建的基本方法和程序,培养学生的专业和职业认知。 (2)组织学生进行研讨风景园林规划设计广阔外延、联系的潜力,激发学生对风景园林、城乡绿地系统规划设计的激情和兴趣。 (3)通过视频案例的讲解和分析,培养学生实践创新能力和对职业素养的认知。 (4)分组汇报并讨论,学习优秀的风景园林师的事迹,特别是我国风景园林工作者的家国情怀。
4.城市绿地系统结构布局	● 掌握城市绿地系统结构的基本内涵 (1)城市绿地系统结构特点; (2)城市绿地系统布局原则; (3)城市绿地系统布局形式。	(1)结合近期我校教师参与的设计和咨询项目案例,展示城乡绿地生境建设的成果,引导学生认知绿地系统规划多样性建设的成就和理念。 (2)组织学生讨论,培养学生积极关注各国城市绿地系统结构布局,理解其对于人类社会的价值,引导学生思考当前城市发展特征与绿地规划"公平性"的关系。

续 表

知识单元	知识和能力培养要点	价值塑造途径及目标
		(3) 通过视频学习,认识城市绿地系统结构布局在城市绿地规划中的重要作用。学生随后通过自学了解城市绿地系统结构布局的现有及潜在价值。
5. 城市绿地分类规划	● 掌握风景园林工程和管理的基本理论和知识 (1) 公园绿地规划; (2) 生产绿地规划; (3) 防护绿地规划; (4) 附属绿地规划; (5) 其他绿地规划; (6) 避灾绿地规划; (7) 城市绿线规划。	(1) 结合具体的项目案例,从各种不同类型的绿地规划的角度,分析城市绿地规划建设的成就,培养学生热爱本专业的情感。 (2) 带领学生进行现场调研。由老师为学生讲解城市绿地系统规划在实际工作中的用途,使学生近距离感受本专业对社会带来的良好影响,让学生体验本专业对于社会的重大价值。 (3) 通过大型工程实例视频讲解,让学生感受城市绿地的美丽,并树立在专业领域严谨的专业精神。 (4) 培养学生团队协作、互帮互助的意识。
6. 绿化树种规划与生物多样性保护建设	● 掌握城市绿地系统中绿化树种与生物多样性的保护与相关规划方法 (1) 树种规划原则; (2) 树种规划程序; (3) 常用绿化树种选择; (4) 生物多样性保护与建设的目标; (5) 生物多样性的主要特征; (6) 生物多样性保护与建设途径; (7) 生物多样性保护措施。	(1) 介绍生物多样性对于生态中国、美丽中国的重要影响,引导学生构建作为新时代风景园林人才所必备的家国情怀与思想格局。 (2) 教授学生对于树种选择与规划的基础知识。 (3) 通过项目式学习,结合我国优秀案例,培养学生的社会责任、家国情怀和国际视野。 (4) 观看相关视频材料,引导学生树立正确对待生物多样性的态度。

四、教学设计实例

1. 教学要求

本节课程讲述"城乡绿地系统规划构建"一章中"城乡绿地系统布局规划"一节的内容,具体如下:

(1) 知识传授:认识城乡绿地系统规划布局的基本样式;了解城乡绿地系统规划的基本模式;获得城乡绿地系统规划布局过程中的要点以及基本知识。

(2) 能力培养:获得观察城市绿地布局的能力,具备分析城市绿地问题的能力,可以从不同尺度运用辩证思维分析各类城乡绿地系统的问题。提升实践动手能力,比如可以利用较小空间进行城市绿地规划设计,掌握绿地设计和工程的基本技能。

(3) 情感认知:助力学生形成对城乡绿地系统的感知和兴趣,提升对我国生态文明建设伟大成就的认知;结合专业教师参与的或找寻的具体案例讲解,提升学生对专业的热爱以及对城乡绿地规划这篇大课题的敬畏。

2. 教学实施流程

表 2　本节课课程教学实施流程表

教学环节	教学者活动	学生活动	时间(min)
一、导入	1. 视频导入 观看国内外城乡绿地系统规划优秀成果的相关视频。 2. 问题导入 回想视频中所提到的城乡绿地中的重要要素有哪些？不同环境下的绿地规划应有什么差别？引出问题：如何进行城市绿地系统布局规划？	观看PPT，观看视频，回答问题。	5
二、概念及案例	1. 概念讲解 城市绿地规划应满足因地制宜、系统性、均衡性以及以人为本四大原则。在通常情况下，绿地系统有点状、环状、放射状、放射环状、网状、楔状、带状、指状八种基本形态。 2. 案例讲解 (1) 西湖与杭州市的变迁； (2) 上海市绿化覆盖率的变化； (3) 奉贤新城城市规划。	观看PPT，观看视频，从不同城市变迁的角度出发，认知城市绿地规划的概念，并了解植物配置在其中的作用。	10
三、内容及特点	1. 问题测试 结合以上看到的案例，通过同学们在平时生活的城市，大家讨论一下哪些城市是什么类型的布局形式？每种布局形式分别都有什么优点？ 2. 总结讲解 (1) 点状绿地是将绿地以点的形式分散在城市中方便居民使用，这类绿地多用于旧城区改建。 (2) 环状绿地多出现在城市外围地区，多与城市交通同时布置。 (3) 放射状绿地有利于将新鲜空气引入城区。 (4) 楔形绿地擅于改造城市小气候。	观看PPT，互动讨论，回答问题。	15
四、讨论及分享	1. 互动分享 以上海奉贤南桥城乡绿地系统规划布局为例，引导学生思考此地块采用何种城乡绿地绿地布局，其作用有哪些。 2. 引导讲解 教师对上述思考进行回应讲解，并引出专业实践作业要求。 3. 小组汇报 4. 总结 南桥城乡绿地系统规划可以联系城市中的其他绿地以形成网络，还可以创建生态优质区域保护城市中的生物多样性。	观看PPT；提前一周布置作业，学生分组完成讨论分析并绘制思维导图，课堂安排两组汇报，互动交流，教师点评。	10
五、任务及思考	● 简要总结授课内容，并布置课程作业 (1) 作业题目：优秀城市绿地规划案例分析 (2) 任务要求： ① 地点：选取国内外优秀的城市规划案例各一个。 ② 要求：分析两种案例的历史经验以及优缺点，对比国内外在城乡规划具体问题上解决方式的异同。 ③ 成果：PPT汇报。 教师进行课程总结及布置作业的同时，引导学生回忆课程内容，梳理笔记。一方面让学生回味课堂知识内容，一方面进行生态文明理念的嵌入，达到润物无声的育人效果。	观看PPT，介绍案例。	5

3. 课程思政的融入

表 3　本课程课程思政设计

知 识 点	课程思政目标、课程思政融入点	课程思政展现形式
1. 城乡绿地系统规划的基本原则	(1) 从实际角度分析城市绿地建设与我国的实际国情的关系。 (2) 结合时代发展，引导学生从科学、技术的角度看待目前的城市绿地中所存在的热点问题。	(1) 观看上海市城市绿色规划建设的视频，系统地分析我国城市绿地规划建设的成果。
2. 精选绿地系统代表布局规划要点	(3) 培养学生对城乡绿地建设以及其他基础设施的批判质疑能力和对于相关出台政策的理解力。 (4) 引导学生独立思考和创新精神，培养学生动手参与实际项目规划设计的能力。	(2) 结合项目案例，帮助学生更深入地了解城乡绿地系统建设中的挑战。
3. 奉贤新城为例的城乡绿地系统分区以及规划	(5) 结合案例的分析和讲解，从动态、发展的角度理解相关概念和发展趋势。 (6) 结合不同尺度的城乡绿地规划建设的卓越成果，提高学生对城市绿乡绿地规划的理解能力，以及培养学生理论和实践相结合的思想。	(3) 组织学生讨论，培养学生积极关注国内外城乡绿地规划的相关经验及存在问题，形成心系世界的大局观，学会从发展的眼光看待各国城市绿地规划的发展。
4. 城乡绿地系统规划布局结构与基本模式	(7) 如何运用相关的专业知识科学合理地评价研究区绿地系统规划现有成果？ (8) 生态文明建设大背景下，风景园林专业的学习要坚持理论与实践相结合。	(4) 通过真实案例，要求引导、培养学生的创意、设计和分析问题、解决问题的能力。

五、教学反思

1. 教学内容

本节课程从城乡绿地系统规划的诸多内容中聚焦绿地系统规划的基本原则，这也是这门课程的一个基本问题；规划设计的基本原则是任何时候进行城乡绿地系统规划所应首先考虑的。在教学过程中应充分结合专业教师的实践案例作为教学内容，这样便能更真实、更生动地激发学生的学习热情和对专业的认知。

2. 教学方法

采用项目教学法，以我国上海、南京、苏州等城市作为案例引导教学，指引学生主动思考，发现问题并寻找解决问题的方法。教学中强调师生互动，教师讲解与学生讨论、汇报等结合，发挥学生的主观能动性，培养其主动学习的能力。

3. 教学过程

把教学过程精心分解为多个环节并适度安排一些合作讨论以及分享环节，增加学生的参与性和课程的互动性，在让学生全程参与课堂教学的同时，可以充分利用虚拟现实技术和视频、PPT等先进教授手段，更好地提升教学的效果。

4. 课程思政

国情教育、国土教育、专业教育始终贯穿课堂始终；多学科、多文化、多地域地融合贯通也是本节课程重点强调的课程思政内容;通过课程实践联系,培养学生的辩证思维能力和矢志参与现代环境建设的决心。

5. 教学评价

通过灵活的教学组织和多样化的考核方式,学生的主动性和积极性被大大调动,普遍表现出对城乡绿地规划课程的浓厚兴趣,能集中精力认真听课,主动回答问题,积极准备汇报的PPT,并主动演示、交流。课后作业可以认真完成,表现出一定的动手实践能力。授课过程中,国情观念、审美情趣和工匠精神等思政元素可以自然融入。

6. 教学反思

教学过程中优势方面主要有以下几点:通过本门课程学习,学生普遍掌握了城乡绿地系统规划的基本程序以及设计方法;明确了城乡各部分绿地系统的设计要素,并能熟练运用;实践教学环节,学生能更深入地理解城乡绿地系统规划与设计的相关理论知识内容,并且能更好地结合理论与实践,其组织能力、创造能力、实践能力等多方面的综合能力得到了培养。不足之处在于实战练手案例有待挖掘,课堂与学生互动的翻转式教学还不够成熟,要进一步加强学生课堂主体地位。学生反馈,通过教学过程个人受益匪浅,增强了对风景园林专业的兴趣,并增强了个人投身风景园林实践洪流造福城乡人民的拳拳决心。总体而言,"城乡绿地系统规划"课程预定教学目标达成,教学过程保证完整,学生对本课程反馈较佳。

"城市公园设计"课程教学案例

授课教师：裘江、李小双

一、课程概况

课程名称： 城市公园设计
教学对象： 风景园林、园林专业本科三年级学生
学分／学时： 3 学时／ 56 学分
课程类别： 专业基础课

二、课程简介

"城市公园设计"是园林、风景园林学科专业基础课。课程包括公园设计理论内容讲授及实验作业两个方面。理论讲授包括城市公园规划设计、带状公园与绿地规划设计、综合性公园相关理论知识，实验作业则要求在教师的指导下，每个学生结合项目场地，掌握公园设计图纸表达能力和应用能力，设计出符合实际要求，具有创新性的公园。"城市公园设计"是风景园林和园林专业学生一门重要的专业必修课程，是风景园林规划与设计实践的核心内容。

主要先修课程："风景园林规划设计""城乡绿地系统规划""风景园林数字化设计""风景园林建筑设计"。

三、课程目标

上海应用技术大学风景园林专业始终把"园林工程与植物应用"两方面的实践应用能力培养，作为本校有别于其他高校的专业技术应用特色，"城市公园设计"恰好是此双核心的综合应用课程。

"城市公园设计"是风景园林专业必修课程，主要面向具有一定风景园林专业理论知识和专业技能的学生讲授。通过本课程学习，学生应达到下述课程目标：

（1）知识获取：认识城市公园的形成与发展历程；掌握在风景园林影响下的国内外城市公园发展概况；初步了解城市公园理论体系与知识框架；认识风景园林环境要素与构成要素；加强学生专业知识储备，了解国内外风景园林学科的理论前沿及发展动态，并能将课堂所学灵活运用于城市公园设计的工程实践之中。

（2）能力培养：培养学生对不同立地条件下各类城市公园的综合分析问题、解决问题的能力，以及从功能、技术、形式、环境诸方面综合考虑公园设计的各项要求的能力；培养学生形成体现实践精神和敬业精神、擅于团结协作、具备奉献精神并能精益求精正确表达和表现设计

内容的专业能力。

（3）价值塑造：深化提高学生风景园林专业应用能力素质，磨炼电脑制图、虚拟仿真等专业技能水平，通过数字化技术让学生身临其境感受自己设计实践的成果。"城市公园设计"具体课程实践通过教师讲授、学生实训，培养兼备国家情怀、专业技能、审美情趣等专业、思政元素融于一体的应用技术型技能人才，为受训学生打下扎实的从业基础。

表 1 "城市公园设计"课程内容框架

知识单元	知识和能力培养要点	价值塑造途径及目标
1. 城市公园概论	（1）了解城市公园的起源与发展； （2）了解城市公园的功能作用； （3）掌握城市公园的定义和分类； （4）了解城市公园的起源、特点、发展与分类。	（1）了解城市公园的功能、作用。 （2）了解国内外公园的发展与特点，熟悉城市公园的定义和分类。
2. 城市公园规划设计总论	（1）掌握城市公园设计的内容； （2）理解城市公园规模容量的确定； （3）掌握城市公园的设施配置及用地平衡； （4）掌握城市公园设计的程序； （5）掌握《公园设计规范》和《城市绿地分类标准》等规划与标准的内容；城市公园设计程序。	（1）掌握城市公园设计的内容与程序。 （2）结合中外经典案例讲解、分析，掌握古典园林思想中所蕴含的认识方法和实践方法。 （3）国内外公园发展对比分析，塑造学生面向专业发展的学习心态，了解人类文明进程与风景园林动态发展的相关性。 （4）培养学生尊重世界多元文化的多样性和差异性，积极参与风景园林专业的跨文化交流。
	● 了解当代风景园林的重要案例 （1）（国家）公园案例； （2）城市公园设计案例（设计偏向）； （3）城市公园设计案例（生态偏向）。	（1）围绕"何为城市公园设计"这一问题，课前布置学生分组开展当代城市公园优秀案例的研究性学习。培养学生团队合作、责任担当的精神。 （2）通过国内外优秀实践案例进行启发式教学，培养学生的实证意识，引导学生认识城市公园在现代生态文明中的作用。
3. 综合公园	（1）了解综合公园概述（案例）； （2）掌握综合公园的分区规划； （3）掌握综合公园出入口设计； （4）掌握综合公园的园路及广场设计； （5）掌握综合公园建筑小品设计； （6）掌握综合公园地形设计； （7）理解综合公园给排水设计； （8）掌握综合公园植物种植设计。	（1）掌握综合公园的类型、任务、面积、选址、设施的配置、设计原则等，功能分区和景点分区的方法与技巧，园路及广场、地形、植物种植、建筑小品等要素的设计方法。 （2）熟悉综合公园各项设计内容的布局与设计要点与表现方法。
4. 专类公园	理解专类公园的设计内容的确定。	（1）结合具体的项目案例，分析专类公园设计的基本方法和程序，培养学生的专业和职业认知。 （2）熟悉各专类公园的类型、选址与规模、功能分区的规划设计方法和设计要点。
	● 熟悉经典规划设计案例（人物） （1）国内外经典案例； （2）国内外知名设计师。	（1）通过视频案例的讲解和分析，培养学生实践创新能力和对职业素养的认知。 （2）分组汇报并讨论，学习优秀的风景园林师的事迹，特别是我国风景园林工作者的家国情怀。

续 表

知识单元	知识和能力培养要点	价值塑造途径及目标
5. 社区公园	掌握社区公园的规划设计方法与设计要点。	(1) 熟悉社区公园的类型、选址与规模、功能分区的规划设计方法和设计要点。 (2) 通过视频学习和课程导师实际案例介绍学习,认识公园绿地在园林和生态环境中重要作用,通过自学了解社区公园的文化内涵。
6. 其他类型城市公园	郊野公园、森林公园、野生动物园的规划设计方法与设计要点。 ● 了解风景园林工程的优秀案例 (1) 森林公园工程案例; (2) 郊野公园工程案例; (3) 郊野动物园。	结合具体的项目案例,熟悉郊野公园、森林公园、野生动物园的规划设计方法与设计要点。 (1) 郊野公园、森林公园、野生动物园的规划设计方法与设计要点。 (2) 培养学生团队协作、互帮互助的意识。
7. 城市公园设计实践案例剖析	介绍城市公园设计实践相关事物、优秀实践案例。 通过学习城市公园风景园林建设的优秀案例,深刻了解学科前沿动态以及专业前沿理论。	(1) 通过实际案例的赏析,引导学生逐步构建作为新时代风景园林人才所必备的家国情怀与思想格局。 (2) 结合具体的设计和工程实例,培养学生未来扎根实践一线,服务国家建设的情怀。 (1) 能按照公园设计规范内容和具体场地条件去评析某公园的造景与应用状况,培养学生的社会责任、家国情怀和国际视野。 (2) 观看国家公园建设的视频,引导学生在社会经济高质量发展的时代背景下,分析风景园林发展的热点和趋势。

四、教学设计实例

1. 教学要求

本节课程讲述"综合性公园"一章中"综合性公园规划设计"一节内容,具体如下:

(1) 知识传授:认识综合性城市公园规划设计的概念和作用;了解不同尺度综合性公园构成要素和特点;了解我国城市公园规划设计建设的巨大成就和风景园林学科在生态文明建设中的重要作用;获得城市公园生境营造建构的基本知识。

(2) 能力培养:培养学生运用辩证思维分析不同尺度各类城市公园设计问题。提升学生实践动手能力,尤其专注于不同尺度、不同类别的城市公园设计,掌握风景园林设计和工程的基本技能。

(3) 情感认知:助力学生形成对风景园林学科的进一步感知和专业兴趣,提升对我们国家城市公园建设伟大成就的认知;激发学生的专业责任感和行业热爱感,树立广大受教学生对自然美好事物的欣赏和对专业科学不懈探索的精神。

2. 教学实施流程

表2　本节课课程教学实施流程表

教学环节	教学者活动	学生活动	时间(min)
一、导入	1. 互动导入 以国内外优秀城市公园规划设计案例为互动导入点,放映PPT。 2. 问题导入 同学讨论公园规划设计需要考虑哪些层面的因素。	观看PPT,头脑风暴,回答问题。	8
二、概念	1. 综合性公园规划设计难点讲解 任课教师介绍介绍综合性公园规划设计重点,包括主要设施内容、功能分区、出入口安排、园路布置、场地布局、地形处理、建筑营构等内容,教学过程反复渗透综合性公园规划设计关注原则并渗透思政元素,放映预先准备的介绍视频。 2. 案例详细讲解 (1) 长风公园; (2) 中央公园; (3) 越秀公园。	观看视频,听课任教师具体讲解。	17
三、方法	1. 互动分享 学生分组选择代表上台展示小组学习心得,并分享补充小组学生对于综合性公园规划设计的补充想法思路。 2. 老师点评 授课教师点评凝练学习心得。	观看PPT,分享学习心得,回答问题,做出汇报。	8
四、任务	1. 任课教师介绍本次实践项目概况 2. 下发任务书	观看PPT。	8
五、总结	总结本节课主要的内容和知识点,明确提交作业时间线,布置下阶段教学工作。	观看板书、PPT介绍案例。	4

3. 课程思政的融入

表3　本节课课程思政设计

知识点	课程思政目标、课程思政融入点	课程思政展现形式
1. 城市公园的起源与发展 2. 城市公园的定义和分类	(1) 从国际视野分析城市公园发展脉络与演变特点,重点讲解我国城市公园学科发展的历史。 (2) 结合时代发展,引导学生多角度多方面掌握城市公园研究的定义与分类。 (3) 布置实践项目,安排学生进行城市公园真实场地的规划设计,体会设计美学价值,锤炼专业技能。 (4) 引导学生发扬独立思考和创新精神,对于城市公园规划设计具备独特个人见解。	(1) 观看城市公园设计经典案例的视频,动态、系统地分析我国城市公园建设过程中对生态文明建设和美丽中国建设所起到的良性影响。 (2) 结合项目案例,邀请项目负责人进课堂,帮助学生更深入地了解城市公园建设中的挑战。

续 表

知 识 点	课程思政目标、课程思政融入点	课程思政展现形式
3. 城市公园规划设计项目的实操	(1) 结合城市公园设计具体案例进行分析和讲解,从动态、发展的角度理解相关概念和发展趋势。 (2) 结合不同类型、尺度的城市公园建成成果,提高学生对风景园林实践兴趣,以及培养学生理论和实践相结合的思想。	(3) 组织学生讨论健康城市公园设计所应具备的表征,培养学生从批判、全面的视角看待风景园林专业实践成果。
4. 城市公园规划设计总结剖析	(3) 根据真实设计场地的实际需求和现实情况进行教师指导下的项目实操。 (4) 坚持理论与实践相结合、坚持国内外双循环案例的灌输培养	(4) 通过实际案例及项目总结剖析,培养学生分析问题、解决问题的能力。

五、教学反思

1. 教学内容

"城市公园设计"课程强调课堂教学授课应从以"教"为中心向以"学"为中心转变,以提升教学效果为目的,因材施教,运用适当数字化教学工具,有效开展教学活动,并以此训练学生问题解决和思辨思维的能力。力求为学生课题专业目标打好培养基础,使得受训学生成为可以服务于上海地区生态人居环境改善和市容美化的中坚力量。教学作业布置采用小组分工合作形式,旨在强化学生的团队合作意识与沟通交流能力。

通过这门课程的学习,学生得以了解世界城市公园的发展概况、历史和未来前景,熟悉城市各类型公园的内容,了解和掌握城市公园规划与设计的基本概念、相关规范,掌握公园规划与设计的基本理论知识,把握公园规划与设计的一般原理、方法和技巧,提高学生的专业设计素质;要求学生了解各专类公园的任务、类型和组成部分,熟悉综合公园的功能、分类、内容以及规划与设计的特点、方法和程序,掌握景观绿地不同类型、不同尺度综合性城市公园规划设计。

2. 教学方法

本课程在课堂上采用启发式教学,突出重点、难点,辅以课内外练习、实地参观、调研分析、讨论、案例分析赏析,配合设计方法和设计要求的讲解及模拟设计等教学方法,并尽可能多地结合工程实例,充分利用板书、多媒体、录像、动手示范练习、设计等多种手段完成教学,使教学内容生动、直观。

3. 教学过程

把教学过程精心分解为多个环节,增加学生的参与性和课程的互动性,从理论及观摩(知其然)—作业实践(知其所以然),让学生全程参与课堂教学,大大提高了学生主动学习的积极性。充分利用虚拟现实技术和视频、PPT 等教授手段,更好地提升教学的效果。

"城市公园设计"课程按照发展性评价的原则,本着成果导向、学生中心、思政要素相耦合的初心,构建"评价主体多元、评价内容全面、评价方式多样"的课程考核评价体系,实现对学生理论知识是否理解、专业技能是否提升、设计理念是否内化做出全方位评价;学生也可在学期结束对授课教师所教课程的教学质量、教学形式、教学方法等进行评价。双向评价结束进入改进反馈机制完成教学闭环。

4. 课程思政

习近平总书记提出要坚持把"立德树人"作为大学教育的中心环节,作为高年级学生的专业必修课程,课程思政也应起到举足轻重的作用。在实际教学过程中,授课教师积极围绕国内外优秀实际案例,精心选取实践场地,在课堂与设计作业点评中引导学生心系国家,心怀天下,将思想政治教育与专业教育有机融合,形成育人协同效应,同时在实践过程中,指导教师引导学生努力做到精诚团结、积极表达、开拓创新,力求为沪上发展提供一批批卓越优秀的应用人才。

5. 教学评价

通过一系列具体改革措施,"城市公园设计"课程教学效果成效显著。课程与教学改革暴露的重点问题趋向解决,课程内容及课程教学组织形式日益多元,成绩评定方式更加科学,课程评价方式日臻全面,城市公园混合式课程教学产生了良好的教学效果,具有一定的借鉴意义。

6. 教学反思

教学过程中优势方面主要有以下几点:通过课程教学,学生基本掌握城市公园景观设计的基本原理和设计方法,包括公园主题定位、总体布局、功能分区、竖向设计、道路系统、河湖水系规划设计等;从设计作品表现效果来看,学生经过专题学习,掌握了公园景观设计的图纸表达技巧,能较为熟练地绘制相关技术图纸,包括平面图、效果图、分析图及施工图;了解城市公园景观设计中的常用景观材料、景观构造与景观施工一般知识,能独立完成城市公园景观设计任务,为将来从事景观设计专业打下坚实基础。不足之处在于:多元城市公园设计思潮的教导还不够,课堂上学生对于知识的吸收转化欠佳,设计作品不够出彩。学生对于城市公园设计普遍难点如竖向设计、水景设计存在较多疑问,需要着重加强。总体而言,"城市公园设计"课程预定教学目标达成;对学生专业综合素质实现了全方位提升,包括但不限于提高了学生创新意识、团结意识、奉献意识、敬业意识、思辨意识。

"植物景观规划与设计"课程教学案例

授课教师：刘静怡、贺坤、王铖

一、课程概况

课程名称：植物景观规划与设计
教学对象：风景园林、园林专业本科三年级学生
学分／学时：3学时/48学分
课程类别：专业课
课程荣誉：校级课程思政荣誉课程（2019）

二、课程简介

本课程是风景园林专业的专业必修课，是引导学生综合运用前期所学的植物相关知识进行规划设计的重要环节，是学生进入植物景观专项设计的关键环节。通过植物景观功能、植物景观设计的发展历程、植物景观设计的基本原理和原则、设计程序以及不同园林绿地的植物景观设计要点等内容的介绍，培养学生园林植物分析和设计能力，并能借助已学知识进行植物景观规划设计，提升学生营造优美人居环境的能力，使学生树立生态文明观和可持续发展思想，为未来植物景观设计工作打下扎实基础。

主要先修课程：植物学、树木学、风景园林规划设计。

三、课程目标

"植物景观规划与设计"是风景园林专业的专业必修课程，也是课程思政核心骨干课程。课程体现了应用型本科试点建设中的"重基础、重能力、重实践"中"重能力、重实践"的特色，引导学生掌握常用园林植物的规划设计理论和方法，尊重植物的生物习性和设计特性，并学习运用数字化技术进行植物创新应用，着重于实践能力的培养。

（1）知识获取：引导学生认知中外植物景观规划设计发展的历程，讨论我国城乡绿色发展的国情，应用植物景观的空间特征及营造、植物与其他景观元素的组景等植物景观相关基本理论知识，掌握植物景观规划的基本内容、植物景观种植设计的基本内容，获得植物景观规划设计规范及表达植物景观的经验，归类国内外植物景观规划与设计的热点和发展趋势。

（2）能力培养：培养学生运用植物景观规划和设计知识，科学评估植物材料"生物习性"

与"设计特性",分析植物规划设计中"科学与艺术"的关系,掌握植物景观规划设计方法,并在植物景观规划设计各阶段中加以应用,尝试创新思维和创新性劳动,拓展学生的国际视野和与时俱进的现代意识。

（3）价值塑造：引导学生感悟生态审美观,产生对风景园林行业和职业的兴趣,培养一丝不苟、忠于职守的职业态度,形成生态文明观念和可持续发展思想,浸润园林绿化建设的坚定职业理想和致力于社会公正的信念,树立家国情怀,建立国际生态绿色视野。

表1 "植物景观规划与设计"课程内容框架

知识单元	知识传授和能力培养要点	价值塑造途径及目标
绪论	1. 植物景观设计与城乡绿色发展 2. 植物的主要功能 3. 植物景观设计的原则 4. 园林植物种植图分类及其要求	(1) 强调建设生态文明是中华民族永续发展的千年大计,使学生牢固树立国情观念,理解中国国情,树立生态文明观,将个人学习、职业发展与美丽中国建设、建设青山绿水联系起来。拓展国际视野,关注人类面临的全球性挑战。 (2) 通过比较上海不同时期的园林绿地指标以及绿地系统规划理念的变化,引导学生了解上海园林绿化事业发展历程,激发学生生态文明建设的热情和爱国主义情感。
园林植物表现技法	1. 乔灌草地被的表现技法 2. 平面图/立面图/效果图的表现技法	引导学生拓展美学视野,提升生态审美水平,培养学生的人文素养。
美学特性和配置原则	1. 园林植物的形态特征 2. 园林植物的色彩特征 3. 植物的其他美学特征 4. 植物的文学特征 5. 植物造景的美学法则	(1) 介绍中国古典园林植物设计理论和案例,使学生更好地理解中国"天人合一"哲学思想和传统美学精髓。 (2) 通过介绍新中式园林中植物设计的造景手法和经典案例,让学生理解创新的内涵和价值,在文化传承中体悟美学创新的魅力。
植物种植设计程序	1. 植物种植设计的基本流程 2. 各设计深度的基本要求 3. 图纸绘制规范	通过讲解植物景观配置设计的基本流程、各种工程问题及解决问题的方式,引导学生理解园林设计和工程技术伦理和工程伦理的道德规范,让学生更加崇尚实践,遵从工程技术伦理。
园林植物景观的创造	1. 植物造景的原则 2. 植物配置方法 3. 园林植物景观设计方法	讲解园林中地形、水、植物、建筑的关系和运用手法,融入"绿水青山就是金山银山"的生态观和可持续发展理念。
各类绿地植物景观设计	1. 居住区的植物景观设计要点 2. 城市公园的植物景观设计要点 3. 城市道路的植物景观设计要点 4. 案例解析	通过介绍解析近年来上海园林绿化的巨大成就,激发学生家国情怀,加强学生文化自信和自豪感。
要求学生掌握上海常见园林植物	1. 乔木100种 2. 灌木100种 3. 草花地被100种	加强学生对家乡自然环境的了解,培养学生家国情怀和对国民身份的认同。

续 表

知识单元	知识传授和能力培养要点	价值塑造途径及目标
校内实践	1. 工程营建 2. 花境营造(约 9 m^2)	(1) 在实际的案例分析中,引入生态文明建设、美丽中国建设和乡村振兴等国家战略的发展需求等理论;培养学生树立正确的国情观念,学会运用生态的思维方式解决园林生态设计中遇到的问题。 (2) 培养学生具有"崇尚实践""团队合作"的职业素养、精益求精、勇于创新、勤于实践的精神和工匠精神。培养技术创新活动时必须遵从人类社会的道德伦理和团队合作精神。

四、教学设计案例

1. 教学要求

以"绪论"一章中"植物景观设计与城乡绿色发展"内容为例,具体教学设计如下:

(1) 知识传授:了解植物与植物景观;掌握植物景观规划与设计相关术语,理解植物的主要功能,了解植物景观规划设计的发展以及行业前沿热点。

(2) 能力培养:理解植物景观的内涵,掌握植物景观规划与设计的发展规律,具备分析植物景观规划设计的专业素养。

(3) 情感认知:引导学生理解"绿水青山就是金山银山"理念,激发学生对当代环境、城市、人民生活的观察和思考,树立探索改善人居环境、建设美丽中国的理想信念。

2. 教学实施流程

表 2　本节课课程教学实施流程表

教学环节	教 学 者 活 动	学生活动	时间(min)
一、概念导入	1. 视频导入 以一段上海郊野公园的新闻视频作为切入点,引出"绿水青山就是金山银山"理念。 2. 问题导入 提问:上海有哪些郊野公园?郊野公园与普通城市公园的区别? 3. 理念阐述 介绍上海以郊野公园为重点的大型游憩空间和生态环境建设的战略部署,引出"绿水青山就是金山银山"的理念,并加以阐释。	观看视频,讲解PPT,回答问题。	5
二、植物的主要功能	1. 理论讲解 讲解植物的生态环保、空间构筑、美学观赏、经济功能的四大功能。 2. 案例解析 (1) 上海绿道专项规划; (2) 美国中央公园案例。	讲解PPT,分享心得,交流讨论。	15

续　表

教学环节	教　学　者　活　动	学生活动	时间(min)
	3. 师生互动 请学生举例他们身边植物景观设计体现"生态文明""美丽中国"发展理念的实例,教师进行点评分析和引导。		
三、植物景观设计的原则	1. 理论讲解 讲解植物景观设计的自然性、生态性、文化性、美学性原则。 2. 误区剖析 过度"以草代木",乔灌草比例不合理; 片面追求短期效应,过多使用大树; 盲目种植外地植物,过度追求"异域风情"。 3. 师生互动 请学生举例分析身边植物景观设计误区的实例,并提出纠正策略,教师进行点评分析和引导。	讲解PPT, 互动讨论。	20
四、任务及思考	● 简要总结授课内容,并布置课程作业 (1) 作业题目:优秀植物设计案例探析 (2) 任务要求: 分组搜集近年来我国优秀/重大的植物景观设计项目的资料,分析其植物设计理念、设计特色以及设计、建设、使用过程中的有意义瞬间。 (3) 成果要求:将研究成果制作PPT,并准备5 min口头汇报。	复习笔记, 搜集资料, 制作PPT。	5

3. 课程思政的融入

表3　本节课的课程思政设计

知　识　点	课程思政融入点	课程思政展现形式
1. 植物的主要功能	通过解析《上海城市生态空间专项规划(2018—2035)》、黄浦滨江绿道等行业热点案例,引导学生树立良好的生态环境是最普惠的民生福祉的理念,形成加强生态保护、促进绿色发展的思想。	(1) 教师讲述热点案例的主要特点和形成背景。 (2) 学生分享案例,师生互动讨论。
2. 植物景观设计的原则	通过解析三个常见植物景观设计的误区,引发学生对当代环境、城市、人民生活的观察与思考,树立探索改善人居环境、建设美丽中国的理想信念。	(1) 教师讲述设计误区的现象问题和形成原因。 (2) 学生分享案例,师生互动讨论。 (3) 课后作业。 要求学生将理论活学活用,解析优秀植物设计案例。

五、教学反思

1. 教学内容

本节课程介绍了植物景观设计与城乡绿色发展的概况,并对植物的主要功能、植物景观设计的原则进行了深入解析。园林植物规划与设计的绪论课,应在讲解植物景观相关的理论知识框架的同时,激发学生对植物景观规划设计的学习热情,拓展学生专业视野,帮助学生开启了解植物景观规划设计行业前沿之门。

2. 教学方法

主要以讲授为主,可针对教学内容,提前布置作业,让学生查阅上海城乡发展相关规划,通过反转课堂,更好地完成教学内容。

3. 教学过程

把教学过程精心分解为多个环节,增加学生的参与性和课程的互动性,从"知其然"到"知其所以然",让学生全程参与课堂教学,大大提高了学生主动学习的积极性。

4. 课程思政

本次课程选取了黄浦滨江绿化建设的案例,学生反响热烈,教学效果超出预想。通过案例解析,学生们发现植物景观设计能够为上海城市最大限度地保持好生态本底,为提升市民生活游憩体验、展示地方文化和特色做出贡献,从而进一步坚定了学好专业知识,激发了投身园林建设事业的信心和热情。由此可见,课程思政案例的选取既要与授课内容密切相关,又要紧贴当下时事热点,保持鲜活性、正能量,这样学生才能听得懂,学得进,记得牢,与案例产生共鸣;否则学生不感兴趣,教学效果达不到预想效果。

5. 教学评价

绪论课的内容较多,讲解可深可浅,课时有限,课堂上比较考验教师的时间掌控能力,需要提前合理设计好每部分内容讲授要求。课后作业量要适度。进一步完善学生对授课内容的反馈与评价系统,如借助在线授课平台交流、调查问卷等方式及时关注学生对课程思政授课效果的反响与意见,以便更好地改善教学手段、提高教学水平。

"生态工程学"课程教学案例

授课教师：李法云、王玮

一、课程概况

课程名称：生态工程学
教学对象：风景园林专业本科三年级学生
学分学时：2学分/40学时
课程类别：专业选修课
课程荣誉：上海市一流课程（2021年度虚拟仿真实验教学课程）、校级课程思政重点课程（2019）、线上线下混合式课程（2021）

二、课程简介

"生态工程学"是风景园林专业的选修课程。通过本课程的教学，掌握生态工程学的基本原理和方法，形成系统观点和生态环境意识，树立人与自然和谐相处的理念；在生态建设过程中，遵循并应用生态规律、经济规律和社会规律；明确城市生态规划的原理、目标，结合生态系统可持续发展理论，具备分析解决城市生态环境问题的能力。

主要先修课程："基础生态学""植物学""园林工程"。

三、课程目标

针对上海应用技术大学应用创新型高校的人才培养特色，在"生态工程学"课程教学中，主要通过将典型农业生态工程中所蕴含的丰富生态智慧、农林牧复合生态工程中物质和能量转换的系统设计、景观生态工程中科学与艺术的有机结合、湿地生态工程中的近自然设计方法，以及工业生态中"社会-自然-经济"系统的生态足迹和生态承载力分析等典型案例分析，探索于"润物细无声处"培养学生系统思维和辩证分析问题的方法，在学习和以后工作中自觉践行生态文明思想，树立中华优秀传统文化自信，养成低碳绿色生活好习惯。

（1）知识获取：了解当前生态系统面临的主要生态环境问题，形成生态工程设计和分析的基本思路；掌握生态工程学的基本原理和实验方法；在生态建设过程中，培养学生遵循并理解生态规律、经济规律和社会规律。

（2）能力培养：具有生态文明建设思想，具备扎实的生态工程学理论基础；加深学生对"生态兴则文明兴"的科学理解，自觉运用生态文明思想践行生态环境保护行动。

(3) 价值塑造：树立生态环境意识和人与自然和谐相处的观念；立足于我校应用技术的办学特色，持续推进劳动教育，培育学生热爱自然与正确的劳动价值观；具有脚踏实地的工作精神、乐于创新。

表 1 "生态工程学"课程体系

知识单元	知识和能力要点培养	价值塑造途径及目标
1. 生态工程学导论	● 认知生态工程学 (1) 生态工程概述； (2) 生态工程提出的背景； (3) 国内外生态工程学发展现状及应用前景。	(1) 了解生态工程的背景及发展前景，形成生态工程设计和分析的基本思路。 (2) 培养学生具备生态文明建设思想，拓展思维、了解国内外生态工程领域的前沿成果和动态，认同中国特色生态工程。
2. 农业生态工程	● 如何"知农爱农"？ (1) 农业生态工程概述； (2) 种植业生态工程； (3) 养殖业生态工程； (4) 种养复合生态工程。	(1) 以中国传统农业生态工程案例"垄稻沟鱼""桑基鱼塘"为切入点，掌握农业生态工程设计思路与方法，具备农业生态工程评价和分析能力。 (2) 结合上海市农业科学院庄行综合试验站实践，培养学生知农爱农，为推动山水林田湖草系统治理、推进乡村全面振兴做出贡献。
3. 林业生态工程	● 林业生态工程的兴起 (1) 林业生态工程概述； (2) 林业生态工程设计原理； (3) 林业生态工程实例； (4) 农林牧复合生态工程。	(1) 熟悉林业生态工程营造及构建技术，具备农林牧复合生态工程效益评价与规划设计的能力。 (2) 关注区域人工复合生态系统中物种共生关系与物质循环再生过程，引导学生认识林业生态工程的目的在于提高整个人工复合生态系统的经济效益与生态效益，实现生态系统的可持续经营。
4. 湿地生态工程	● 何为"地球之肾"？ (1) 湿地生态工程概述； (2) 湿地生态工程设计原理； (3) 湿地生态恢复。	(1) 通过学习湿地生态工程模式与相关技术要求，培养学生具备自然和人工湿地生态工程设计、评价和监测的能力。 (2) 引入《诗经》等传统古诗词，加深学生对湿地基本组成要素的理解，传播中华优秀文化，增强民族自豪感。
5. 景观生态工程	● 景观生态规划与设计 (1) 景观生态工程概述； (2) 景观生态规划与设计； (3) 景观生态工程实例。	(1) 通过学习景观生态规划和设计方法，引导学生关注生态规划设计与生态文明建设相结合； (2) 邀请企业专家作讲座，通过案例探讨景观规划设计的生态伦理，强调在做规划设计的时候一定要牢记"山水林田湖草"生命共同体的概念，注重和谐人居、绿色发展。

四、教学设计实例

1. 教学要求

本节课程讲述"农业生态工程"一章中"种养复合生态工程"一节内容，具体如下：

(1) 知识传授：明确种养复合生态工程的定义，掌握六种典型种养复合工程模式，分析种养复合生态工程模式在农业可持续发展及脱贫攻坚中发挥的作用。

（2）能力培养：培养学生结合家乡民生以及经济发展情况，将专业知识运用到解决实际问题中来，辩证地分析保护野生动植物资源与利用动植物资源的关系，思考如何解决养殖户饲养、销售面临的困难，提出解决问题的建议。

（3）情感认知：培养学生牢固树立劳动价值观和生态文明观，引导学生懂农业、爱农村和爱农民，助力乡村振兴，建设美丽中国。

2. 教学实施流程

表 2　本节课课程教学实施流程表

教学环节	教学者活动	学生活动	时间(min)
一、创设情景，引起注意（导入）	1. 问题导入 国家最新颁布禁食野生动物的法律法规？野生动物在生物多样性保护方面有什么重要意义？ 2. 案例导入 学生回答家乡已有的特种养殖实际情况及面临的困难，结合颁布的《关于全面禁止非法野生动物交易、革除滥食野生动物陋习、切实保障人民群众生命健康安全的决定》，提出解决问题的建议。	观看PPT，提出解决问题的建议。	4
二、告知学习目标	种养复合工程模式	明确学习目标。	2
三、刺激回忆学习过的相关内容（回顾）	1. 提问：考查预习效果和学过知识的掌握程度后，教师再进行讲解。 2. 回顾种植业生态工程；养殖业生态工程。	回答问题。	3
四、呈现本堂课所学的新内容（理论）	1. 种养复合生态工程的定义、内涵 PPT展示种养复合生态工程模式示意图。板书：典型种养复合工程模式(要点)。 2. 6种典型种养复合工程模式 PPT展示庭院生态工程"四位一体"模式图、桑基鱼塘水陆物质循环生态工程模式图等。 互动讨论：生活中常见的种养复合工程模式。	观看PPT，分组讨论，汇报生活中常见的种养复合工程模式。	16
五、呈现本堂课所学的新内容（案例）	1. 案例：桑基鱼塘水陆物质循环生态工程模式 超星学习通平台播放浙江湖州南浔桑基鱼塘视频。 2. 互动讨论 根据浙江湖州南浔桑基鱼塘视频，说出5个你所想到与生态、健康密切相关的关键词，并根据自己对关键词的重要性从大到小进行排序。	观看视频，分组讨论，汇报案例中与生态、健康密切相关的关键词并排序。	15
六、本堂总结及思考题	1. 总结 种养复合生态工程内涵、农业生态工程实例分析。 2. 思考题 结合国家最新颁布禁食野生动物的法律法规及野生动物在生物多样性保护方面的重要意义，思考如何解决养殖户饲养、销售面临的困难，并提出解决问题的建议。 3. 预习林业生态工程	观看PPT。	5

3. 课程思政的融入

表 3　本节课课程思政设计

知 识 点	课程思政融入点	课程思政展现形式
1. 种养复合生态工程的概念和模式	具有国际视野，关注人类面临的全球性挑战。从我国的实际国情分析种养复合生态工程的优势。	以图片的形式展示现代科学技术与传统农业中的精华有机结合。
2. 典型种养复合生态工程模式实例	引导学生思考生物质综合利用的现状，培养学生如何多角度、辩证地分析问题。以庭院生态工程为例，分析此模式可能被迫停止的原因。	通过实际案例引导，组织学生讨论，培养学生有实证意识和严谨的求知态度。
3. 桑基鱼塘水陆物质循环生态工程模式	以国家生态文明体制改革、建设美丽中国思想，激发学生家国情怀和文化自信。浙江青田桑基鱼塘已被列为中国重要农业文化遗产和世界农业文化遗产。	观看视频和专家讲座，了解国情历史，尊重中华民族的优秀文明成果，传播弘扬中华优秀传统文化。

五、教学反思

1. 教学内容

本节课授课内容以学生家乡所在地备受关注的经济和民生问题作为切入点，讨论种养复合生态工程模式在农业可持续发展中发挥的作用。

2. 教学方法

本节课采用案例教学法，利用超星学习通平台观看视频和专家讲座，直观生动地了解典型种养复合生态工程模式，培养学生如何多角度、辩证地分析问题。

3. 教学过程

细化每个教学环节，增加学生互动讨论过程，使学生全程参与课堂教学，利用网络授课平台，邀请企业专家走进课堂。

4. 课程思政

立足实际的生态问题，结合国内外重点生态工程措施案例，培养学生从身边生活中的农业生态问题进行生态工程系统性认识，将课堂理论与生活实践结合，将专业知识运用到解决实际问题中来，促进生态文明理念与可持续发展战略在文化育人过程中的逐层渗透。

5. 教学评价

授课团队在对已有线下教学大纲和内容讨论的基础上，分析了线上"生态工程学"相关教学资源的优缺点及对本校学生的适宜性，进一步优化教学内容体系设计，探索采用将课程教师讲解与有机利用网上丰富的课程相关教学资源相结合的课程教学方法，将网上国家级精品课程部分内容、中国工程院、中国科学院等的知名专家学者的讲座有机纳入课堂和课后学习，通过"虚实"相结合的线上线下方式组建"教学团队"，让学生体验教师们不同的教学风格，有效拓展学生的知识视野。

"植物应用能力考试"课程教学案例

授课教师：王铖、贺坤、刘静怡

一、课程概况

课程名称：植物应用能力考试
教学对象：风景园林、园林、园艺专业本科三年级学生
学分/学时：1学分/32学时
课程类别：实践课

二、课程简介

植物应用能力考试是风景园林、园林、园艺三个专业园林植物应用教学的关键环节。其任务是帮助学生巩固、加深之前已学园林植物的相关知识，全面掌握华东地区常见园林植物的种类、观赏特性、生态习性、园林用途、配置模式等知识，提高学生在园林景观设计、园林工程施工和园林绿化管理中植物的应用能力；同时以园林植物的应用为途径，强化生态文明理念和传统优秀文化的传承。

主要先修课程："植物学""园林树木学""花卉学""园林植物景观设计"。

三、课程目标

本课程是风景园林、园林、园艺专业的综合实践课程，课程要求学生熟练掌握常见园林植物识别、分类、习性和用途等知识，能根据具体的设计要求解决实际问题，达到能独立分析和解决简单的园林植物景观应用问题的水平，着重培养学生的综合应用能力和创新素养。

（1）知识获取：掌握园林植物识别的基本知识和方法，熟悉常见园林植物的主要特征，能够正确辨识500种以上常见园林植物；熟练掌握华东地区常见园林植物的习性、观赏特性和园林用途等知识；熟练掌握园林植物景观应用的方法和程序。

（2）能力培养：能够根据设计任务和场地条件，选择合适的种类，形成可实施的植物景观设计方案，植物景观的应用具备较高的科学性、艺术性和落地性。

（3）价值塑造：引导学生在园林植物的应用中遵循生命科学的基本原理，科学思考，求真务实，逐步建立起科学理性思维；通过园林生态知识教学和案例分析，帮助学生逐步树立起生态文明的理念；在欣赏植物景观的艺术美感和阐释植物景观的文化内涵中，引导学生升华艺术文化情感。

表 1 "植物应用能力考试"课程体系

知识单元	知识和能力要点培养	价值塑造途径及目标
1. 园林植物的识别	(1) 园林植物的识别方法； (2) 园林植物用途与分类； (3) 常见园林植物的识别。	(1) 通过植物系统分类和应用分类的知识体系与主要区别的教学，培养学生严谨求实的科学精神。 (2) 通过常见园林植物的识别实习，培养学生主动学习、自主学习和批判思维能力。
2. 园林植物的认知	(1) 园林植物的观赏特性； (2) 园林植物的生态习性； (3) 园林植物的景观用途。	(1) 通过植物观赏特性、园林用途与植物文化的学习，引导学生升华艺术文化情感，陶冶学生的家国情怀。 (2) 通过植物生态习性的学习、现场调研和综合考试，培养学生吃苦耐劳的精神和认真负责的职业素养。
3. 园林植物的应用	(1) 园林植物景观的形式； (2) 园林植物配置的方法； (3) 园林种植设计的程序。	(1) 通过解决不同生境、不同主题、不同场地功能和特征的植物景观应用的难题，树立认真严谨的治学态度，激发学生综合分析、解决问题的创新能力。 (2) 通过园林植物的选择与景观应用实践，增强学生团结协作的集体精神，树立正确的生态文明观。

四、教学设计实例

1. 教学要求

本节课程讲述"植物识别与应用课程介绍"一节内容，具体要求如下：

（1）知识传授：了解园林植物识别与应用在园林景观设计和生态文明建设中的重要作用；掌握 500 种园林植物鉴定识别、系统分类、观赏特性、生态习性和园林用途的基本知识。

（2）能力培养：获得根据具体立地条件和设计要求，进行科学思辨，选择植物与配置植物的能力，从整体上提升植物应用实践的动手能力。

（3）情感认知：激发学生探索未知事物的好奇心和挑战困难、探索自然的勇气，树立对祖国大好河山和丰饶资源的热爱之情，提升学生对专业的认知和兴趣。

2. 教学实施流程

教学活动以知识模块为单位，采用线上线下结合的方式组织，以学生自主学习和练习为主，教师讲解和答疑为辅，具体的教学过程可以分为如表 2 所示的几个环节。

表 2 本节课课程教学实施流程表

教学环节	教学者活动	学生活动	时间(min)
一、课程导入	1. 视频导入 分别选取西方古典园林和东方园林中植物造景的经典场景进行介绍。 2. 问题导入 东西方园林中植物景观的特色是否有差异，植物的应用有何不同？	观看 PPT，回答问题。	5

续 表

教学环节	教学者活动	学生活动	时间(min)
二、任务讲解	1. 知识串讲 对先导课程中园林植物板块的知识进行简要的归纳和串讲,主要内容包括园林植物与其他类别植物的主要区别、园林植物的分类、观赏特性、用途、习性以及园林植物蕴藏的文化内涵等。 2. 任务说明 对本课程学习的具体目标进行说明: (1)熟练识别500种以上园林植物; (2)掌握常见园林植物的科属、类别、习性、观赏特性和园林用途 (3)能够根据要求选择合适的植物完成植物种植设计。	观看PPT,听老师课堂讲解,回答老师提问。	10
三、课堂练习	1. 系统演示 向学生讲解课程配套教学系统的使用方法,并举例进行演示。 2. 课堂练习 学生利用课程配套的考训系统选择不同的模块进行练习。	上机操作练习。	10
四、课堂测试	1. 学习考核 根据学习内容,选择相应模块中的试题形成当堂课程的考卷。 2. 测试反馈 学生完成考卷中的题目,并提交试卷后,考训系统会立即完成题目的批改,并将考核结果反馈给学生。	学生在规定时间内完成测试题目。	10
五、课程总结	1. 课堂交流 从考核成绩最好的和最差的学生名单中分别选取2人进行交流,谈谈对本次考核的体会。 2. 测试分析 向全体学生公布本次测试的结果,根据系统反馈的统计数据对当堂测试的结果进行分析总结,找到学习中存在的主要问题,提出下一步学习的建议。 3. 后续课程 (1)根据本次课程练习的结果,为学生布置课后的练习作业; (2)对下一次课的学习内容和要求作简单的说明,并提出课前学习要求。	观看PPT,听老师课堂讲解。	5

五、教学反思

1. 教学模式

本课程采用线上自主学习与线下教师点评相结合的混合式教学模式组织教学。为了实现线上线下教学的有机结合,在教学设计上进行了周密的安排,专门配套了"园林植物识别与应用考训系统",将学习、练习和考核融为一体,为教学活动的有效组织提供了保障。

2. 教学方法

本课程的教学以任务为导向,学习任务明确,学习目标具体。教师在教学的过程中,始终围绕教学任务的完成组织教学。在课件的设计上,按照有利于混合式教学的原则对教学内容进行了模块化集成、对学习的知识点按照有利于"考""训"的原则进行了标准化的编写,全部知识点实现了标准化试题的全覆盖。在教学的过程中,教师负责课程的组织、引导和释疑,学生自主完成学习、练习和考核,系统承担学习内容完成情况的测试和反馈。

3. 教学评价

依托配套的课程考训系统,学习效果的检验和即时反馈是本课程的优势。考训系统的题库对学生需要掌握的知识点实现了全部覆盖,学习内容和考核内容完全实现了统一。为了对学生的学习效果进行客观评价,对训练、考核题目的编写方式进行了重大改变,题干采用统一模式编写,正确选项与题干考核内容主题词词匹配,干扰选项在同类选项中随机产生,避免了考题的重复,从而实现了对学生全部知识点的考核评价。

4. 课程思政

本课程为理论与实践结合的应用型课程,思政元素的组织全部融入教学内容中,没有简单说教的痕迹。科学理性思维的培养融入植物识别与科属系统的练习中,生态文明理念的树立融入生态习性模块的练习中;文化艺术情感的引导融入观赏特性与园林应用模块中。

"风景园林管理与法规"课程教学案例

授课教师：孙海燕、唐思嘉、张嫣

一、课程概况

课程名称：风景园林管理与法规
教学对象：风景园林、园林专业本科四年级学生
学分/学时：2学分/40学时
课程类别：专业课

二、课程简介

"风景园林管理与法规"课程为风景园林、园林本科专业的一门技术性、综合性和实用性的专业课。本课程使学生将符合具有中国国情园林工程领域政策法规的理论和园林工程实践紧密结合起来，进行风景园林行业招投标的实践操作，旨在培养高校风景园林、园林专业学生的园林工程管理能力。本课程通过介绍风景园林管理与法规，不仅以应用为主线，更注重理论结合实践；主要针对风景园林、园林专业学生，根据应用型大学特点及技术型人才培养要求，进行针对性的学习引导，具有很强的实用性。

主要先修课程："中外建筑史""园林工程""园林建筑小品及构造"等。

三、课程目标

上海应用技术大学风景园林专业致力培养应用创新型专业人才，以"厚德""精技"为人才培养关键目标。本课程是风景园林、园林专业的必修课，是学生走上工作岗位前对风景园林相关法规与管理流程学习的重要课程，是风景园林实践教学体系的重要组成部分，也是课程思政核心骨干课程。

（1）知识获取：了解风景园林管理的发展历程；熟悉风景园林国家政策法律法规体系；掌握园林管理的具体操作内容。（知识目标）

（2）能力培养：培养学生具备自主学习的能力，掌握园林行业招投标的技术，能够利用专业知识完成园林招投标实践操作工作。（技能目标）

（3）价值塑造：引导学生建立专业学习的兴趣和投身风景园林事业的信心，树立坚定的职业理想，遵从行业规范，完善行业法规，致力于为行业及市场的公平公正发展的正确信念，积极开展实践创业活动。（情感目标）

表 1 "风景园林管理与法规"课程内容框架

知识单元	知识和能力培养要点	价值塑造途径及目标
1. 课程导论	● 认知风景园林管理内容与法律体系 (1) 风景园林的类型； (2) 风景园林管理与法规； (3) 风景园林管理的目标与程序； (4) 风景园林管理的存在问题与解决办法。	(1) 通过风景园林类型的学习,树立民族自信,坚定美丽中国信念。 (2) 熟悉风景园林管理系统和管理机构,为未来的工作实践打下坚实的基础。 (3) 了解风景园林管理内容、风景管理存在的问题与解决办法,明确未来学习目标。
2. 园林绿化行业管理	● 了解园林绿化行业管理体制、内容 (1) 园林绿化行业管理机构； (2) 园林行业内部管理； (3) 国家园林城市申报与评审办法； (4) 风景名胜区申报与评审办法； (5) 国家森林城市申报与评审办法。	(1) 通过对园林行业的产业性质的分析,使学生了解园林产业在社会体系中的地位与作用,激发学生投身园林事业的热情。 (2) 以园林相关法律法规,阐述我国园林绿化行业管理机构及其主要职能,帮助学生构建园林管理机构的逻辑体系,了解园林行业运作体系。 (3) 结合国家园林城市、风景名胜区、国家森林城市申报案例,使学生掌握国家园林城市、风景名胜区申报与评审办法,加强学生对生态文明建设的理解。
3. 风景园林企业内部管理	● 认知企业内部管理环节与方法 (1) 企业基础管理； (2) 财务会计管理； (3) 劳动管理； (4) 工程安全管理； (5) 企业管理软件简介。	(1) 围绕园林生产计划的编制、劳动管理的各个环节、安全管理的主要内容、财务会计管理的相关知识,培养学生的专业和职业认知。 (2) 以当前流行的项目管理软件及资料管理软件的使用,培养学生从业的能力,引导学生利用现代化手段从事行业管理。
4. 风景园林工程管理	● 掌握风景园林工程管理的步骤与程序 (1) 风景园林工程管理概述； (2) 风景园林规划设计管理； (3) 风景园林建设管理； (4) 风景园林工程质量管理； (5) 风景园林工程竣工验收制度； (6) 城市园林绿化监督管理信息系统。	(1) 结合具体的项目案例,分析风景园林工程管理的步骤与程序,培养学生对职业发展全面学习的心态。 (2) 结合专业设计课程,了解规划设计法规体系,训练学生对生态、社会、经济平衡的设计思维。 (3) 结合风景园林工程质量及竣工验收,强化学生安全生产的意识。
5. 风景园林绿地管理	● 掌握风景园林标准化管理内容及相关法律体系 (1) 风景园林绿地养护管理概述； (2) 风景园林绿化的标准化管理； (3) 公园的管理； (4) 风景名胜区的管理。	(1) 组织学生参观相关案例,培养学生对风景园林美学的鉴赏能力,了解园林建设与养护管理的重要性。 (2) 组织学生讨论,使学生掌握园林绿地养护的责任主体,培养学生的职业责任感。 (3) 结合公园、风景名胜区的相关案例,提升学生的文化素养与管理素养,建立学生对风景园林绿地管理的科学发展观。
6. 城市绿化法规	● 掌握城市绿化的保护管理法规 (1) 城市绿化法规概述； (2) 城市绿化的规划与建设；	(1) 通过我国城市绿化法规的建设发展历程学习,使学生了解我国园林绿化法规体系在不断完善,坚定法制建设的信念。

续 表

知识单元	知识和能力培养要点	价值塑造途径及目标
	（3）城市绿化的保护与管理； （4）违反城市绿化法的法律责任。	（2）结合城市绿化法律法规相关实际案例，帮助学生建立园林绿化法律意识，熟悉违反法律法规应承担的责任。 （3）结合城市绿化的保护案例，引导学生认识风景园林在现代生态文明中的作用。
7.相关法律法规	●掌握相关法律法规的基本知识 （1）城乡规划法规； （2）环境保护法； （3）文物保护法。	（1）结合立法背景、意义、适用范围，强化学生园林绿化法律意识，坚定建设法制国家信念。 （2）结合相关法律学习，培养学生依法从业的职业操守。
8.风景园林工程招投标	（1）招标文件编制； （2）投标文件技术标编制； （3）投标文件商务标编制。	（1）结合模拟真实招投标文件编制实践，使学生掌握风景园林工程招投标的实践方法。 （2）通过对国家及行业法律法规进行实践应用，树立学生的廉政思政思想。 （3）培养学生团队合作、责任担当的精神。

四、教学设计方案

1. 教学设计

本节课程讲述"风景园林工程招投标实践"一章中"投标文件编制"一节内容，具体如下：

（1）知识传授：熟悉风景园林工程招投标工作程序；了解园林工程投标资格预审；掌握风景园林工程投标标书编制实践方法。

（2）能力培养：获得风景园林工程的投标决策的分析能力，掌握风景园林工程投标书编制的基本技能，积累风景园林项目实践的经验储备；培养学生团队分工协作的能力；训练学生沟通与表达的能力；

（3）情感认知：提升学生对园林绿化事业法制建设的认知；树立对园林美学与法制科学的探索精神；加强学生对生态文明建设的理解；激发学生投身园林事业的热情。

2. 教学实施流程

表2 本节课课程教学实施流程表

教学环节	教学者活动	学生活动	时间(min)
一、导入	1.问题导入 上节课学习了园林工程投标的概念，大家了解到园林工程投标的法律法规，那么什么样的单位具有"合格"的投标资格？投标的程序具体包括哪些？投标的资格审查编制流程如何？园林工程投标书如何编制和递交？ 2.组织讨论 针对这些问题和学生展开讨论。	观看PPT，观看视频，回答问题。	5

"风景园林管理与法规"课程教学案例

续 表

教学环节	教学者活动	学生活动	时间(min)
二、工程案例	● 案例讲解：上海世博公园 在上海举办的 2010 年上海世博盛会，承担城市名片的重要城市公园——上海世博公园，其位于城市中心区，黄浦江南岸，与老城厢、外滩和陆家嘴一起，担负着塑造体现上海各个发展时期城市意象的功能。 (1) 上海世博公园项目概况； (2) 上海世博公园设计方案； (3) 上海世博公园园林工程投标工作机构； (4) 上海世博公园园林工程承建单位。	采用图片和视频介绍相的结合方式，引出重大园林工程项目建设的工程投标教学环节。	10
三、内容及要点	1. 问题测试 结合以上看到的案例，思考上海世博公园从策划到项目落地的流程与关键环节？ 2. 总结讲解 (1) 风景园林工程招投标程序。 (2) 风景园林工程投标资格预审。从投标单位参加报名投标开始，作为虚拟参与者积极准备资料，进行申请投标资格预审工作。 (3) 风景园林工程投标决策。研究园林工程项目实施的自然、经济和社会条件等投标环境，使学生意识到只有完全熟悉和掌握投标市场环境，才能做到心中有数，培养学生"科学严谨"的工作作风。 (4) 风景园林工程投标施工方案。 (5) 风景园林工程投标标书编制。园林工程投标书的编制和递交，通过案例，说明招标单位对工程投标书的标准和要求，强调招标单位不仅重视投标书商务标中的报价是否合理以外，而且对技术标中的施工组织设计等方面的内容，更是衡量和选择施工企业的一个重要参考依据。	观看 PPT，互动讨论，回答问题。	25
四、课程内容总结与课后思考题	● 简要总结授课内容，并布置课程作业 (1) 案例踏查：建议学生实地考察上海世博公园，体会园林工程项目在城市景观中的重要性。 (2) 投标书编制 结合上海世博园工程项目的投标过程，让学生进行园林工程投标书的编制工作。	观看 PPT。	5

3. 课程思政的融入

表 3　本节课课程思政设计

知 识 点	课程思政融入点	课程思政展现形式
风景园林工程项目招投标程序——招标准备阶段、招标投标阶段与决标成交阶段	采用教学情景设计，激发学生的兴趣点，提高其求知欲望，增强其自信心和自豪感。	采用图片和视频介绍相结合的方式，介绍在上海举办的 2010 年上海世博盛会，承担城市名片的重要城市公园——上海世博公园。

续 表

知 识 点	课程思政融入点	课程思政展现形式
风景园林工程投标决策——投标与否决策、投标性质决策、投标效益决策、投标策略和技巧决策	采用教学情景设计，使学生进入投标单位角色，熟悉投标决策各环节，培养学生"科学严谨"的工作作风。	对园林工程做整体性了解，研究园林工程项目实施的自然、经济和社会条件等投标环境，使学生意识到只有完全熟悉和掌握投标市场环境才能成功中标。
风景园林工程投标标书编制	结合园林工程概预算与施工组织设计，编制完整投标书，激发学生工作时"实事求是""精益求精"的科学精神。	通过学生模拟实际投标过程，编制投标标书的商务标与技术标，对报价与施工组织进行综合实践训练。

五、教学反思

1. 教学内容

本节课程重点铺陈了风景园林工程招投标程序中的投标标书编制工作，这是风景园林工程实践中的重要工作；投标单位的资格审查、投标方案决策、投标施工方案，都是投标标书编制工作的重要环节，充分结合上海世博公园的实践案例，激发学生对风景园林工程招投标程序的学习热情和对投标工作的认识。

2. 教学方法

在教学中采用以"课堂教学"为本体，以"参与性教学、体验性教学、研究性教学、实践性教学"为支撑的"一体四翼"教学模式。坚持"以学生为主体"，挖掘专业教育中"课程思政"元素和从社会实践中"课程思政"案例，实施纵向层次教学法、情景设计体验法，让学生组成团队，在特定项目中，培养学生分析问题和解决问题的能力，引导和帮助学生完成项目招投标书编制，激发学生对专业的兴趣。实现知行合一，在实践中学习和理解知识及应用。

3. 教学过程

把教学过程分解为"观摩学习—角色代入—模拟实践"等环节。"观摩学习"，通过视频与图片，向学生展示上海世博公园项目概况，使学生感受上海城市景观的变化，产生建设美丽国家的使命感，以及作为一个未来城市景观管理者的自豪感。"角色代入"，使学生进入投标单位的职业角色，思考投标程序中各环节学习要点。"模拟实践"，使学生深入实践，编制风景园林工程投标标书，从而建立正确的人生态度、工程意识和家国情怀，促进素质全面发展。

4. 课程思政

课程以上海世博公园案例为切入点，反映了生态文明建设成果，彰显了中国园林带给我们的民族自信。将艺术、科学、法制与本节课程内容融会贯通，通过课程实践，让学生由小见大，自发地把自身的成长同国家发展、文化传承紧密联系起来，也培养了学生团队协作能力与沟通表达能力。

5. 教学评价

通过多环节的教学组织和多种课业任务考核形式，使学生积极参与课堂互动，学习氛围浓厚；教学引入有代表性的工程案例，学生在课后积极踏查案例，对课上的提问有更多反馈；在课业任务的完成过程中，学生展开热烈讨论，自然而然地培养了学生的国情观念、职业素养。

"遗产保护与风景区规划"课程教学案例

授课教师： 苟爱萍、杜爽

一、课程概况

课程名称： 遗产保护与风景区规划
教学对象： 风景园林专业本科四年级学生
学分／学时： 2学分/32学时
课程类别： 专业基础课
课程荣誉： 校级课程思政荣誉课程(2018)、上海市教委重点课程、上海应用技术大学课程思政领航课程、上海应用技术大学校企合作课程

二、课程简介

本课程从遗产保护角度出发，结合国家建设的发展脉络，协调人与自然的关系，以规划设计为核心，融合工、理、农、文、管理学等不同门类的知识，以历史认知与传承、资源保护、生态建构、空间营造等为基础理论，交替运用逻辑思维和形象思维，综合应用包含资源与环境、规划与设计、建设与管理、工程与经济、生态与社会、人文与艺术等多学科的技术与艺术手段，全面培养学生尊重和延续自然文化遗产的专业自然观和价值观。通过对风景园林相关学科范畴、知识构架、思维方式和学科热点加以全面的阐释和引导，使学生能够充分运用本科专业各课程知识和技能，进行遗产保护和风景区规划设计。

主要先修课程："中外园林史""风景园林导论""设计初步""风景园林规划与设计"。

三、课程目标

本课程作为风景园林专业的专业基础课程，是重要的专业引领性课程，也是课程思政核心骨干课程之一。

本课程的核心目的是让学生理解遗产保护与风景区规划的概念与价值，掌握遗产干预、保护、修复与改造再利用的重要原则与技术手法，从而对于风景区规划有更加系统的认知，理论学习结合实践是培养合格设计师、提高设计职业素养的重要一环。本课程与"思政教育""德育教育"有非常好的结合基础，可以在传授专业知识的同时，潜移默化、润物无声地将中国辉煌的遗产文化、古人精湛的建筑智慧思想、国人重要的遗产保护事迹融入到日常教学中，让学生在充分吸收专业知识的同时，激发其对中国文化的热爱与自豪感，见贤思齐，以提升学生刻苦钻研、真诚奉

献的职业素养,并将"爱国、敬业、诚信、友善"等社会主义核心价值观渗透到学生的德育教育中。

表1 "遗产保护与风景区规划"课程内容框架

知识单元	知识和能力培养要点	价值塑造途径及目标
1. 课程导论	(1) 课程概述; (2) 保护风景园林遗产的意义; (3) 遗产保护区和风景名胜区的基本知识体系概述。	(1) 通过遗产保护,结合国家的发展脉络,引导学生认知遗产保护学的重要意义。 (2) 围绕国内外遗产保护的案例,进一步认识学科边界和专业内涵,为未来的学习打下坚实的基础。 (3) 培养学生对遗产保护与风景区规划的正确认识,树立参与风景园林事业、建设美丽中国的坚定信念。
2. 风景园林遗产价值保护的辨析及讨论	(1) 风景园林遗产保护价值认知的发展; (2) 风景园林遗产保护价值讨论与我国遗产保护现状; (3) 实际案例详解(企业合作)。	(1) 对国内外风景园林遗产保护方法进行对比分析,塑造学生面向专业发展的学习心态,了解人类文明进程与风景园林动态发展的相关性。 (2) 培养学生尊重世界多元文化的多样性和差异性,积极参与风景园林专业的跨文化交流。 (3) 通过实际的案例,引导学生认知到遗产保护的重要性。
3. 风景名胜区的规划体系的辨析及讨论	(1) 风景名胜景观规划方法概述; (2) 风景名胜景观的保护与更新; (3) 实际案例详解(企业合作)。	(1) 阐述不同的风景名胜景观规划方法,让学生对于规划方法有系统的认知。 (2) 通过实际的案例,让学生认识到不同的规划方法在实际项目中的效果。
4. 遗产保护和风景区规划实践	(1) 相关案例讨论; (2) 参与设计竞赛; (3) 成果分享。	(1) 通过案例讨论交流、参与相关的竞赛,培养学生的专业和职业认知。 (2) 组织学生进行研讨,反映风景园林规划设计广阔外延、联系的潜力,激发学生对风景园林设计的激情和兴趣。

四、教学设计实例

1. 教学要求

本节课程讲述"风景园林遗产保护"一章中"风景园林遗产保护的价值认知"一节内容,具体如下:

(1) 知识传授:认识建筑遗产保护的概念和作用,通过学习欧洲建筑遗产保护理论与实践,包括"风格修复""反修复""文献性修复""科学性修复"等理论流派。针对各流派的观点不一甚至有些观点截然相反的情况,在传授知识点的同时,重点训练学生的辩证性思维,培养学生的批判性思维和逻辑判断思维。

(2) 能力培养:针对各流派的观点不一甚至有些观点截然相反的情况,在传授知识点的同时,重点训练学生的辩证性思维,培养学生的批判性思维和逻辑判断思维。

(3) 情感认知:在"真实性"原则的讲述中,结合建筑遗产不提倡造假与重建,润物无声、旁敲侧击学生做人也须诚信,无论是建筑遗产保护事业还是学术生涯中都不要有造假和臆造,遗产是真实的,做人也要永怀诚信。

2. 教学实施流程

表 2　本节课课程教学实施流程表

教学环节	教 学 者 活 动	学生活动	时间(min)
一、导入	1. 问题导入 风景园林遗产包括哪些？ 2. 视频导入 播放国内外著名的文化遗产。	提出问题后，观看PPT，观看视频，回答问题。	5
二、概念及案例	1. 概念讲解 风景园林遗产，是指与风景园林营造与审美活动高度关联的自然与文化遗产，包括已登录国家和世界遗产名录的自然及文化遗产地，以及受法律保护但尚未登录遗产名录的传统园林、文化景观、风景名胜等物质遗产。世界上现存的风景园林遗产主要为人工创作。因此，风景园林遗产主要是归类到文化遗产中，少数为自然与文化混合遗产。 2. 案例讲解(国内外遗产保护案例) (1) 京张铁路遗址公园； (2) 盘龙城国家遗址公园； (3) 德国煤矿焦化厂公园； (4) 美国阿拉伯山国家遗产区。	观看PPT，观看视频，认知遗产保护的概念，并了解遗产保护的作用。	10
三、内容及特点	1. 问题测试 结合以上看到的案例，大家讨论一下：遗产保护的方法有哪些？如何通过方案设计结合遗产保护的概念？ 2. 总结讲解 (1) 风景园林遗产归类到文化遗产； (2) 现存的风景园林遗产主要为人工创作。	观看PPT、互动讨论、回答问题。	15
四、讨论及分享	1. 互动分享 如何在遗产保护的要求下进行规划设计的思考？ 2. 小组汇报 小组汇报国内外案例各一个。 3. 总结 明确设计的目的，是以遗产保护为核心，还是从保护引申出方案设计，同时要考虑设计现场的客观情况。	观看PPT、提前一周布置作业，学生分组完成讨论分析，课堂安排两组汇报、互动交流、教师点评。	30
五、任务及思考	● 简要总结授课内容，并布置课程作业 (1) 作业题目：抄绘两个国内外遗产保护的景观节点。 (2) 任务要求： ——抄绘前体会该遗址的本身的文化和历史价值、历史背景、文化内涵和艺术价值，列出该案例中使用的保护方法和规划思路。 ——抄绘中注意：① 正确的比例；② 基本标注，包括尺寸、指北针；③ 线条清楚，纸面干净。 教师课程总结及布置作业的同时，引导学生回忆课程内容，梳理笔记。一方面让学生回味课堂知识内容，一方面进行生态文明理念的嵌入，达到润物无声的育人效果。	观看PPT、布置任务、总结今日课堂，组织学生思考讨论。	10

3. 课程思政的融入

本课程中有很多可供选择的教学素材，在对教学素材与教学材料的选用上多发掘中国的案例与事迹，多采用中国的元素，渗透中国当代的政策意识与价值观追求。目前我国世界遗产总数、自然遗产和双遗产数量均居世界第一，激发学生的文化自信，学生无不对这些遗产与古人智慧击节叹赏。

本课程将结合我校"党政协同、学科协同、校院协同、内外协同"的良性机制，抓住"厚德"和"精技"两个关键点，在学习风景园林学科基础理论的同时，以每个学生专业特点，引领应用创新型人才培养。以遗产保护与风景区的景观特性、红色爱国主义教育景观空间特征分析、风景区与遗产保护理论分析及实践思路切入为手段，以培养担当民族复兴大任的时代新人为着眼点，与学生个体的培养方向结合，建立有着深厚民族文化感情，自然与社会环境公平分析和研究的价值观，洞察学生专业实践和学科发展所蕴含的思政价值与意义，确保教学内容的真实性和思政教育的价值性，帮助学生树立正确理解爱国主义思想，体现家国情怀的同时充分揭示专业知识传授和技能培养与思政元素之间的内在联系，实现思政教育效果的最大化。

表3 本节课课程思政设计

知识点	课程思政目标与课程思政融入点	课程思政展现形式
1. 风景园林遗产的概念、现状及发展	(1) 从多元的视角，引导学生从历史的角度分析发展趋势。 (2) 结合案例的分析和讲解，从动态、发展的角度理解相关概念和发展趋势。	(1) 从遗产保护的类型和发展视角切入，培养学生对遗产保护与风景区规划的正确认识，理解其复杂性、历史性、人文性和科学管理性等特征。
2. 国内外遗产保护案例展示与小组讨论	(1) 将中国老一辈遗产保护专家学成归国，在面临战乱、生死、病痛的情况下为遗产保护事业所做的英勇事迹与感人故事传授给学生。 (2) 着重讲述中国在世界遗产事务上的展、中国自己的事迹、中国的世界遗产名录和典型案例。	(2) 结合项目案例，掌握遗产保护与风景区规划的多学科性，并基于风景区特质、性质定位等内外因素进行合理且别出心裁的设计。 (3) 组织学生讨论，培养学生的家国情怀，强化其勇于担当的民族精神。

五、教学反思

1. 教学内容

从风景园林学科专业特点、传统文化思想建设与创新能力培养，围绕新时代国家和社会经济发展对高层次应用创新型人才的需求，致力于培养具有"理想信念、家国情怀、过硬本领和勇担责任"的高水平应用创新型本科生。

2. 教学方法

将生态文明和家国情怀体现于遗产保护与风景区规划设计中，通过前沿理论、设计原理和方法等理论授课中，突出设计重点，引入红色历史景点的相关案例进行对比和分析，将重要地点、重大事件以及关键转折以讲故事的方式融入教材讲授中，使学生在掌握专业理论的同时，领会国家历史和大政方针，通过图解、视频、音乐影像、实物实景等新型教学媒介，积极调动学生的情绪情感，把"看、听、思、悟、行"融为一体，引导学生去感受、去思考。

3. 教学过程

把教学过程精心分解为多个环节,增加学生的参与性和课程的互动性,从理论及观摩(知其然)—作业实践(知其所以然),让学生全程参与课堂教学,大大提高了学生主动学习的积极性。充分利用虚拟现实技术和视频、PPT等教授手段,更好地提升教学的效果。

4. 课程思政

通过学生不断自主进行相关学习,对成功作品形成感性认识与理性分析,学会思考如何在相关历史风景景点提升和景观打造中更好地与思政背景相结合,深刻理解党的路线方针政策,帮助学生树立正确的遗产保护与风景区规划的价值观,形成规划分析和研究的认识理解的新角度。

5. 教学评价

通过灵活的教学组织和多样化的考核方式,学生的主动性和积极性大大被调动,普遍表现出对遗产保护与风景区规划的浓厚兴趣,能集中精力认真听课,主动回答问题,积极准备汇报的PPT,并主动演示、交流。课后作业可以认真完成,表现出一定的动手实践能力。授课过程中,国情观念、审美情趣、工匠精神等思政元素可以自然融入。

"生态设计与雨洪管理"课程教学案例

授课教师：于威宇、李晓桐

一、课程概况

课程名称：生态设计与雨洪管理
教学对象：风景园林专业本科四年级学生
学分/学时：3学分/64学时
课程类别：专业基础课

二、课程简介

本课程介绍了生态设计的基本原理与基础理论，力求全面、系统地讲解国内外不同时期的雨洪管理体系以及海绵城市的基本概念、基础理论、基本方法、控制指标体系、规划设计方法等相关内容，使学生能够充分、系统地理解雨洪管理的理念、内涵、技术和最新进展，以及上升为国家战略要求的海绵城市建设在我国生态文明建设中扮演的角色，提高对生态型城市建设的认识水平。

主要先修课程："设计初步""风景园林规划与设计""生态工程学"等。

三、课程目标

（1）知识获取：理解生态设计原理与基础知识，规划设计中尊重自然的设计原则；掌握雨洪管理专业知识和当前我国重要战略海绵城市建设核心技术；了解海绵城市规划设计方法、海绵城市工程建设与评估方法。

（2）能力培养：培养学生在风景园林规划与设计中融入"海绵思维"，遵循并应用生态设计原理和低影响开发等技术解决城市建设中的水问题的能力，并能够使用常用的水文水力模型及其他相关专业软件解决水资源规划与管理等实际问题。

（3）价值塑造：引导学生建立人与自然和谐相处的价值观，锻炼学生科学求真的意识以及独立分析问题的逻辑思维能力，能够发扬批判质疑的科学精神；提升学生的创新吸收能力，能将多学科知识有机结合并应用于风景园林工程实践、专业研究及设计表现之中；培养学生精益求精的工匠精神；培养学生国际视野，创造性地吸纳国际先进雨洪管理经验，从实际问题出发培养学生的家国情怀及投身国家生态文明建设的信心和决心。

表 1 "生态设计与雨洪管理"课程内容框架

知识单元	知识和能力培养要点	价值塑造途径及目标
1. 生态设计概述	● 了解生态设计的基本概念和原理 (1) 生态设计的概念及原理； (2) 应用生态设计的相关城市优秀设计案例。	(1) 通过国内外案例分析，引导学生树立"设计尊重自然"的景观设计理念。 (2) 培养学生关注人与自然的关系，形成人与自然合作友爱的美学观和价值观。
2. 雨洪管理概述	● 了解城市发展带来的水问题 (1) 气候变化给城市带来的挑战； (2) 城市水循环； (3) 城市水问题。	(1) 围绕城市化进程中的水环境问题，引导学生反思并以批判性思维分析传统常规景观与城市的规划设计中存在的问题。 (2) 讨论并分组汇报当前城市化中水环境问题，培养学生的家国情怀以及在日常生活中发现问题的专业素养。
	● 熟悉现代雨洪管理体系与主流技术 (1) 最佳管理措施(BMPs)； (2) 低影响开发(LID)； (3) 可持续城市排水系统(SUDS)； (4) 水敏感城市设计(WSUD)； (5) ABC水计划。	(1) 他山之石，可以攻玉。通过国际代表性的雨洪管理体系及发展讲解，使学生认识城市良性水循环在现代城市规划设计中的重要意义。 (2) 学生小组讨论分析国际主流雨洪管理技术特征与本质，提高学生对当前城市雨洪相关公共政策的分析与认识水平。
3. 海绵城市概述	● 熟悉海绵城市的建设发展历程与相关理论基础 (1) 海绵城市建设发展历程； (2) 低影响开发雨水系统； (3) 海绵城市建设途径与系统构成。	(1) 结合我国海绵城市快速发展历程，培养学生对前沿专业相关理念与技术的关注。 (2) 学生分组讨论身边的生态型基础设施在海绵城市建设中的作用，引导学生认识国家以海绵城市为抓手的生态文明建设成果。
4. 海绵城市建设与低影响开发技术	● 掌握海绵城市建设基本方法的相关概念与基本原理 (1) 典型低影响设施建设基本方法； (2) 雨污水收集、净化、储存与利用； (3) 水生态系统建设； (4) 城市绿廊与水系格局构建。 ● 掌握海绵城市低影响开发核心技术的设计原则与技术要点 (1) 渗透技术； (2) 存储技术； (3) 调节技术； (4) 传输技术； (5) 截污净化技术； (6) 生态修复技术。	(1) 结合一些结构中存在设计问题的具体案例引导学生展开思考和讨论，给学生创造一个能够独立分析、自主判断的机会，在消化知识的同时提高逻辑思维能力。 (2) 在学习绿色雨水设施中植物的选择与设计的过程中从功能性、生态性和美观性多个维度出发，培养学生具有感知、欣赏、评价美的意识和基本能力，具有健康的审美价值取向。 (3) 结合本校在萱草领域的研究成果，将海绵城市基础设施常用地被类植物的选择与本校萱草文化特色进行结合，培养学生的母校情怀并建立专业自信心。
5. 海绵城市规划设计	● 掌握海绵城市规划设计的基本理论知识 (1) 海绵城市控制指标体系； (2) 海绵城市规划体系； (3) 海绵城市专项规划； (4) 水文分析与径流模拟； (5) GIS在海绵城市规划设计中的应用； (6) 智慧海绵城市建设规划。	(1) 本章理论知识中的部分内容相对较为枯燥，教学过程中注重趣味性与互动性，引导学生参与到教学过程中，培养学生的学习热情与主动性。 (2) 水文分析与径流模拟以及GIS应用等理论内容与上机实践课内容进行搭接，了解相关前沿学术成果与未来趋势，激发学生的好奇心与学习兴趣，培养科学素养。

续　表

知识单元	知识和能力培养要点	价值塑造途径及目标
6. 上机实践课程学习	● 了解海绵城市规划设计优秀案例 (1) 建筑小区优秀案例； (2) 城市道路优秀案例； (3) 绿地广场优秀案例。	(1) 通过实例讲解，让学生认识我国在海绵城市建设方面目前已经取得的成果，拓宽学生的视野，感受大国工程的美丽，同时学习大国工匠精益求精的精神。 (2) 在实例讲解中突出介绍当前海绵城市建设在生态文明建设方面已取得的成就以及对改善人民健康福祉方面做出的贡献，培养学生的专业自信心、社会责任心与家国情怀。
	● 水文分析与径流模拟计算 (1) 城市汇水区水文模型； (2) 排水管网水力模型； (3) 滞留池设计； (4) 低影响开发模拟； (5) 径流水质与径流处理模拟； (6) 双排水系统与合流制排水系统模拟。	(1) 通过学习 SWMM 水文水力模型模拟计算，让学生将计算机模拟计算与雨洪管理专业知识进行搭接，拓宽视野，关注相关领域的学术动态与发展热点，培养学生收集信息和前瞻思考的复合型能力。 (2) 在上机操作学习过程中给学生创造动手实践的机会，在实践过程中发现问题，独立思考，解决问题并总结经验，有助于培养学生的灵活应变、审慎细致、高效行动、目标管理与结果导向等方面的实践综合素质能力。
	● GIS 与遥感技术在雨洪管理中的应用 (1) 景观水系规划分析； (2) 下垫面数据提取； (3) 洪涝灾害评估分析。	(1) 通过学习 GIS 与遥感技术在雨洪管理中的应用，让学生将地理信息科学与雨洪管理专业知识进行搭接，拓宽视野，关注相关领域的学术动态与发展热点，培养学生收集信息和前瞻思考的复合型能力。 (2) 在上机操作学习过程中给学生创造团队协作、互助共进以及独立思考解决问题的环境，让学生们在培养个人实践能力的同时，在组织协调、合作意识、冲突管理等方面的团队协作复合型能力上也得到锻炼。

四、教学设计实例

1. 教学要求

本节课程讲述"海绵城市建设与低影响开发技术"一章中"渗透技术"部分一节内容，具体如下：

（1）知识传授：通过学习能够对海绵城市渗透技术措施中的生物滞留设施相关概念性知识做到记忆和理解；能够应用学到的概念性与事实性知识回答常见问题，并与本门课程前期内容以及"风景园林规划与设计""生态工程学"等其他课程的相关专业知识进行搭接融合。

（2）能力培养：通过学习能够记忆和理解生物滞留设施的设计实施原则与技术要点，能够应用学到的知识指导生物滞留设施中植物的选择与设计，并培养能够对不同设计方案进行归类、比较和总结的基本分析能力。

（3）价值塑造：培养学生的母校情怀以及对中国传统园林文化的自豪感；锻炼学生科学求真的意识以及独立分析问题的逻辑思维能力，能够发扬批判质疑的科学精神，能将多学科知识有机结合并应用于风景园林工程实践之中。

2. 教学实施流程

表 2　本节课课程教学实施流程表

教学环节	教　学　者　活　动	学生活动	时间(min)
一、课程导入	● 问题导入 在课程的刚开始展示一组照片,让学生们基于已有知识和经验尝试判断哪一幅是低影响开发技术措施之一的生物滞留设施,哪一幅是普通地被植物群落,引出问题:什么是生物滞留设施?	观看 PPT,参与互动,尝试从图片中辨认出生物滞留设施。	5
二、生物滞留设施的基本概念与典型构造	1. 知识讲解 (1) 生物滞留设施的基本概念; (2) 生物滞留设施的主要类型(基于结构分为简易型和复杂型;基于功能分为以控制径流污染为主要目的和以控制径流量为主要目的两种类型); (3) 生物滞留设施的典型构造(不同类型的生物滞留设施的典型构造分别是什么); (4) 生物滞留设施的海绵作用与适用范围。 2. 案例讲解 (1) 建筑小区; (2) 公园广场; (3) 道路街巷。	观看 PPT,通过对比不同类型的生物滞留设施的方式学习其相关概念、典型构造、海绵作用以及适用范围。	10
三、生物滞留设施的设计实施原则与技术要点	● 知识讲解 (1) 生物滞留设施设计中的技术指标; (2) 生物滞留设施的面积计算(对比不同方法的优缺点和适用场景); (3) 生物滞留设施设计实施中的技术要点(对比其他渗透设施,思考它们之间的异同之处); (4) 植物的选择与种植设计(以萱草为例介绍其在海绵城市基础设施中可扮演的角色,激发学生们将本校特色的萱草文化融入生态景观建设中的热情)。	观看 PPT,学习生物滞留设施的设计实施原则与技术要点,同时了解我校萱草文化,参与互动讨论。	15
四、生物滞留设施关键技术研究进展	1. 问题测试 基于以上基础知识与案例的学习,结合同学们其他专业基础知识,请大家判断一下当前海绵城市生物滞留设施的关键技术都有哪些? 当前研究热点和未来发展趋势是怎样的? 2. 总结讲解 对学生的回答进行简单评价,再过渡到知识讲解,结合对国内外当前进展与热点的综述。 (1) 生物滞留设施填料改良研究(从填料改良对径流量控制的作用和对水质净化的作用两方面展开); (2) 生物滞留设施模型模拟研究(侧重讲解生物滞留设施模型模拟方法,列举并介绍 SWMM、HYDRUS、RECARGA、DRAINMOD 等模型) (3) 生物滞留设施污染修复研究(从生物滞留设施有机物去除过程、生物滞留设施有机微污染物生态毒性、生物滞留设施生物强化修复技术等方向进行展开)。	参与互动讨论,观看 PPT 并学习生物滞留设施关键技术研究进展。	10

续 表

教学环节	教 学 者 活 动	学生活动	时间(min)
五、课程总结与拓展思考	1. 课程总结 对本节课主要内容进行总结。 2. 拓展思考 鉴于我国南北方气候、水文、地质等条件差异较大,各地海绵城市建设视角不同,试思考我国南北各地区生物滞留设施构建中的要点和差异。	观看 PPT,参与对拓展问题的思考,并进行互动讨论。	5

3. 课程思政的融入

表 3　本节课课程思政设计

知 识 点	课程思政融入点	课程思政展现形式
1. 生物滞留设施的植物配置	(1) 生态文明背景下风景园林的海绵设计应兼顾文化传承,注重文化内涵,培养学生能够从学校、企业、民族、国家等各类文化中汲取专业灵感并关注文化传承的优秀素质。	(1) 讲解生物滞留设施的植物配置时以我校特色的萱草为例,兼顾传播"小孝尊老、中孝敬业、大孝报国"的新时代萱草文化内涵,从文化传承的角度提高学生的素质修养。
2. 生物滞留设施模型模拟	(2) 在生物滞留设施的设计基本原理中结合相关水力、水文模型模拟的学习,提高学生的数学计算和逻辑分析能力,能够将计算机技术方法运用于解决风景园林专业设计与实践问题。	(2) 在讲解生物滞留设施关键技术时,展开具体介绍生物滞留设施在当前常见的各种计算机模型中的模拟方法,并组织学生讨论各种模型方法的优缺点与适用条件。

五、教学反思

1. 教学内容

本节课程重点介绍的生物滞留设施是低影响开发关键技术中的渗透技术之一,也是海绵城市建设相关领域的研究热点之一。对本节课程重点知识的掌握可以指导学生在未来参与设计生物滞留设施时能够充分发挥其在雨水下渗、滞留、蓄存、净化等方面的作用。以本校特色萱草花为例,体现地被植物在生物滞留设施中的功能性、生态性和美观性。

2. 教学方法

采用启发式教学法,在教学过程中通过问题引导学生参与思考,经过互动和讨论后进行释疑解惑,从而调动学生主动学习的积极性,激发学习热情,并提高知识吸收、巩固和内化的效率。

3. 教学过程

教学过程注重强调"双向互动式"的教学模式,将教学主体内容分解为多个部分,在每个部分都设计有问答或讨论等互动环节,让学生全程参与到课堂教学的内容当中,提高学生学习的积极性。充分利用好 PPT 和其他媒体资源讲述知识、引导互动,并配合黑板画图及标注对具体细节进行详解,提升教学的效果。

4. 课程思政

从实际问题着手,在学习过程中注重培养学生基本的数学与逻辑分析能力及能够将计算机技术方法运用于风景园林专业实践的能力。此外,在植物部分的相关学习中结合本校在萱草领域的科研成果和文化特色,培养学生的母校情怀,建立文化自信,提高学生的专业自信心与使命感。

5. 教学评价

学生们对互动式教学方式反馈较好,在互动问答环节参与度与积极性非常高。学生的积极心理、学习热情等方面的进步可以通过课堂表现、作业质量、学习活动参与度与课后答疑等方面直接得到体现。在教学过程中,学生互动环节对时间的把控上要求较高,需多积累经验进行深度设计,防止在互动环节过多消耗时间而破坏教学节奏,对后续课程内容造成影响。

"综合 Studio 1 - 简单场地测绘与规划设计"
课程教学案例

授课教师： 孙海燕、赵杨、邹维娜、杜爽、张嫣、唐思嘉

一、课程概况

课程名称： 综合 Studio 1 - 简单场地测绘与规划设计
教学对象： 风景园林专业本科二年级学生
学分／学时： 2 学分/64 学时
课程类别： 实践课

二、课程简介

本课程承接两门理论课——"测量与 3S 技术"和"风景园林规划与设计"，是综合的实践课程。

本课程以简单场地为对象，以场地测绘和景观设计为主要任务。场地测绘是使用测量与 3S 技术的实践性环节，其任务是通过测量实习，了解测绘基本工作全过程，系统掌握测量仪器操作、施测、计算、地图绘制等基本技能，提高计算和绘图能力，不仅为今后从事测绘工作或解决实际工程中的有关测量问题打下基础；还能在业务组织能力和实际工作能力方面得到锻炼。景观设计是综合运用风景园林规划设计方法、灵活使用风景园林景观要素的实践环节，其任务是通过对场地的调研，分析场地特征，提出理念，完成规划设计方案，满足功能需求，符合场地特征和使用者需求，做到实用、经济、美观、生态。

主要先修课程："测量与 3S 技术"和"风景园林规划与设计"。

三、课程目标

本课程是风景园林、园林专业的综合基础实践课程，让学生熟练掌握测量基本理论、知识以及仪器在风景园林、园林专业的使用，并能借助所学基础知识结合仪器操作，引导学生进行测量图纸测绘，着重于实践能力的培养；同时，在测绘实践成果基础上，完成场地的景观设计，掌握场地调研分析方法，掌握风景园林设计的过程、方法和要素的运用，熟练"图示语言"的表达方式，综合地运用专业基础知识解决实际问题，达到能够独立分析和解决简单的园林设计实际问题。着重培养学生的设计能力和创新素养。

（1）能力培养：学生能够掌握测量原理和方法、数据处理和测绘图纸绘制的方法；并达成在同一块场地用设计师的"语言"解决问题，建立设计师的思维方式，提升交流与合作的能力。

(2)价值塑造：通过综合的实践，学生需树立对项目的责任心和认真严谨的态度。测绘环节中，学生需树立踏实求实、吃苦耐劳的精神，团结协作的集体观念，严明的组织纪律观念；设计环节中，学生需了解并初步构建风景园林实践观和景观生态文明观，通过渐进修改的设计实践，达成设计师的基本素养。

表1 "综合 Studio 1-简单场地测绘与规划设计"课程内容框架

能力单元	知识和能力培养要点	价值塑造途径及目标
课程导言	● 具有职业应用能力 综合具有运用所学知识和技能，分析、处理、解决风景园林、园林等专业有关测量和设计实践的初步能力；具备创造性工作的能力，且乐于创新；具备较强的人际交往能力，能够与各类型的人合作共事的能力。 ● 具备未来工程师 ASciT(爱科技)关键能力 交流沟通能力、团队合作能力、创新精神与批判思维能力、创造性解决问题的能力。	价值引领： 本课程的主要任务是完成中小型场地的测绘和景观规划设计。其中测绘环节的成果服务于设计环节，两个环节具有一定的因果关系。通过综合的实践，着重培养学生对项目的责任心和认真严谨的治学态度。
中小型场地测绘	● 具有场地测绘所需的基本技能和素养 (1)掌握测量原理和方法(角度测量和距离测量、平面控制测量和高程控制测量)。 (2)掌握数据处理和图纸绘制的方法。 (3)培养团队意识，提高协作能力。	测绘环节注重培养学生踏实求实、吃苦耐劳的精神，团结协作的集体观念，严明的组织纪律观念。
中小型场地景观规划设计	● 具有景观规划设计所需的基本技能和素养 (1)用设计师的"语言"解决问题——综合的运用专业基础知识，独立分析和解决基础的园林设计实际问题。 (2)建立设计师的"思维"方式——鼓励多种设计要素的融合与创新，鼓励敢于尝试、突破多种设计思想和方法；激发创新潜力，促进主动学习、提升自主学习能力。 (3)培养环境设计中的"文脉"分析能力——掌握设计解决场地内功能及与外部空间环境联系的能力，分析不同场所环境下的历史、社会、文化等因素的影响。 (4)培养设计师"交流与合作"的能力——培养针对园林规划设计的独立思考与合作研讨、资料收集与分析评价、场地调查与头脑风暴、成果制作与答辩交流等方面的技能与素养。	设计环节注重培养学生的风景园林实践观和景观生态文明观，通过渐进修改的设计实践，促进设计师素养形成。

四、教学反思

1. 教学内容

风景园林专业的系列 Studio 实践课程，其共同特点是体现"综合训练＋团队作战"。本课程在"测量与3S技术"和"风景园林规划与设计"两门课的理论学习的基础上，以小组合作的方式共同完成场地测绘与景观规划设计的综合任务。教学内容上的"承接"，要求上述两门相关课程的教师合作"接力"开展教学,同时要求学生在掌握两门理论课程的基础上完成本 Studio 1 课程,更要求学生的作业成果具有"对自己负责"的态度和能力。学生在完成课程作业的过程中逐步体会到前置任务完成质量对后置任务的决定性作用,认识到测绘与设计两类专业能力的关联性,同时也体会到每个合作者责任心的重要性。

2. 教学方法

采用项目教学法。由于本课程面向低年级学生、学习专业课的初级阶段,因此本课程选取学生较熟悉的场地,以"真题假做"的方式完成。要求学生系统、全面地掌握测量知识,使学生能够结合所学知识了解相关行业的工作流程,培养学生针对课内教学内容回顾和加深理论知识,激发学生的学习兴趣。通过教学实践发现,学生对熟悉的场地更容易进入专业工作角色,通过测量及规划设计的实践,绝大部分学生达成了课程能力提升目标——通过风景园林专业综合技术手段,发现熟悉场地的实际问题,并提出专业综合的解决方案。

3. 教学过程

教学过程模仿真实工作流程分两步进行,前期的任务是测绘,后期的任务是设计,而场地测绘的成果也是规划设计的重要依据。要求教与学的每一步都必须保证质量、扎实完成,实现本课程综合训练的目的。

教学过程中使用无人机和常规测绘仪器相结合,充分利用虚拟现实技术和视频、PPT 等教学手段,学生的器材操作能力和灵活运用设计原理的能力都得到切实提高。

4. 课程思政

学生深刻体会到把课本知识与实践相结合,所学的知识只有到实际动手才能理解得更深、更透。由于本课程在严寒的冬季进行,学生们克服天气寒冷、风大等外部因素,以饱满的热情积极在室外进行数据测量的外业工作,培养学生科学求真、不怕困难、精益求精、团结协作的集体观念和严明的组织纪律观念。设计环节注重培养学生的风景园林实践观和景观生态文明观,通过渐进修改的设计实践,促进设计师素养的形成。

5. 教学评价

考核根据测绘实习内容完成情况、仪器操作、测绘实习报告(含测绘图纸)和课程设计内容完成情况、过程草图交流情况、课程设计实习报告完成情况共六个方面综合评定,个人在团队中的"综合贡献率"作为评定的参考系数。

通过进阶的教学组织和综合团队与个人的考核方式,学生在团队中的主动性和积极性被调动,操作仪器从好奇到跃跃欲试,绘制草图从无从下手到渐入佳境,表现出一定的综合运用理论知识并动手实践、创新创意的能力。创新精神与批判思维能力、创造性解决问题的能力有所提高。授课过程中,工匠精神、科学精神、社会责任、家国情怀等思政元素可以自然融入。

"综合 Studio 2 – 园林建筑与硬质景观设计与营建"课程教学案例

授课教师： 赵杨、邹维娜、唐思嘉

一、课程概况

课程名称： 综合 Studio 2 – 园林建筑与硬质景观设计与营建
教学对象： 风景园林专业本科二年级学生
学分 / 学时： 2 学分 / 32 学时
课程类别： 实践课

二、课程简介

本课程承接两门理论课——"风景园林建筑设计"和"风景园林规划与设计"，是本专业重要的综合实践课程。

本课程开展园林建筑与硬质景观设计与营建的互动体验式教学，创新性改变传统教学中停留于图纸表现的课程设计教学方法，让学生根据园林建筑设计课程完成的设计，深化小型园林建筑单体方案与施工图设计，进行预算的编制、材料采购、园林建筑和硬质景观营建、介绍推广等环节，综合体验和实践风景建筑和硬质小品在设计、选材、建设等环节需要掌握的知识、技能和沟通、协作能力。其要点是通过营建环节来掌握风景园林建筑设计、构造以及施工实践方面的内容。

主要先修课程："风景园林建筑设计""园林规划设计""园林艺术原理"。

三、课程目标

本课程是风景园林专业的综合基础实践课程，是风景园林实践教学体系的重要组成部分，也是课程思政核心骨干课程。课程在真实设计条件下，让学生结合一个小型园林建筑单体（亭、廊等）的环境、功能和造景需求，展开园林建筑与硬质景观设计和营建的真题真做，激发学生设计和营建时的积极性，促进学生在设计深化、选材、营建等环节的深入思考、探索和协作，同学之间、师生之间形成良好的交流与互动，达到风景园林建筑设计与营建教学面向就业实际、项目推动、提高效果的目的。

课程内容中综合融合了风景园林专业的多门核心课程知识。在这个过程中，学生需要理解场地的特征，解决实际设计的建筑造型、功能需求、材料选择、风格协调、造价控制、建造复杂

性等方面的问题,发挥自身的专业能力以及综合素质,这要求学生不能单纯进行图纸绘制,而是在图纸—预算—建造—维护和推介全过程中,培养解决具体问题和复杂问题的能力,培养解决综合问题的应变能力,培养创造性的高级思维能力。

（1）知识获取：掌握园林建筑与硬质景观设计的基本概念、原理和方法；理解风景园林建筑设计、构造以及施工实践方面的内容；熟悉园林建筑与硬质景观设计和营建的流程和步骤；了解园林工程概预算知识和材料选择的原则；掌握相关的计算机辅助设计软件和项目管理软件,能够利用这些工具进行设计和营建项目管理。

（2）能力培养：培养学生具备独立进行园林建筑与硬质景观设计的能力,包括完成方案设计、施工图设计、预算编制等环节的能力；团队协作和有效专业沟通的能力；解决实际问题的能力,能够根据实际需求进行设计和调整方案,处理施工过程中的各种问题；创造性和批判性思维,能够从不同的角度思考和解决问题,提出有创新性的设计方案；项目管理的能力,能够进行项目的计划、进度控制、资源调配等。

（3）价值塑造：引导学生培养人民城市理念,树立以人民为中心的设计思想；培养职业责任感,关注设计的可持续性和社会责任；培养团队精神,学会与他人协作共同创造优秀作品；培育工匠精神,追求卓越的设计品质和精细的施工技艺；培养学生对风景园林行业和工作坚定的职业理想。

表1 "综合Studio 2－园林建筑与硬质景观设计与营建"课程体系

知识单元	知识和能力培养要点	价值塑造途径及目标
1. 小型风景园林建筑单体与硬质景观设计营建任务讲解	● 设计任务认知和案例学习 （1）Studio任务分解及团队建设； （2）外校优秀案例分析及本校历年优秀作品展示； （3）熟悉园林建筑设计和工程的工作步骤和内容； （4）熟悉建筑材料特性与结构选型； （5）掌握小型风景园林建筑营造方法。	（1）基于实际场地设计营建,培养学生分析问题、发现问题的能力。 （2）优秀案例分析,培养学生关注学科前沿理论的专业情怀。 （3）基于设计营建任务的人际交往训练,培养学生能够与各种类型的人合作共事的能力。
2. 设计图纸调整深化	● 设计方案的施工深化 （1）理解施工营建的需求和规范,明确建筑施工图纸深化的目的和意义。 （2）能够通过搭建与分析1∶5～1∶10等比模型对设计图纸进行合理有效的调整优化。 （3）熟悉施工营建过程中的技术要求和操作流程。 （4）掌握小型风景园林建筑施工概预算。	（1）学生通过训练更加明白规范和需求分析的重要性,从而在未来的职业生涯中更加注重技术细节和提前规划。 （2）学生将提升空间思维能力和动手能力,通过实践操作来理解并掌握设计优化的方法。 （3）学生会更加重视资源的合理分配和经济效益,不仅追求设计的美观和施工的质量,还注重项目的经济效益和可持续性。
3. 建筑单体与硬质景观营建	● 设计成果的现场营建 （1）根据深化的设计图纸与预算,完成材料采买与工具准备。 （2）掌握稳定的建筑基础结构的搭建方法,以确保小型风景园林建筑的稳定性。	（1）引导学生理解绿色建筑观,理解园林建筑与环境的和谐共生关系。 （2）促进学生形成细致、严谨、务实、创新的工作态度,及跨学科、全局性的思维方式。

续　表

知识单元	知识和能力培养要点	价值塑造途径及目标
	(3) 掌握材料切配组装方法，形成小型风景园林建筑的各个部分。在这个过程中，需要注意连接件和紧固件的正确使用，以确保建筑结构的牢固性。 (4) 在建筑主体完成后，能进一步对小型风景园林建筑的周边环境进行完善，包括建筑周边植物景观营造。 (5) 掌握小型风景园林建筑质量检测方法，包括承重测试、防风测试等，对检测到的问题及时进行修正和改进。	(3) 设计方案逐步完美展现直至落地建成，具备追求完美、永无止境、追求卓越的工匠精神。
4. 成果交流、汇报与展示	● 成果展示及与专家沟通交流 (1) 成果汇报答辩； (2) 全员参与设计营建成果研讨； (3) 汇报交流，指导教师及企业专家点评。	(1) 培养学生吃苦耐劳的实践精神、职业责任感和职业素养。学会按时完成任务，并对自己的设计负责。 (2) 培养学生自我反思和学习能力，学会从不同角度审视自己的设计，并进行自我反思和学习。

四、教学反思

1. 教学内容

本课程是风景园林专业的实践系列课程之一，通过建筑设计营建综合训练和团队合作的方式，旨在培养学生的综合专业能力。在完成"风景园林建筑设计"和"园林规划设计"两门前序课程的基础上，学生在本课程将分组合作，承接深化并营建小型风景园林建筑的综合任务。教学内容要求相关课程的教师进行接力教学，同时要求学生具备扎实的理论基础和自主学习的能力。通过课程中一系列实践操作，学生将提高实践动手能力和解决实际问题的能力，同时也能将前序理论课程所学的知识应用到实践中。本课程注重培养学生的责任感和团队协作精神，旨在为学生未来的职业发展打下坚实的基础。

2. 教学方法

本课程采用项目教学法为主导，以获奖案例为示范教学核心，旨在引导学生主动思考与实践。通过深入剖析我国特别是上海地区各高校的建筑营造节获奖案例，学生能够全面了解优秀小型园林建筑与硬质景观设计营建的理念、技巧与实施方法。在实践过程中，课程强调师生互动，教师讲解与学生讨论、交流相结合，且积极引入行业专家教学点评。学生需要在教师的指导下，通过亲身实践来解决实际设计中遇到的问题。这种教学方式可以充分调动学生的感官和注意力，培养其主动学习和独立思考的能力。同时，本课程还注重团队协作，鼓励学生之间相互学习、分享经验，以培养他们的团队合作精神和竞争意识。

3. 教学过程

本课程教学过程精心模拟了真实的工作流程，分为两个主要步骤进行：第一步，学生将深化前期的园林建筑设计方案，为后续工作奠定坚实基础，前序课程"风景园林建筑设计"中学生完成的园林建筑设计方案是本课程推进的重要依据。第二步，学生将参与到真实小型园林建筑的营建过程中,这一步的实施情况将直接反映前期设计的合理性和可行性。这种教学模式要求教与学的每一个步骤都必须扎实完成、保证质量,以实现本课程综合训练的目标。在教学过程中,我们注重传统与现代技术的融合,手工模型制作与数字化模型制作被有机地结合在一起。学生不仅通过手工制作模型来锻炼他们的动手能力,也通过数字化模型制作来熟悉和掌握现代设计工具。同时,我们充分利用虚拟现实技术、视频、PPT等先进教学手段,使学生能够在多元化的学习环境中,全面提高他们的动手操作能力和灵活运用设计原理的能力。在这样的教学模式下,学生的综合能力得到了切实的提高,为他们未来步入专业领域打下了坚实的基础。

4. 课程思政

通过优秀案例分析,培养学生关注学科前沿理论的专业情怀;通过材料准备和亲手施工,培养学生吃苦耐劳的实践精神、职业责任感和职业素养;通过行业专家的真实点评交流,培养学生自我反思和学习能力,学会从不同角度审视自己的设计,并进行自我反思和学习。通过真实项目全环节实践,促进学生形成细致、严谨、务实、创新的工作态度,以及跨学科、全局性的思维方式。

5. 教学评价

教学评价采用进阶的教学组织和个人与团队综合的考核方式,有效调动了学生的主动性和积极性。学生从初期的深化图纸绘制、等比手工模型制作,到后期的小型建筑实地营建,展现出了对理论知识的综合运用能力,以及动手实践和创新创意的实力。为了更加公平全面地评价学生的表现,引入多主体评价方式,包括学生互评、校外专家评价和教师评价。这种评价方式促使学生站在不同角度审视自己的作品,进行自我反思,从而提高学生的创新精神和批判思维能力,以及创造性解决问题的能力。

"综合 Studio 3 – 城乡绿地规划调研"
课程教学案例

授课教师： 裘江、颜丽杰、苟爱萍

一、课程概况

课程名称： 综合 Studio 3 – 城乡绿地规划调研
教学对象： 风景园林、园林专业本科三年级学生
学分/学时： 1 学分/32 学时
课程类别： 实践课

二、课程简介

本课程承接"城乡绿地系统规划"和"风景园林建筑设计"，以及"城市公园设计"专业必修课，是综合的实践课程。本课程设计重点是训练学生有关城市公园绿地等复杂城乡绿地的综合规划设计方法和图纸表现，包括总平面规划、场地竖向设计、种植设计、CAD 绘制等内容，能够通过学习真实场地的现场前期调研，进一步掌握城乡绿地的分类、指标及其规划设计特点，独立完成城乡公园绿地中的复合场地设计和简单的园林建筑设计，并培养学生理论结合实际的综合设计表达和实践能力，使其能够做到在规定时间内完成规定成果内容。

主要先修课程："城乡绿地系统规划""风景园林规划设计""风景园林建筑设计""设计初步"。

三、课程目标

本课程是风景园林、园林专业的综合实践课程，要求学生在初步完成"风景园林规划设计""风景园林建筑设计"相关课程学习的基础上，进一步了解城乡绿地系统规划、公园规划设计的基本理论，通过分组配合完成城乡公园设计或城乡绿地系统规划任务，并能够把这些知识灵活运用到各类设计实践中。最终使学生对以公园绿地为主的复合场地设计有更深入的理解，进一步掌握风景园林规划设计的方法，提高手绘能力，能够独立分析和解决问题，着重培养学生的设计能力和创新素养。课程融入绿水青山生态文明与城乡绿地建设的关系、人民城市人民建等课程思政内容，使学生认识到生态绿地环境的保护与建设在城乡发展过程中的重要作用。

（1）知识获取：本课程旨在使学生深入理解城乡绿地系统规划的基本理论和实践。学生将通过系统学习掌握城乡绿地系统的类型、功能及其在城乡环境中的作用，深化对城乡生态系

统和生物多样性保护的认识。学生将学习绿地系统规划的历史发展、国内外案例比较,以及现代城乡规划中绿地系统的重要性,从而形成对城乡绿地系统规划领域的全面认识。

(2) 能力培养:本课程强调实践操作和创新设计的能力培养。学生将通过实地调研、案例分析和项目实践,提高在城乡绿地规划设计中的应用能力和创新思维。课程还将注重培养学生的跨学科思考能力,使学生能够综合运用不同领域的知识进行城乡绿地规划,强化问题解决和决策制定能力。

(3) 价值塑造:课程旨在通过城乡绿地规划的学习与实践,培养学生对环境保护和可持续发展的责任感和使命感。强调生态文明和绿色发展理念,引导学生形成正确的价值观和职业道德。本课程对照 LAAB 评估标准,识别并致力于解决风景园林师面临的现代环境挑战、公共政策制定过程中的设计问题,以及在城市和乡村环境中促进社会公正的重要性。学生将学会如何在规划设计过程中综合考虑生态、社会和经济因素,以达到更加公平和可持续的城乡发展。通过分析国内外绿地规划的成功案例和挑战,本课程将帮助学生树立全球视野,增强对生态环境和人类社会和谐共生的理解。同时,学生将被鼓励思考如何在自己的设计实践中积极应对并解决这些复杂的社会和环境问题。

表 1 "综合 Studio 3 - 城乡绿地规划调研"课程内容框架

知识单元	知识和能力培养要点	价值塑造途径及目标
1. 城乡绿地系统规划概论	● 认知城乡绿地系统规划的概念与程序 (1) 城乡绿地系统的概念; (2) 城乡绿地系统的功能和作用; (3) 城乡绿地系统的形成与发展; (4) 城乡绿地系统规划目的与任务; (5) 城乡绿地系统的组成与用地选择; (6) 城乡绿地系统规划的基本程序。	(1) 通过展现城乡绿地系统规划的优秀成果引导学生认知本课程的重要意义。 (2) 围绕国内外城乡绿地系统规划和学科建设案例,进一步认识学科边界和专业内涵,为未来的学习打下坚实的基础。 (3) 结合近年来相关专业建设成果的视频学习,树立参与城乡规划事业、投身建设美丽中国的坚定信念。
2. 城乡绿地生态系统服务与城市生物多样性	● 了解城乡绿地生态系统服务与城市生物多样性 (1) 城乡绿地生态系统服务的特征; (2) 城乡绿地生态系统服务建设; (3) 生物多样性保护与建设的目标; (4) 生物多样性的主要特征; (5) 生物多样性保护与建设途径; (6) 生物多样性保护措施。	(1) 介绍生物多样性对于人民城市、美丽乡村的重要影响,引导学生构建作为新时代风景园林人才所必备的家国情怀与思想格局。 (2) 教授学生对于生态系统服务与城市生物多样性的基础知识。 (1) 通过项目式学习,结合我国优秀案例,培养学生的社会责任、家国情怀和国际视野。 (2) 观看相关视频材料,引导学生树立正确的生态意识和对生物多样性的责任感。
3. 城乡绿地规划设计原则与技术	● 了解城乡绿地系统规划的具体方法以及绿地生态系统构建的基本内容和流程 (1) 城乡绿地系统规划基本方法; (2) 城乡绿地生态系统构建目标; (3) 城乡大环境绿地生态空间结构布局。	(1) 结合具体的项目案例,分析城乡绿地生态系统构建的基本方法和程序,培养学生的专业和职业认知。 (2) 组织学生进行研讨,风景园林规划设计广阔外延、联系的潜力,激发学生对风景园林、城乡绿地系统规划设计的激情和兴趣。

续　表

知识单元	知识和能力培养要点	价值塑造途径及目标
		(3) 通过实地调研的直观体验和网络资料收集,培养学生将理论知识与实践设计技能结合的能力,培养对生态和美学价值的欣赏。 (4) 分组汇报并由教师指导,鼓励学生充分发挥创造力、提升技术熟练度和创新解决问题的能力。
4. 绘图软件的使用与规划流程	● 掌握城乡绿地规划常用的软件的基本使用方法,熟悉整个规划的流程 (1) 城乡绿地规划的目的; (2) 城乡绿地规划的流程与思路; (3) CAD、Photoshop、Sketchup 等软件的使用方法。	(1) 结合近期我校教师参与的设计和咨询项目案例,展示城乡绿地规划的成果,引导学生认知绿地系统规划的基本流程与内容。 (2) 组织学生讨论,培养学生积极关注各国城乡绿地系统结构布局,理解其对于城乡建设的价值。 (3) 通过充分结合慕课资源、在线资源、虚拟仿真资源等与线下实操软件教学,培养学生具有基本的城乡绿地规划能力,能将自己的想法通过图纸表达出来,引导学生精进软件技术,通过课后自学了解城乡绿地系统结构布局的现有及潜在价值。
5. 城乡绿地调研方法	● 掌握关于绿地调研的理论和实践方法 (1) 绿地数据收集方法与技巧; (2) 调研工具和技术的运用; (3) 社区参与和交流技巧; (4) 调研结果分析与报告编写。	(1) 通过调研方法的学习,使学生理解理论知识与实践经验相结合在绿地规划中的重要性。强调实地调研在深化对绿地规划理论的理解和应用中的作用,培养学生对实际问题解决的敏感性和实用性。 (2) 通过数据收集技巧的培养,培养学生基于科学数据做出决策的能力,强调精确数据在制定有效和可持续规划中的核心地位。 (3) 在教授调研工具和技术的同时,强调技术使用中的伦理和责任感,使学生理解在收集和处理数据时需遵守的隐私保护和道德准则,提升其在技术使用中的伦理意识。 (4) 通过社区参与和交流技巧的培养,增强学生对社区参与在绿地规划中的重要作用的理解。 (5) 强调社区意见在绿地规划中的价值,提升学生在规划过程中考虑社区需求和参与的能力。

四、教学反思

1. 教学内容

本节课程从城乡绿地系统规划衍生出的综合的实践课程,这也是这门课程的一个基本问题,如何在短短一周的时间内检验前期专业必修课程的教学成果? 因此实践课程的设置应该更加精准、聚焦性更强。在教学过程中应充分结合专业教师的实践案例作为教学内容,真实、生动的案例更能激发学生的学习热情和对专业的认知。

2. 教学方法

采用理论与实践相结合的教学法,首先以国内外典型城乡绿地规划案例引导教学,指引学生主动思考,发现问题并寻找解决问题的方法,然后实地走访调研,并以走访地区作为规划设计作业的场地。教学中强调发挥由教师逐步引导学生独立完成规划的能力,提高学生软件使用能力与规划设计能力,激发学生的主观能动性,培养学生主动学习的能力。

3. 教学过程

把教学过程精心分解为多个环节,课堂理论引导、实地现场调研结合实地规划实践,增加学生的参与性和课程的互动性,让学生全程参与课堂教学的同时可以充分利用项目植入、角色模拟,实践项目规划,更好提升教学的效果。

4. 课程思政

党的二十大报告提出,"坚持人民城市人民建、人民城市为人民,提高城市规划、建设、治理水平,加快转变超大特大城市发展方式,实施城市更新行动,加强城市基础设施建设,打造宜居、韧性、智慧城市",人民城市重要理念始终贯穿课堂始终;多学科、多文化、多地域的融会贯通也是本节课程重点强调的课程思政内容;通过课程实践联系,培养学生坚定未来走入职业岗位,投身人民城市建设和美丽乡村建设的决心。

5. 教学评价

通过灵活的教学组织和多样化的考核方式,学生的主动性和积极性大大被调动,普遍表现出对城乡绿地规划课程的浓厚兴趣,能集中精力认真听课,主动回答问题,积极准备汇报的PPT,并主动演示、交流。课后作业可以认真完成,表现出一定的动手实践能力。授课过程中,国情观念、审美情趣、工匠精神等思政元素可以自然融入。更加致力于风景园林师应解决的现代环境、公共政策、社会公正等设计问题,培养学生的专业能力。

6. 教学反思

教学过程中优势方面主要有以下几点:通过本门课程学习,学生普遍掌握明确了城乡各部分绿地系统的设计要素,并能熟练运用;实践教学环节,学生能更深入理解城乡绿地系统规划与设计的相关理论知识内容,并且更好地结合理论与实践,培养了学生的组织能力、创造力、实践能力等多方面的综合能力;学生基本掌握了复杂城乡绿地的综合规划设计方法和图纸表现。不足之处在于学时周期较短,学生对于知识点掌握程度较浅,后续需要配合其他课程巩固知识点,并结合不同实战练手案例进行锻炼。学生反馈通过教学过程个人受益匪浅,增强了专业软件使用熟练度及对于规划设计的流程的掌握,另外提升了对风景园林专业的兴趣并增强了个人投身人民城市人民建的拳拳决心。总体而言,"综合 Studio 3 -城乡绿地规划调研"课程预定教学目标达成,教学过程保证完整,学生对本课程反馈较佳。

"综合 Studio 4 – 园林工程设计与营建"课程教学案例

授课教师：贺坤、王铖、张嫣、唐思嘉

一、课程概况

课程名称：综合 Studio 4 – 园林工程设计与营建
教学对象：风景园林专业本科三年级学生
学分/学时：2 学分/32 学时
课程类别：实践课

二、课程简介

本课程是风景园林专业最后一个综合性的 Studio 课程，在风景园林专业前期专业课程学习特别是"园林工程""园林植物景观规划和设计"等课程学习后，师生共同组织、参与的一次基于"风景园林全产业链"的综合性实践课程。课程以城市公共空间和社区中的现状场地设计或改造为任务，组织师生开展场地现状调研分析和居民需求调研分析，完成场地园林绿化景观和场地功能提升设计，并完成场地的数字化展示或工程营建。本课程中学生系统运用风景园林规划设计、园林工程营建和园林植物的综合知识，批判性、创造性地解决复杂场地设计和营建中的各类问题，并通过视觉和图形建模呈现设计作品，可以与社区、客户等开展有效沟通。

主要先修课程："园林工程""园林植物景观规划与设计""风景园林规划设计"。

三、课程目标

我校风景园林专业充分发挥学校工学、农学交叉融合的应用创新型人才培养特色，致力于培养高素质的风景园林行业专业人才。本课程作为风景园林专业最后一门综合性 Studio 课程，在学生熟练学习园林规划设计、园林植物和园林工程相关知识后，开展的一次基于全产业链的实践课程，是风景园林实践教学体系的重要组成部分，也是课程思政核心骨干课程。

（1）知识获取：认知场地设计、植物应用和园林工程营建的步骤和工作内容；掌握场地现状调研和居民（游客）需求调研分析的方法；可以熟练运用园林工程概预算理论知识；获得全过程参与城市公共空间和社区现状场地规划设计、营建、维护的经验。

（2）能力培养：培养学生掌握设计、营建和植物应用的实践知识，能够独立完成园林场地

的景观设计,可以尝试在实际场地中开展场地营建,为居民提供良好的游憩、生活空间;认知风景园林的场地材料、植物材料和植被管理等知识,具备高效的沟通能力,能够利用设计语言与社区(或客户)开展交流。

(3) 价值塑造:引导学生致力于风景园林师应解决的现代公共空间和社区环境中的各类公共问题,培养学生的社会责任感和岗位应变能力;培养学生严谨的设计图纸表达和熟练运用图纸语言与业主沟通的能力;培养学生对风景园林行业和工作坚定的职业理想。

表1 "综合 Studio 4-园林工程设计与营建"课程体系

知识单元	知识和能力培养要点	价值塑造途径及目标
1. 任务书分解	● 场地设计任务认知和交流 (1) Studio 任务分解及团队建设; (2) 优秀案例分析及历年优秀作品的展示; (3) 熟悉园林设计和工程的工作步骤和内容。	(1) 基于真实的场地项目,培养学生分析问题、发现问题的能力。 (2) 优秀案例分析,培养学生关注学科前沿理论的专业情怀。 (3) 历年优秀作品展示,高年级优秀学生现身说法,参与教学,培养学生参与课程学习的兴趣。
2. 现场勘查及居民需求调研	● 了解场地现状和居民需求 (1) 场地现状分析,包括但不限于现状设施、现状植物等; (2) 开展社区居民需求调研及分析; (3) 熟悉复杂场地改造和设计的步骤和工作内容。	(1) 基于真实场地的现状调研,增强与居民或游客的交流沟通的能力,培养学生的社会责任感。 (2) 围绕多方需求,具备思维缜密能力,能多角度、辩证地分析场地问题,做出选择和决定等。 (3) 通过场地的调研分析,培养发现、感知、欣赏、评价美的意识和基本能力。
3. 前期调研成果研讨	● 场地现状进行综合分析,并汇报成果 (1) 基于居民需求,现有资源的可利用情况,绘制场地现状图; (2) 汇报交流,指导教师及企业专家点评。 掌握场地踏勘的方法和要点。	(1) 激发学生的独立探究精神,以及独立思考、独立判断的质疑精神。 (2) 通过调研分析,具备以人为本的意识,关注居民需求,关切人的生存、发展和幸福。 (3) 学生积极履行公民义务,理性行使公民权利,利用知识服务社会。
4. 方案设计及成果表达	● 场地的规划设计和图纸绘制 (1) 草图设计及交流; (2) 方案研讨及交流; (3) 方案定稿及图纸绘制。 对核心景观空间进行更新设计,开展创意花园营建的互动体验式教学。	(1) 通过创新性、挑战性项目教学,激发学生的学习探索激情和主动思考。 (2) 团队合作完成作品,培养学生的团队合作和精益求精的精神。 (3) 具备能将创意和方案转化为有形物品或对已有物品进行改进与优化等能力。
5. 数字化表达及公众参与	● 掌握风景园林数字化表达能力 (1) 案例讲解; (2) 虚拟仿真和动画展示; (3) 公众参与。 通过线上营建环节来掌握园林图纸设计以及提升"园林施工实践"的技能。	(1) 培养学生的审美情趣和工程思维,利用虚拟仿真技术将创意设计作品进一步提升转化动态作品的能力。 (2) 进一步吸收公众的建议,让作品更加根植于地域环境和居民需求,通过艺术表达和创意表现提升作品的活力。

续　表

知识单元	知识和能力培养要点	价值塑造途径及目标
6. 成果汇报及评审	● 成果展示及与专家（业主）的沟通能力 （1）成果汇报答辩； （2）全员参与设计方案研讨； （3）企业专家参与点评。	（1）培养学生吃苦耐劳的实践精神，学生从课程建设中潜移默化地提升对风景园林专业和工作的人生感悟。 （2）设计方案逐步完美展现，具备追求完美、永无止境、追求卓越的工匠精神。

四、教学效果与反思

1. 教学内容

本节课程教学内容以实际的场地为案例，从任务分解出发引出目前城市建设过程中热门的绿地更新和社区花园营建等，这同样也是风景园林学科关注的前沿问题；充分结合各类学生"可触摸的"的实践案例作为教学内容，更好地激发学生的学习热情和参与城乡环境建设的渴望。

2. 教学方法

采用项目教学法，以我国特别是上海社区花园以及绿地改造的实际案例引导教学，指引学生主动思考，并通过交流沟通，寻求解决问题的方法。教学中强调师生互动，教师讲解与学生讨论、交流等结合，充分调动学生的感官和注意力，培养学生主动学习的能力。

3. 教学过程

把任务书的讲解专门作为一节课程内容，并分解为多个环节。通过教师的引导使学生逐步理解实践教学的任务和目的；实际案例教学和历年优秀学生案例分析等融入教学过程，将平常"简单的"场地景观进行还原，让学生更深入地理解实践任务的"可达性"和"艰巨性"。

4. 课程思政

从身边的实际案例入手，激发学生参与城乡环境建设和为城市居民创造更好的生活空间的责任感；通过案例分析，学生掌握分析场地现状及与居民需求的沟通能力，能够思维缜密地从多角度、辩证地分析现状场地中的各类问题。

5. 教学评价

通过灵活的教学组织和师生互动交流，学生的主动性和积极性大大被调动；课程过程中，学生可以能集中精力认真听课，主动回答和交流问题。各类案例的分析，拓宽了学生的视野，让学生对身边的绿地环境有更深切的认知。

"毕业设计"课程教学案例

授课教师：裘江、赵杨、吴威、贺坤、李小双、黄清俊、秦巧平等

一、课程概况

课程名称：毕业设计
教学对象：风景园林专业本科四年级学生
学分/周：1学分/14周
课程类别：实践课
相关课外实践：校外实习实践

二、课程简介

毕业设计（论文）课程将四年课堂所学专业知识付诸实践，增加园林景观规划设计、园林工程施工组织和园林绿化养护管理等环节的综合训练，进一步整合校内外所学专业知识，扎实培养风景园林从业人员的理论素养。根据学生本科毕业前后对学习深造和职业规划的不同要求，多学科结合制定多种可选毕业设计（论文）形式，满足各类学生不同的需求，制定个性化的时间管理和成果控制菜单；"双师型"教师将真实典型项目引入毕业设计，选题多为社会关注重点领域，围绕国家大政方针展开，如乡村振兴改造、城市公园设计、城市湿地保护等，全面检验学生风景园林四年受教成果。

主要先修课程：本科教学培养体系所下属课程均为本课程先修课程。

三、课程目标

上海应用技术大学生态技术与工程学院始终把培养高水平应用创新型人才作为根本任务。我院风景园林专业力求培养具有专业素养、创新思维与社会实践能力的一流应用型人才。毕业设计作为风景园林专业最后一门课程应根植学院办学特色、突出学院研究热点，将其打造成为总结性的课程思政骨干课程。

毕业设计为总结性课程，涵盖知识、能力、素质三大目标，切实契合园林规划设计、园林植物应用、园林工程管理三大课程群。通过毕业设计（论文），使学生了解国情，培养其职业素养和社会责任感。根据学生本科毕业前后对学习深造和职业规划的不同要求，制定个性化的时间管理和成果控制菜单，既能发挥其主观能动性，又能与毕业后个人发展规划联动。通过毕业设计（论文）成果的多样化、特色化、应用型探索，提高学生的专业学习兴趣。

（1）知识获取：了解我国风景园林设计行业的工作环境，熟悉设计单位运行和管理的模式，熟知风景园林设计行业从业人员的的主要工作内容，擅于吸收百家所长为己所用。

（2）能力培养：通过毕业设计实践，进一步强化园林绿化景观规划设计的方法技能；通过深入实操项目，加强专业训练，提高现场调研、读图识图、方案设计、图纸表达、交流汇报的专业技能，对于各类场地均有灵活处理的应对方法。

（3）价值塑造：毕业设计是大学教育的"最后一课"，通过一系列所学知识的集中整合完成设计作品（论文），过程培养向社会输送具有良好专业水准，拥有一定领导能力、志存高远、意志坚强、脚踏实地的风景"匠人"。

表1 "毕业设计"课程体系

知识单元	知识和能力培养要点	价值塑造途径及目标
1. 毕业设计选题	● 认知不同场地的设计需求，帮助学生认识自己选择的场地的基本知识 （1）毕业设计场地认识； （2）培养学生终身专业兴趣，树立正确的风景园林从业观。	了解我国当下风景园林设计行业的工作环境，熟悉风景园林设计单位运行和管理的模式，熟知风景园林设计行业从业人员的主要工作内容；初步掌握风景园林专业从业人员日常工作和项目实施的全过程规划。
2. 资料收集	● 收集毕业设计场地的资料并进行初步设计 （1）相关资料及文献收集； （2）现场勘察； （3）资料整理； （4）初步设计与草图； （5）当代风景园林相关优秀案例； （6）了解专业涉及的各类政策； （7）参考图收集。	（1）培养学生了解各种方案的设计思路。 （2）结合中外经典案例讲解、分析，掌握优秀园林中的认识方法和实践方法。 （3）国内外风景园林发展对比分析，塑造学生进一步学习的思想。 （4）培养学生尊重世界多元文化的多样性和差异性，积极参与风景园林专业的跨文化交流。 （5）通过热点选题和操作地块实践，培养学生爱专业、爱国家，励志营建生态社会的责任担当精神。 （6）通过国内外优秀实践案例启发教学，培养学生独立自主解决设计问题的能力。
3. 专业设计能力培养	● 掌握风景园林的环境设计要素 （1）地块整体设计； （2）场地植物配置。 ● 掌握成熟项目组成要素的设计途径 （1）地形专业处理； （2）水体引导安排； （3）园林建筑构筑； （4）植物合理配置； （5）道路有序分配。	通过专业工作实践，理论联系实际，进一步强化园林绿化景观规划设计的理论知识和方法技能；了解风景园林专业和行业的政策、法规；通过深入真实场地，结合实际操作项目，加强专业训练，熟悉风景园林规划设计、园林工程施工组织和园林绿化养护管理、园林绿化苗木生产等方面的工作流程和主要技术环节；提高现场调研、读图识图、方案设计、图纸表达、交流汇报的专业技能。
4. 中期汇报	● 汇报已成图方案并为下阶段改进做准备 （1）中期成果展示； （2）导师问询； （3）下阶段内容布置。	通过学生对上一阶段成图的汇报，掌握并总结在当前阶段方案设计中所出现的问题以及修改的方向。通过学生之间的相互交流，互相总结经验，积极参与交流，了解不同思路下的设计方式的偏差。打开学生的思路，激发学生的创造力。

续　表

知识单元	知识和能力培养要点	价值塑造途径及目标
5.方案指导修改	● 在上个阶段的基础上对学生成品的方案进行指导修改 (1) 方案最终合理性分析； (2) 植物配置改良； (3) 图纸效果展示改良。	(1) 指导教师对学生毕业设计再次提出修改建议。 (2) 组织学生讨论，培养学生在实际项目中讨论、总结、思考的良好习惯。 (3) 通过慕课资源以及利用校内植物园现场观摩形成线上线下组合式学习，认识到自身方案中植物搭配尚有欠缺的地方并进行妥善修改。
6.模拟答辩	● 模拟最终的答辩汇报，找出问题并完善 (1) PPT制作； (2) 模拟汇报； (3) 方案最终修改。	带领学生进行最终答辩前的模拟训练，体验答辩全过程。加强对毕业设计环节的控制，加强训练统筹，进行实践与教学环节。

四、教学设计实例

1. 教学设计

本节课程讲述"中期成果展示"课程的具体内容，具体如下：

(1) 知识传授：认识毕业设计在本科阶段所学习的课程内容所产生的重要作用；了解毕业设计场地在实践设计中的各种重要信息；了解毕业设计方案中所存在的问题；获得关于如何进一步完善毕业设计的相关知识。

(2) 能力培养：进一步深刻把握毕业设计所选场地相关要点，具备分析场地要点的能力，可以从不同尺度分析该场地所面临的各种问题。提升实际动手能力，为下一步的方案制作打下良好的基础。

(3) 情感认知：助力学生形成对毕业设计重要性的进一步深刻认识，提升对本专业在社会层面上的重要性的认知；激发学生的好奇心和想象力，树立对待毕业设计以及未来工作一丝不苟的精神。

2. 教学实施流程

表2　课程教学实施流程表

教学环节	教学者活动	学生活动	时间(min)
一、中期成果展示	● 内容 (1) 毕业设计已出图展示； (2) PPT介绍设计案例参考。 ● 形式 学生汇报。	汇报PPT，观看他人汇报，介绍方案进度。	10
二、导师问询环节	● 内容 (1) 选取设计案例是否合理； (2) 已出图部分是否尚不规范或可行性弱。 ● 形式 师生头脑风暴，学生回应问题。	接受导师问询，讨论已出图部分的合理性。	15

续　表

教学环节	教学者活动	学生活动	时间(min)
三、下阶段工作布置	● 内容 (1) 导师安排下阶段毕设学生工作，并提出项目改进意见，提供参考思路； (2) 学生记录并予以反馈。	互动讨论，回答问题，记录下阶段工作内容。	15
四、工作总结	总结本次汇报主要的内容和注意点。	总结本次汇报的内容。	5

3. 课程思政的融入

表3　本课程的课程思政建设

知 识 点	课程思政目标	课程思政融入点	课程思政展现形式
1. 风景园林设计行业环境以及风景园林设计单位运行和管理的模式	(1) 从行业环境和设计运行管理入手，引导学生正确看待毕业设计阶段工作。	(1) 结合案例和实践参与加之指导教师教学，熟悉风景园林设计单位运行管理模式。	(1) 教师教学渗透，结合行业环境讲解设计单位运行管理条线的相关内容。
2. 风景园林规划设计理论知识和方法技能强化	(2) 结合时代发展和行业前沿引导学生从科学、技术的角度看待风景园林以及生态环境建设热点问题，关注热点区域，引领受教学生爱专业、爱国家。 (3) 培养学生对风景园林(生态环境)建设的相关了解以及政策的理解力。	(2) 结合不同种类、不同风格的风景园林毕设场地需求，提高学生对风景园林实践的理解能力，培养学生在复杂地块进行设计创作的能力。 (3) 城乡生态环境大趋势下，指导学生如何进行科学施工组织和园林绿化养护。	(2) 结合项目案例，邀请项目负责人进课堂，帮助学生更深入地了解园林规划建设中的挑战。 (3) 组织学生讨论，培养学生积极关注人类热点区域的建设，从发展的眼光看待风景园林的发展。
3. 熟悉风景园林规划设计、园林工程施工组织和园林绿化养护管理等主要工作流程和主要技术环节			
4. 统筹协调毕业就业、深造	(4) 引导学生独立思考和创新精神，培养学生自主能力，为下一阶段工作或学习打下坚实的基础。	(4) 要坚持理论与实践相结合。通过实践提前锻炼，养成学生职业观。	(4) 通过实际案例引导，培养学生能力，为学生下阶段工作或学习打下基础。

五、教学效果与反思

1. 教学内容

提倡和鼓励学生结合个人兴趣和职业发展来锚定方向，进行专题化研究，选择专题符合行业潮流和社会期盼，结合专业人才培养的三个方向(园林规划设计、园林植物应用、园林工程管理)，引导学生根据不同课题存在的各类实际问题去进行深入研究，强化专业深度充分发挥学生主观能动性的同时将爱国家、爱行业、深耕研究热区，关注国计民生。

2. 教学方法

采用项目教学法实事求是,重视创新。毕业设计选题要求真题真做,选题应时俱进,结合风景园林学科发展前沿和社会鼓励本专业钻研、研究的研究区域重难点展开,要求有较强的理论和应用价值,结合生产实际、实践创新。

3. 教学过程

毕业设计教学过程主线为"人才输送",力求通过毕业设计这一途径,彻底夯实学生从业基础,培养学生成为可以服务于上海地区生态人居环境改善和市容美化的中坚力量。教学采用导师负责制,由校内双选之后设计小组选定导师作为教学指导,在特定任务、特定场地中,引导学生发挥专业才能,解决真实场地问题上的多元难点,提升项目设计的专业性、完成度,同时强化学生的团队合作意识与交流能力。同时再教学过程中可以渗透 VR 技术和视频技术、PPT 等授课手段,更好提升教学效果。

4. 课程思政

习近平总书记提出要坚持把"立德树人"作为大学教育的中心环节。作为学生四年大学学习的系统总结,课程思政在毕业设计中起到举足轻重的作用。在实际教学过程中,毕业设计相关导师积极围绕社会关注主流区域、主流文化、主流思想,精心选取选题场地,近年来以乡村规划、城市公园规划设计、湿地景观修复作为实际切入点,在课堂与实践考察中引导学生心系国家、心怀天下,将思想政治教育与专业教育有机融合,形成育人协同效应,同时在实践过程中,指导教师引导学生努力做到精诚团结、积极表达、开拓创新,力求为沪上发展提供一批批卓越优秀的应用人才。

5. 教学评价

教学过程关注过程式培养,增加过程教学的评图环节,通过交流增强学生对设计和实践的理解与扩延,全程服务于为学生"系好最后一颗扣子"这一育人使命,有的放矢通过一系列实操提高学生实地调研、读图识图、方案设计、图纸表达、交流汇报的专业技能,同时警钟长鸣,引导教育毕业学子热爱国家、热爱专业、矢志服务"美丽中国"大局的终身观念。

6. 教学反思

教学过程中优势方面主要有以下两点:其一,作为风景园林专业最为重要的一门课程,整体培养突出"实践实学""因材施教",毕业设计类型学生通过项目教学完成指定真实地块项目景观空间设计及表达,并通过数字化资源、虚拟实训资源将设计任务驱动贯穿于毕业设计前、毕业设计中、毕业设计后;毕业论文类型学生则对个人论文写作能力加以锻炼,为学生未来潜在升学打下基础。其二,毕业设计(论文)围绕场地或研究内容均为真实地块或研究项目,学生可以深度体验全过程。不足之处在于,毕业设计作为总结类课程,需博采众长,毕业设计展作为良好的沟通交流媒介,风景园林系在与其他高校交流举办毕业设计展等方面还略有不足。学生问题反馈多集中于利用数字化资源辅助设计还做的不够,学生难以通过虚拟环境架构直观感受小组设计作品。但整体而言,《毕业设计(论文)》课程作为学生对四年大学课程的回顾总结性课程对学生综合素质培养到位,加之指导教师的培养,毕业学生普遍具备良好的设计能力、不盲目的思辨能力、一定的领导能力,对设计作品可以做到负责对待精益求精。

第三部分

典型作业

"风景园林规划与设计"课程作业

作品名称:"趣"乐园

学生:时佳雯(1711431114)

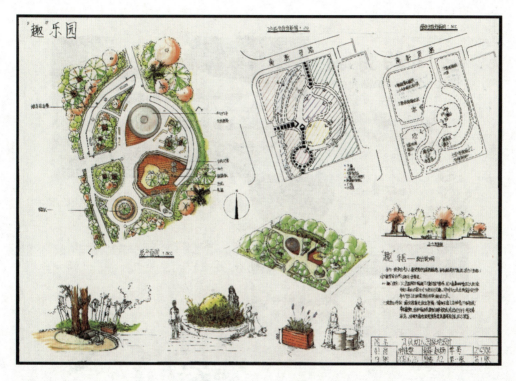

  教师点评(赵杨): 这是风景园林专业二年级上学期的"风景园林规划与设计"课程中的一个小作业,场地位于上海市奉贤区,毗邻幼儿园。通过课程学习、实地调研和设计实践,该学生比较熟练地掌握了设计"图示语言"的表达方式,能够独立分析和解决简单的园林设计实际问题。

  关于"设计愿景"的叙述,该学生用同理心与场地未来的使用者——儿童展开"共情",遵循孩子爱玩的天性和好奇的心理,在设计中重点体现城市里的野趣和探索自然之趣,创造"童趣""童乐"的城市口袋公园多彩空间。同时,把环保和健康的理念悄悄地融入花园的细节设计中。作业成果反映了学生已具有一定的职业责任意识,在设计中体现出了对自然对社会的情感和责任,"挚爱真善美,关怀天地人"。

"风景园林建筑设计"课程作业

作品名称:云间的岛屿——城市公共空间的成品组合亭设计

学生:曹洋(2111432104)、陆飘儿(2111432114)、沈寻(2111432118)、王竹皓(2111432119)、陈宇翔(2111432105)

教师点评(邹维娜): 同学们从对某滨湖公园的调研中发现并直击城市公共空间的痛点——硬质铺地空间有余,而歇脚休息的园林建筑与设施不足,展开深度观察和思辨,体现了很强的社会感知能力和独立思考能力。设计理念立足解决综合性实际问题,提出适用于已建成的线性城市公共空间的组合亭方案,补充滨水步道、步行街、林荫大道等休息停留空间不足的问题,以成品组合方式,无须建设,可根据需要摆放、移动,适应性强。造型设计上,体现了社会服务精神和"园林建筑服务大众"的意识,以岛屿为形态达到流畅延展的效果,不影响公共空间原有的动线。运用了三组曲线形式:一是座椅曲线,既满足不同的人群需求,又能单人观景,还能多人聊天;二是花坛曲线,既具有凸凹有致景观效果,又可以当成座椅靠背;三是顶部曲线,并不完全遮住下面的座椅,在提供遮阴同时满足一部分人晒太阳的需求。技术细节上,践行了设计"以人为本"的落地性,根据人体工学仔细推敲尺寸和材料,选择钢结构主体和铝板饰面,耐久环保。

"园林工程"课程作业

作品名称：蜂巢花园——浦东新区凌兆四村

学生：陆亦炜（1911432111）、潘沈涵（2141431101）、黄星宇（1911432107）、吴浩天（1911432128）

教师点评（吴威）：作品选址于凌兆四村中部区域，小区建成于20世纪80年代，房子老旧、环境不佳。学生团队将课程作业导入社区，践行"老城更新"国家战略，因地制宜地解决场地与居民的实际问题，创造性地提出设计方案，并将设计构思建造成服务社区居民的花园。作品以"蜂巢"为主题、以装置构筑物的形式与功能进行灵活的安装，并且运用多种植物的组合，一方面改善了小区环境，另一方面为老人、儿童提供了户外休闲活动的空间。在设计制作过程中，同学们与社区居民"共建、共治、共享"，在设计、建造、运维多个环节，突出花园的可持续性发展，体现了"人民城市人民建，人民城市为人民"的核心理念。通过思政元素的融入，作品的创新性、落地性、实用性大大提升了，同学们的投入程度得到了很大的提高。

作品名称：一夜看尽长安花——上应大营造工坊

学生：石曜(1811431121)、王智瑜(1811431125)、丁天辰(1811431108)、杜一凡(1811431109)、李习栋(1811431114)、唐世豪(1811431123)

教师点评(吴威)：作品以大唐盛世文化为主题，挖掘文化内涵和元素，通过现代手法抽象地重现大唐繁华景象，实现了强烈的文化共鸣。花园以"水"为界，创意性地将狭小空间分隔为庭院、戏台、街道三个部分，并且融入观灯、舞龙舞狮、赏花、逛园等古典要素，以小见大。同学们在场地中创新性地应用镜面亚克力材料的反光来模拟"水"的质感，营造出"鱼儿戏水、水灯飘摇"的意境。作品充分展示了中国传统文化与造园的艺术，体现出同学们的文化自信。思政入心，实践铸魂，作品对于中国文化的主动挖掘与感悟十分深入，内涵深度大大超出了以往的课程作业。

"综合 Studio 4 – 园林工程设计与营建"课程作业

作品名称：游鱼归澜

学生：叶媛媛（2011432129）、连艺佳（2011431110）、陆欣怡（2011431111）、罗亚雪（2011431112）、杨铁如（2011431132）、潘爱怜（2011431116）、宋翔宇（2011432116）、姚亭尉（2011432128）、荣子怡（2011431119）、江知源（2011432108）等

教师点评（贺坤）：此次教学实践中，同学们参与了公园花展的一个正式场地从方案设计到后期运营维护的全过程，学习到了许多在课堂上没有接触过的新工艺和新材料。在前期的专业学习过程中，很多设计都是纸上谈兵的，真正能够有落地的机会是很少的。这次实践课程真正让同学可以从设计、营建、组织管理等多方面了解到一个花园落地的全过程，并指导他们从可操作性、经济性、全局性多方位综合考虑，是一次沉浸式体验从理论到实践的过程。

"遗产保护与风景区规划"课程作业

作品名称：潮起鸟鸣　月海呼沙——基于互声互生智慧科普的西沙湿地公园局部改造设计

　学生：石曜(1811431121)、丁天辰(1811431108)、杜一凡(1811431109)、陈宇昕(1811431106)、李习栋(1811431114)

　教师点评（荀爱萍）：这是风景园林专业四年级上学期"遗产保护与风景区规划"课程中的一个作业，场地位于上海崇明西沙湿地公园。课程作业结合2021年中国风景园林学会大学生设计竞赛主题"美美与共的风景园林：人与天调和谐共生"为主题，通过课程学习、实地调研和设计实践，该组同学以"清风明月本无价，近水远山皆有情"为设计主线，面对场地文化缺陷、水文断层、生态岛失衡、入侵物种的生态破坏、土质盐碱性高等问题，重新构建新型湿地公园生态模式，以树养树，以土润土，水泉苍古，道法自然。在人文与山水视角下，迎附智慧城市建设趋势。设计小组提出与自然"互声互生"为导向的新型智慧科普方式，提出"以朴写真"的多元场景修复策略：构建本土物种生态空间基底、营造沿水沼泽调节空间、优化鸟类生境空间结构，实现天人合一、精神养水的自然境界，即："见鸟林间自在鸣，海上明月共潮生；漫道行万书山路，日长理荒与木存。"

"毕业设计"课程作业

作品名称：马来西亚登嘉楼州滨海湿地保护景观规划设计（"一带一路"国际院校联合毕设）

学生：丁天辰(1811431108)、石曜(1811431121)、陈宇昕(1811431106)

教师点评（裘江）：自2019年起，上海应用技术大学与马来西亚拉曼大学开展"一带一路"国际院校毕设项目合作，每年共同确定一个时事热点主题内容进行联合毕设。2022年设计主题为"多元共生的滨海湿地保护"。本作品基于对东南亚地区滨海湿地保护的健康赋值研究开展后续规划设计，以确保其科学性与可行性。两国学生对"滨海湿地保护"等专业前沿问题进行持续关注与思考，从湿地与原住民共生、生态保护与游客往来平衡等多角度提出规划策略，充分锻炼其对风景园林、建筑设计、生态景观等知识的掌握程度与创造性设计实践能力。通过让"绿水青山"入脑、入心，培养具备生态素养与可持续设计理念的设计师，培养既具有人类命运共同体责任感和文化自信，又能适应新时代中国特色社会主义发展和生态文明建设发展需要的设计人才。

作品名称：马来西亚拉曼大学金宝校区矿坑竹艺公园保护更新规划（"一带一路"国际院校联合毕设）

学生：卜欣语（1911431101）、王建斌（1911411125）、陈一（1911431108）、何佩璇（1911431111）

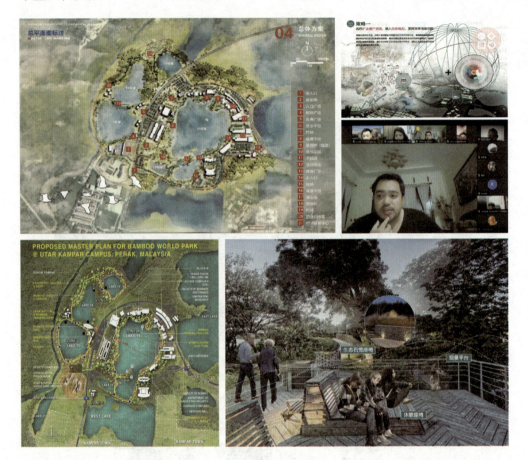

教师点评（裘江）：2023年"一带一路"联合毕业设计主题为"矿坑遗产与校园更新"。本次毕业设计旨在加深与马来西亚拉曼大学互联、互动、互通的良性关系，通过了解拉曼大学建校历史与校园建设情况，进行校园矿坑湖区的景观更新改造设计，推动两校学生进一步合作与交流。此作品充分体现了联合毕业设计"跨地域、跨文化"的一带一路特色，在学习异国多元化文化的基础上，规划一条充满文化特色与历史脉络的"环湖多彩竹艺廊道"，鼓励学生进行矿坑生态修复的相关研究，并在此基础上开展矿坑竹艺公园的校园更新规划设计。重点加强国际文化比较和开拓国际视野，坚定文化输出的信心，检验学生对校园景观规划、建筑设计、矿坑修复等知识的灵活结合运用和设计实践能力，学生以此了解矿坑遗产保护与生态修复领域国际前沿研究趋势，尊重世界不同文化的思维差异性和多样性，并将多学科知识以及行业前沿动态理论有机融合、灵活运用。